首部中国情景案例管理著作

销售与市场

销售与市场杂志社特别推荐

公司抉择

——领导者面临困惑如何决策

主编◎李 刚（Frank . Li）

经济科学出版社
Economic Science Press

责任编辑：段　钢
责任校对：杨　海
版式设计：代小卫
技术编辑：邱　天

图书在版编目（CIP）数据

公司抉择：领导者面临困惑如何决策/李刚主编.
—北京：经济科学出版社，2011.9
ISBN 978-7-5141-0872-9

Ⅰ.①公…　Ⅱ.①李…　Ⅲ.①企业管理　Ⅳ.①F270

中国版本图书馆 CIP 数据核字（2011）第 141217 号

公司抉择
——领导者面临困惑如何决策
主编　李　刚
经济科学出版社出版、发行　新华书店经销
社址：北京市海淀区阜成路甲 28 号　邮编：100142
总编部电话：88191217　发行部电话：88191540
网址：www.esp.com.cn
电子邮件：esp@esp.com.cn
北京密兴印刷有限公司印装
710×1000　16 开　19.25 印张　310000 字
2011 年 9 月第 1 版　2011 年 9 月第 1 次印刷
ISBN 978-7-5141-0872-9　定价：32.00 元
（图书出现印装问题，本社负责调换）

谨将此书献给在茫茫迷雾中

勇敢探索的中国企业家们

特别声明：本书所选情景案例均为虚构，如有雷同，纯属巧合。

主编兼学术指导　李　刚

副主编　彭春雨、樊　晶

编　委（按姓氏拼音字母排列）

陈　江　樊　晶　姬大鹏　金唤民　姜　峰　李　刚

梁梓聪　刘建恒　刘春雄　娄向鹏　彭春雨

智慧支持　**盛元博韬咨询机构 Frank 管理研究中心**

企业情景管理案例研究课题组成员

李　刚　DBA　清华大学 HTR 企业家研修中心首席管理顾问、盛元博韬咨询机构首席咨询官、情景案例研究课题组组长

姜　峰　DBA　北京大学公共管理学院公共经济系课题组负责人、盛元博韬咨询机构高级研究员兼资深高级咨询师

安　妮　MBA　清华大学 HTR 企业家研修中心管理咨询事业部客户服务总监、盛元博韬咨询机构高级咨询师

杨　燚　MBA　清华大学 HTR 企业家研修中心管理咨询事业部高级咨询师、盛元博韬咨询机构高级咨询师

丁树雄　MBA　清华大学 HTR 企业家研修中心管理咨询事业部高级咨询师、盛元博韬咨询机构高级咨询师

张　欣　公共关系硕士、清华大学 HTR 企业家研修中心管理咨询事业部高级咨询师、盛元博韬咨询机构高级咨询师

刘建恒　清华大学 HTR 企业家研修中心管理咨询事业部高级咨询师、盛元博韬咨询机构高级咨询师

俞　前　北京大学公共管理学院公共经济系课题组助理研究员、盛元博韬咨询机构研究员兼高级咨询师

李　珊　盛元博韬咨询机构见习研究员

案例编写（按姓氏拼音字母排列）

安　妮　MBA　盛元博韬咨询机构合伙人　高级咨询师

李　刚　DBA　清华大学 HTR 企业家研修中心首席管理顾问

李　珊　盛元博韬咨询机构见习研究员

刘建恒　盛元博韬咨询机构高级咨询师

王　玉　销售与市场杂志社中国管理评论栏目编辑

张　婷　广西大学商学院硕士研究生

评论专家（按姓氏拼音字母排列）

陈　江　管理学博士　海南师范大学经济与管理学院副教授

金焕民　郑州轻工业学院营销研究与训练中心

李　刚　清华大学 HTR 企业家研修中心首席管理顾问

李明辉　铭远咨询有限公司高级咨询顾问

梁梓聪　工商管理博士、盛元博韬咨询机构高级咨询师

刘春雄　销售与市场高级研究员　郑州大学管理工程系副教授

刘　征　铭远咨询项目经理

娄向鹏　福来品牌营销顾问有限公司总经理、盛元博韬咨询机构特聘高级咨询师

雷春昭　北京大学光华管理学院 MBA、北大纵横咨询合伙人

唐　果　太和咨询有限公司高级管理咨询师

杨　钢　北京爱维龙管理咨询公司总经理

杨　燚　盛元博韬咨询机构高级管理咨询师

喻　祥　上海容纳咨询公司首席顾问

王　鹏　宁波广博文具四川分公司

张　戟　上海战戟营销咨询有限公司首席顾问

赵中孝　铭远咨询有限公司项目经理、高级咨询师

序

我国自1978年改革开放以来，积极引进了美欧的管理理论、教材和案例，并在我国的各类管理中积极推行，各行各业各个领域的管理水平都有了很大的提高。然而，显著的缺陷在于至今还难以很好地做到理论与实践相结合，我们还需要大量总结我国企业经营管理的经验，还需要更多的有识之士写出更多的现实经营案例。

李刚他们正是这样的有识之士，不仅投身于我国的管理咨询与培训行业的发展，而且研究编写案例。李刚及其带领下的数位作者深入我国企业经营管理的现实情境中，针对我国目前民营企业经营中普遍遇到的几个重点问题编写了这本案例集《公司抉择——领导者面临困惑如何决策》。每个案例都真实反映了民营企业经营中的现实情境，都值得学术界和企业家认真思考，都还需要在现实经营中寻找答案。

这本案例集深入浅出，值得企业家、职业经理和学术界认真阅读。

中国2010年上海世博会园区运行指挥中心指挥长

许　定（管理学博士）

目　录

公司抉择——领导者面临困惑如何决策

引子：《公司抉择》的由来　/ 1

第一篇　资本力量的博弈　/ 1

案例1：如何排除公司治理风险——治理之险 …………………… 3

面对前妻和小舅子等娘家人的屡次逼宫，“华夏功夫”饮食公司董事长田标心情极度郁闷。公司创业时期留下的资本治理隐患，已经严重威胁到企业发展。

田标能否通过完善公司治理结构渡过这次危机？

案例2：如何管理控股权与发展的关系——股权之忧 ……… 17

一个越洋传真将钱勇和他创建的绿牛公司逼到悬崖边缘，如果不能在5个工作日内从大利根基投资公司手上赎回抵押的绿牛股票，就将失去绿牛的控制权。

对于正处于“小鹿蛋白奶”事件中的绿牛来讲，这是否会成为压死骆驼的最后一根稻草？

案例3：如何突破资本瓶颈——资本层面的竞争 …………… 35

坚守阵地，自有资金不足；得不到国有银行的支持，难以支撑公司的高速发展；寻求国际合作，将会丧失民族品牌的自主权，沦为对方的子品牌。何去何从？

资本的竞争困扰着好果公司董事长。

第二篇　战略与发展　／ 55

案例4：如何管理战略边界——多元化还是专业化 ………………………… 57

举18年之力创建的集旅游业务、风景区业务、房地产业务、电讯业务、广告业务和航空客运业务于一体的东江集团帝国，受航空业务拖累，已濒临破产边缘；国有航空公司、国际租赁巨头，甚至地方管理机构已重兵压境，东江集团董事长李长江能否力挽狂澜？

案例5：如何进行战略扩张——扩张之殇——非理性扩张的生存与毁灭 ……… 77

为完成50%的增长目标，大量举债高风险扩张的太阳乳业，在世界金融危机爆发时仅实现27%的业绩增长，公司面临着外方投资人接管的危险。作为太阳集团的董事长，余明还能保住自己创建的“太阳”吗？

案例6：如何进行组织再造——企业能力之患 ……………………………… 95

为应对激烈的市场竞争、提高企业组织竞争力和员工业务能力而开展的组织再造，出现“再造迷雾现象”，三个月来并没有使东方阳光公司摆脱业绩下滑的局面。水华作为董事长不得不重新考虑这次组织再造的必要性——是坚持还是原路折返？

第三篇　员工管理与公司实践　／ 109

案例7：如何管理员工的本质——生命危机——员工需要的是工资还是梦想 …… 111

连续出现的员工跳楼事件，将胡敏及其领导的富海集团推到社会舆论的风口浪尖；强烈的探求欲、直接、尖锐、不听话甚至有些挑衅……年轻的“80后”、“90后”突入职场，使得企业中的“前辈们”措手不及。

看不惯？与之大战？还是不动声色将其招安？身为富海集团董事长的胡敏应如何驾驭这些新生代员工？

案例8：如何管理创业元老——元老之弊 ……………………………………… 131

一起严重的生产事故，将缺乏生产工艺和设备管理知识、不懂技术盲目管理的张勇等一批创业元老们充分曝光；如何管理这些在华泰集团成立初期做出过重大贡献，具有高度责任感和职业忠诚度的元老级员工，成为董事长华英必须面对的重要管理问题。

案例9：如何管理企业绩效——绩效之惑 ……………………………………… 143

连续四年，新科集团一直面临着绩效管理困境，在管理实践中付出高昂代价。“我们过去学习的许多管理是有问题的、是不正确的，跨国公司不会告诉我们，我们需要借助咨询公司专家们的专业智慧。”

成青作为董事长的绩效之惑能否解开？

案例10：如何管理公司实践——高昂的管理试错 …………………… 163

一而再，再而三，不断地调整，不断地适应；奥华集团总裁万嘉在18个月里连续实施五次重大组织与人事调整，在付出惨重的试错成本后，最终未能使企业管理能力实现螺旋式上升，而是周而复始回到了原点。究竟是在哪里出了问题？万嘉陷入管理试错的黑洞无法自拔。

第四篇　公司转型与创新　/　185

案例11：如何实现技术领先——先驱还是先烈 …………………… 187

一直寻找从红海般的啤酒市场脱颖而出的孟浩，目前面临着一次战略选择——利用PET技术升级的机会，实现技术创新，通过产品包装差异化提升企业竞争力。

但PET这一叶新舟能否承受得住市场的大风大浪？

案例12：企业如何转型——转型之痛——生存与发展的痛苦抉择 …………… 207

为实现战略转型，霸王集团陆续抽调传统皮鞋制造业务的资金包括部分流动资金，进入完全陌生的采矿领域；由于缺乏采矿行业经验与管理能力，深陷投资无底洞无法自拔，同时危及到皮鞋业务的运行。

霸王集团董事长张进能确保成功转型吗？

案例13：企业如何持续发展——持续之重——是经营豆浆产业还是生产豆浆机…… 225

齐志阳凭借豆浆机产品历经15年市场风雨，使阳光电器成为中国第一豆浆机品牌。但是，小家电市场已逐渐步入红海，如何持续发展成为难题；是继续坚守既定的小家电战略，还是通过战略转型进入豆浆行业，构建一条豆浆产业链？

案例14：如何创新商业模式——红海利润之困 …………………… 243

成为行业领先品牌是否就可以高枕无忧？作为方便冷冻食品行业的领先品牌，三园食品公司就面临着行业进入门槛低、市场进入高成长期、一些中小企业利用成本优势蚕食行业市场利润、使该行业提前进入红海时代的尴尬局面，以往传统的产品差价商业模式尤待创新。

公司董事长程明如何领导三园开展商业模式创新？

附录：转型中国的企业方略思考 …………………………………… 265

后记　在震荡激变的环境中涅槃/　290

引子：《公司抉择》的由来

为什么要研究或出版这部管理著作？

这是笔者每次设立管理研究项目以及出版管理著作时必须自问的问题。

由于工作关系，笔者的许多来自企业的学生和企业客户，经常向我提出一些企业经营管理过程中遇到的困惑，希望我帮助他们疏困解惑，所提问题则主要集中在以下方面。

例如，企业是多元化发展好还是专一化发展好？

再如，企业做到一定规模后是自己继续做大还是卖掉？

企业如何降低管理过程中的试错成本？

企业如何提高整体竞争力？

自己对企业是绝对控股还是相对控股好？

自己和家族成员之间的股权如何管理？

如何才能吸引并留住高级管理人员？

企业如何才能持续健康地发展……

研究后发现，他们提出的问题有很强的代表性，几乎每一家中国本土企业都会不同程度地遇到这些问题。因此，就产生了将这些困扰企业家的代表性管理困惑编写成企业情景式管理案例，再邀请部分管理专家就案例中企业家的管理困惑进行点评，为中国本土企业家或管理人员提供一些有实际参考价值、可读性强的学习文章。

2008 年冬最后一次到郑州出差，与《销售与市场》杂志社战略版（即现在的评论版）主编姬大鹏先生与副主编彭春雨女士会面，他们向我约稿时，就着热气腾腾的火锅营造的气氛，我向他们提出我的上述想法，建议他们开辟一个情景管理案例专栏，组织研究编写系列性情景管理案例与点评文章发表，促进中国企业管理水平的提升。

两位主编一致认为这个建议非常好，认为用这种方式传播管理知识非常有特色，当即表示同意双方共同运作这项业务，决定开设“中国管理评论”之大型情景管理案例系列栏目，并确定我与彭春雨女士共同担任这一栏目的主持人。

回京后不久，我将八个案例选题发给编辑部，彭春雨女士很快通过电话与我沟通后确定其中部分选题，我在北京组织成立一个情景案例四人研究小组，其中确定由我的助理安妮女士担任案例主笔，展开情景管理案例的研究与编写工作。

在研究小组全体人员努力下，在多位同行专家朋友的热情帮助下，第一期于2009年5月5日正式出版。转眼间，这一栏目今年已经两周岁了，目前该栏目已经成为《销售与市场》杂志的重要栏目，引起企业界的热切关注，也吸引了一些管理咨询专家和大学管理学教授们积极参与。

但是由于受杂志版面的限制，几乎每次发表的案例与专家点评或多或少会有所删减，某种程度上影响到文章的专业效果。

其次，一年多来不断收到一些读者的邮件，他们反映由于各种因素制约，未能及时看到每一期的案例，希望能够获得已经发表的案例与专家点评文章，以便系统地学习。

鉴于上述原因，经与杂志社编辑部协商，经各位案例作者和点评专家们的同意，由盛元博韬咨询机构Frank管理研究中心情景管理案例课题组将负责研究编写的十四篇案例（其中包括已公开发表的十二篇）以及部分专家点评文章，汇编成册，并分成四个主题篇，其中：

第一篇，资本力量的博弈，包含有“治理之险、股权之忧、资本市场的竞争”三个案例。

第二篇，战略与发展，包含有“多元化还是专业化、扩张之殇、企业能力之患”三个案例。

第三篇，员工管理与公司实践，包含有“生命危机、元老之弊、绩效之惑、高昂的管理试错”四个案例。

第四篇，公司转型与创新，包含有“先驱还是先烈、转型之痛、持续之重、红海利润之困”四个案例。

根据情景管理案例的主题思想——“领导者面临困惑如何决策”，这本管理著作被冠名为《公司抉择》。我们希望广大企业管理人员能够通过对案例和点评文章的系统学习，提高决策能力，强化专业管理水平，勇敢面对风云莫测的全球竞争环境，开展思维创新、战略创新、商业模式创新，使企业持续稳健的发展。

鉴于该书**“案例＋专家点评”**之结构特点，读者朋友既可以从始至终进行系统阅读，也可以挑选某一个案例阅读；可以先阅读案例后模拟案例中的企业领导、独立思考提出决策意见，再参考阅读专家的点评文章，与自己的决策意见进行对照，以丰富自己的管理视野；也可以在系统阅读完一个案例以及专家点评后，对案例提出的问题和专家意见进行系统思考，再提出自己的管理意见或观点，训练和提升自己的领导分析与管理决策能力。

如果哪位读者所工作的企业存在有优异的管理变革事迹，也可以与我们研究中心联系（E-mail：Frank2215@163.com），以便共同合作研究编写出更有价值的管理案例。

如果您对本书内容有新的观点，也可以通过上述邮箱与我们研究中心联系，以便进行专业探讨与研究。

最后，希望大家能够通过这些案例与点评文章拓展管理视野，促进事业持续发展。

李　刚

2011 年 5 月 26 日于北京华亭

第一篇

资本力量的博弈

案例1：如何排除公司治理风险

治　理　之　险

面对前妻和小舅子等娘家人的屡次逼宫，“华夏功夫”饮食公司董事长田标心情极度郁闷。公司创业时期留下的资本治理隐患，已经严重威胁到企业发展。

田标能否通过完善公司治理结构渡过这次危机?

案例作者：安　妮

学术指导：李　刚

评论专家：李　刚

Gongsijueze

“董事长，王佳经理他们现在又到公司门外，吵闹着要进来办公；另外，今天王立董事与她弟媳两人也一起来了，要不要给他们开门?”办公桌上的对讲器里传来秘书阿莲的紧急呼叫。

“马上通知行政部李强经理，命他将公司大门的保卫人员增加到五个人一班，加强安全保卫工作；没有首席运营官张国华的批准，不准任何非工作人员进来，特别是王家的人员。”

华夏饮食管理公司董事长兼总裁田标按着对讲器命令道。

“昨天刚刚闹完，今天又来了，而且是姐弟三人一起逼宫。”田标想着，同时打开办公桌上的闭路电视监视器，看到自己的前妻（公司董事）王立带着她的大哥王佳（公司南方市场开发经理）、弟媳余敏（公司监事）和十几位统一着装的陌生年轻人，在公司门外与保安人员发生争执，大声吵闹着要进入公司，周围还有几名媒体记者和一些围观的群众。

“看来他们是执意要干预公司经营管理，如果自己再一味忍让，他们会更加嚣张，这样下去势必会影响到公司形象与业务运营。”田标思考着，拨通了公司首席运营官张国华的电话：“阿华，你好，我是田标。你现在有时间吗?有一些紧急事务，想请你来我办公室沟通一下。好的，谢谢，请尽快。”

从5万元到50%的创业情感

张国华放下电话，简单向自己的秘书交代了几项工作后，就匆匆地向18楼董事长办公室走去，他一边穿过公司长长的走廊，一边浏览悬挂在走廊上的公司成长历史的图片，脑海里回放着华夏神奇的创业故事。

在15年前，刚刚新婚不久的田标先生，与自己的妻弟王海分别出资5万元人民币，在粤东通往深圳的国道边，开了一家“一路顺快餐店”，主要经营粤式快餐。由于他们提供的快餐质优价廉，吸引许多往来港粤的大巴司机到店里用餐，生意非常兴旺。一年内他们又开了两家分店，形成一个餐饮公司的雏形。

自古至今，中式快餐最大的发展瓶颈，是难以像美式快餐形成标准化制作以及烹饪工艺的大规模复制，快餐出品质量完全依赖厨师的经验。这一难题同样困扰着希望扩大业务的田标和王海二人。

善于思考钻研的田标，通过关系结识了南方科技大学的几位科研专家。田标将自己的难题告诉这些专家后，他们结合米饭蒸笼器技术，成功开发出自动中餐蒸煮设备，一举解决了蒸煮类中餐的制作工艺标准化问题。因“一路顺快餐店”主要经营粤式快餐，供应的饭食以米饭和蒸品为主；随着自动中餐蒸煮设备的成功应用，开始由乡镇市场进入南方各中小城市市场，企业快速发展。

为了保障企业稳步发展，在“一路顺快餐店”成立的第四年，田标与王海将快餐店改制为两棵树饮食公司，双方各占50%的股份，田标担任董事长，负责品牌策划传播与对外关系，王海担任总经理负责内部运营与品质管理，形成内外分工的管理格局。

由于“两棵树”品牌缺乏现代都市特征，无法将中国传统文化融入品牌形象，在大型中心城市两棵树快餐店难以建立自己的竞争力，企业盈利能力偏低。为解决公司品牌的战略问题，田标聘请一家著名的管理咨询公司，为两棵树快餐店研究设计新的企业形象，力争使两棵树成为拥有丰富传统中国文化内涵的时尚快餐品牌。

管理咨询公司不负众望，设计出新品牌“华夏功夫”；这个新品牌一经推出，立即在市场上刮起一阵功夫旋风，从南海之滨到北京古城，从江淮河畔到上海明珠，在短短四年时间里，田标在中国区市场开出400家直营快餐店，其竞争势头令在中国的两大美国快餐巨头颇感惊奇。

由于华夏饮食管理公司的扩张策略是直营开店，这就需要大量管理人员和优秀骨干员工。田标平时不仅自己加强学习，而且在公司内部成立管理学院，聘请外部专家到公司培训中高级管理人员，使企业快速发展的同时，广大员工也获得学习锻炼与成长。

另外，田标一方面加强内部员工的成长培养，另一方面加快国际化职业经理人才的引进。张国华就是去年底被田标从世界最大的国际快餐管理公司猎头过来的，目前担任着华夏饮食管理公司的首席运营官，主管企业的日常运营管理。

“你好！张首席，田董已经吩咐过，你可以直接进去。”

董事长秘书阿莲的问候打断了张国华的思绪，他推开董事长办公室的门，看到田标站在窗前，隔着玻璃俯视着公路对面宏伟的广州体育中心，仿佛在思索着什么。

“田董，你好！”张国华问候道。

“阿华，请坐！”田标转身握着张国华的手，亲切地在宽大舒适的沙发上坐下。

“知道今天刚上演的闹剧吗？”

“行政部已经报告了，我刚才也顺便到大门处看了一下，王立董事他们还是希望能够参与公司管理事务。”张国华回应道。

“你对这件事有什么意见?”田标问。

“无论是作为公司董事的王立女士还是公司副董事长王海先生，希望了解公司经营情况，其心情是可以理解和接受的。但应通过正常合法的方式进行沟通协商，甚至提出召开临时董事会议。但采取目前这种单方面任命公司副总经理、强行干预公司日常运营的做法，是欠理智和不合适的。”张国华通过分析表明自己的观点。

“由于我不是董事会成员，对于公司董事会内部事务、特别是董事会成员之间的矛盾，不便表达谁是谁非的观点。但是，如果这些矛盾不能尽快妥善地处理好，一定会严重影响公司的形象和业务开展。”

“你有什么好的建议吗?”田标问道。

“建议你尽快组织召开董事会临时会议，就目前的问题展开沟通，磋商出具体解决方案，以化解目前的矛盾，为公司业务运营创造一个稳定的管理环境。”张国华提议道。

“好吧，我马上与两位投资公司股东联系，争取早日召开临时董事会会议商讨此事。届时我想请你列席会议，可以吗?”

田标这个提议，出乎张国华的意外。

从严格意义上讲，作为职业经理人，是非常忌讳参与股东争端或董事会政治的。

当然，张国华非常能够理解老板这一提议的意图和用心。他以前的事业进展太顺利了，这种重大的公司政治事件他可能感到孤立无援，希望能有可信任的朋友给他支持与鼓励。

想到这里张国华提议到：“老板，如果是讨论公司战略发展或业务方面的会议，我可以列席，但目前的内容是要磋商解决公司的政治矛盾。以我现在的身份列席这种会议，非常不合适。”

看到田标失望的表情张国华继续讲道：“不过我可以采取另外一种方式帮你。”

“我就知道，你阿华不会置身事外嘛！什么好的方式?”田标脸上露出笑容。

“我建议你先组织一次预备会议，邀请两家投资公司股东的代表，共同沟通一下目前的情况，再讨论一下董事会的具体会议内容和磋商方式、方法。我可以作为你的助手列席这个会议，帮助做一些技术分析工作。”张国华答道。

“很好，阿华，谢谢！我这就安排预备会议。”田标道。

47%的大股东隐患

次日下午，在距离华夏饮食管理公司不远的花园饭店一间小会议室，田标组织华夏公司的几位董事，召开董事会预备会议。参加这次会议的董事还有港英明天投资公司的总裁姜欣、盛元投资公司总裁苏红和董事会秘书阿莲；另外，华夏公司首席运营官张国华先生、华夏公司法务部经理余敏先生应邀列席。

“在会议开始之前，我就今天的会议为什么安排在花园饭店向大家解释一下。”田标首先讲道。

“大家都已经知道，近三天来，副董事长王海先生与他的大哥大姐三人，为了任命王佳担任公司副总经理一事，已经组织王佳带人到公司总部闹事，要强行进入公司总部办公并行使管理权。就在此时此刻，王佳等人仍然在公司总部门外聚集，试图进入公司。”

田标停顿一下，逐个望一望各位参会人员的表情，继续讲道：“对于这次董事会内部爆发矛盾的原因，大家是了解的，我不再多讲，今天请大家来，就是希望我们能够讨论一下如何解决这些问题，还企业一个安静的管理环境，我不希望由于内部矛盾而影响企业的发展。”

田标讲完后，以期盼的目光望着大家。

港英明天投资公司总裁姜欣女士，冷静地望着田标。她知道，近几天来田标内心非常痛苦与矛盾。一方面是自己辛辛苦苦创办的企业，另一方面是自己的前妻和一起艰苦创业的伙伴，无论对哪一方，他都有着深厚的情感，不希望伤害对方。

从四年前与田标认识以来，姜欣一直很欣赏田标，她认为这个年轻人身上有一种激情在燃烧，同时他能够将这种激情通过公司的管理制度，影响到其他员工。作为投资人，选择投资对象的本质就是选择人——选择企业的领导人和管理团队。她与田标接触了两年多，发现在中国区的快餐连锁企业中，华夏公司的员工流失率是最低的；田标深知经营企业，人才非常重要；他定时到欧亚国际管理学院学习现代管理知识，将自己的知识通过培训传播给华夏的员工，并坚持直营发展战略，领导华夏公司在中国区各个市场不断建设直营店，使一些从内部成长起来的员工获得发展。

田标旺盛的创业激情、爱惜人才与直营战略，构成港英明天投资与华夏合作的三大基础。姜欣联手自己的好朋友——盛元投资公司总裁苏红女士，于前年年初向华夏投资3亿元人民币，共获得华夏6%的股份。

之所以与田标接触两年后才建立合作关系，主要原因是由于华夏公司的股权结构方面。双方一直在探讨，希望建立一个更加合理稳定的公司治理结构。

由于华夏原来的公司股权是田标与王海两人各持50%，公司董事会除他们二人外，作为董事长的田标可提名两位董事，大股东王海可提名一位董事和一位监事。这样就构成由田标、田标的妻子王立女士、王海与公司的两位高级经理组成的华夏董事会，另外王海的妻子出任公司监事。

这样的股权结构，使华夏在重要决策的管理方面，存在极大风险，一旦田标与王海的意见不一致，就难以形成公司决策，给企业直接造成损失。

例如，在四年前的公司品牌转型决策中，王海等人对于放弃两棵树品牌而采用华夏功夫品牌，持有异议。他们认为两棵树这一品牌，已经在中国区的南方市场具有较高影响力，品牌的价值已达数千万元，不能轻言放弃。双方就此事讨论多次未能达成一致，最终田标提出一个妥协方案使这次管理矛盾获得解决，即先在广州新开设一家华夏功夫快餐店，进行市场测试，如果测试效果理想，再讨论企业整体进行品牌更换，如果测试不理想，就暂时不换。

后来的市场测试效果表明，新品牌的市场影响超出所有人的预期，单店经营利润超过其他两棵树店利润近30%。在事实与利润驱动下，王海等人同意公司实施品牌转型。

对于华夏公司在治理结构方面存在的管理隐患，姜欣与田标多次沟通讨论后，一起与王海多次协商，都被王海以各种理由婉言拒绝。

对于王海的这一行为，田标一直以兄弟情谊为重进行妥协，不忍伤害作为亲戚加伙伴的王海。并在引进港英明天投资时，采取增资扩股的模式，与王海保持同样的股权比例，使公司形成田标与王海各持有47%股份、两家风险投资商分别持有3%股份的股权结构。而董事会成员则将原来的两位高级职业经理调换为两家投资公司的代表，其他成员与公司监事保持不变，同时选举大股东王海担任副董事长。

但是，最令两位风险投资人和田标担心的公司治理结构中存在的隐患，并没有消除。以田标与王海二人的个性差异，姜欣与田标均知道，这个矛盾总有一天会爆发，只是谁也不知道会在什么时间、以何种形式爆发。

最终，随着田标与王立协议离婚、王海去年二次创业失败，引发了王氏家族这座潜伏多年的火山。这种情况必须尽快制止，再任其发展下去，将会给企业造成非常严重的负面影响。

想到这里，姜欣发言道："作为投资方，我为公司部分董事有损公司利益的行为感到遗憾。我认为，公司董事会作为管理机构，应对伤害公司利益的行为予以谴责，以保障董事会的管理权威。"

"我同意姜总的意见，董事会应该通过一项决议，对王海等人的行为予以谴责；任何人——即使是董事、董事长，都没有权力危及公司利益。另外，我建议我们应通过第三方渠道找王海沟通，从根本上解决我们在公司治理方面存在的问题。"苏红发言道。

姜欣望着张国华问道："张首席可有更好的建议？"

"谢谢！"张国华放下手中的茶杯，环视了一下在座的各位，沉稳地讲道："我赞同刚才两位董事的发言。王佳等人连续三天到公司总部吵闹，已经给企业造成不良影响。近几天，有一些不明身份者在公司附近游荡，对公司的部分管理人员进行骚扰，增加了员工们的不安全因素，严重影响到公司日常业务。"

喝一口茶后张国华继续道："我们华夏功夫的战略目标，是将具有五千年传统文化的中华美食，推广到世界各国，使华夏功夫成为一个世界闻名的饮食品牌，这是田董的理想，也是各位董事投资华夏的目的，更是华夏吸引我加盟的重要原因。目前我们处于快速发展的黄金时期，不能因为个别董事的行为，影响企业的发展。作为首席运营官，我希望公司董事会能够给企业创造一个良好稳定的内部环境，使我们能集中精力和资源开展业务。我建议各位董事，应通过直接沟通与委托第三方沟通两种方式，尽快与王氏家族展开磋商，积极寻求对王海所持大额股权的解决方案，避免今后再发生类似事件。"

在座各位被张国华的发言所感染，田标将目光转向公司的法律顾问兼法务部经理余敏："余律师有什么好的建议吗？"

"我非常赞同姜总的意见，今天这个会议，应形成一份公司董事会的声明，对部分董事的行为予以公开谴责。同时为预防此类事件重演，我建议田董解除对王立女士的董事聘任，再重新考虑聘任一位新的公司董事，以加强对公司董事会的管理力度。"华夏公司法务部经理余敏建议道。

田标将目光转向姜欣与苏红："两位大姐可有新的董事人选？"

姜欣望了一眼苏红："我们上次讨论的人选现在可以落实吧？"

"我同意。"苏红向田标提议："我们建议你聘请张国华先生为公司董事，参与董事会领导工作，这样有利于目前各项工作开展。"

苏红二人的提议，正合田标的本意，他用目光征求余敏的意见。

“基本可行。董事会一共五票，今天到会三人，如果你们三位董事同意，就可以形成会议决议。”余敏解释道。

“谢谢！对于两位大姐推荐的新董事人选，我表示接受。现在我们进行会议表决，同意通过对部分董事损害公司利益的行为进行谴责通告的请举手。”田标提议道。

在场的三位董事同时举起自己的右手。

“请放下，我代表公司全体员工向两位董事表示感谢，同时也向两位列席代表表示感谢。”田标一直严肃的脸上终于露出一丝笑容。他告诉阿莲：“请你将今天的会议纪要和会议决议整理出来，请两位大姐过目后签字。”又向余敏交代道：“请余经理代我起草两份关于任免董事的文件给我签字。”

会议接着又详细讨论了如何与王海等人进行沟通，以及选择第三方委托人等事宜。

感情破裂后的治理挑战

余敏早上没有直接到公司上班，而是开车到市郊的一个高级住宅小区，找董事长田标签署昨天会议的文件。

作为公司的老员工，余敏对于目前这场风暴的形成过程较为清楚，自己过去亲身经历的那些重大事件，一幕幕闪现在脑海里就像昨天发生的一样。

华夏公司两位创始人的矛盾，起始于四年的公司品牌调整。田标一直梦想着将两棵树培育成为一家中式快餐第一品牌的跨国企业，从中小城市进入中心大型城市已经成为当时公司战略的必然选择。而出身香港大厨世家的王海，仅希望公司能够稳定盈利，能否做大并不是最重要的，更没有将这个企业培育成为著名企业的梦想，他认为田标的梦想是一种不现实的奢求。

由于两个人家庭环境和所受教育的不同，使他们在公司发展战略上出现分歧，这也是两人首次发生分歧。

随着华夏功夫试营业成功，公司开始进行品牌战略调整，为了快速推广连锁计划，田标向当时担任公司总经理的王海提出，由自己兼任公司总经理，负责公司战略的实施工作；由王海担任公司副董事长，负责各地市场的拓展。从此王海就从公司管理层面前移到市场开发事务中，时常在各地开发市场建设新的连锁店，逐渐远离公司领导权力中心，很少参与公司的重大管理决策。对此，王海心里感到不平衡，认为自己被边缘化。

三年前，田标与王海的姐姐王立 15 年的婚姻走到尽头，双方协议离婚。王立为获得孩子的监护权，放弃了作为田标妻子享有的25%公司股权。中断家族纽带后的王海，与田标沟通的频率越来越少，参与公司决策的几率越来越低，逐渐产生出对田标的不满情绪，二人时常为一些事务性问题发生摩擦。

这使得田标开始逐渐加强对公司的管理控制。前年与港英明天投资等签订投资协议，引进3亿元人民币的股权投资后，在姜欣的主持下改组了董事会，被免去董事职务的两位资深经理人员陆续辞职离开了公司，这使王海感到自己在董事会受排挤，内心非常苦恼。他向董事会提出自己酝酿已久的多品牌发展计划，希望自己独立领导一个业务单元，远离田标的管控。

董事会批准了王海的业务计划，同意投资4000万元人民币，由王海在深海市独立开展“美味大厨”品牌快餐连锁业务，第一期投资为1500万元人民币。

去年王海将全部精力投入到新业务中，极少回公司。田标时常给王海提出一些管理建议，但这些建议没有被采纳。王海完全根据自己的计划推进“美味大厨”业务，两位公司创始人倒是少了往日的矛盾，各自忙着自己的工作，相安无事。

但是，这种平静在去年年底被破坏，王海负责的“美味大厨”业务经过一年运营，市场效果不佳，处于亏损状态，首期1500万元投资消耗的所剩无几；王海向田标提出后期2500万元的投资资金。去年由于世界金融危机的爆发，华夏公司现金流开始紧张，董事会决定暂时停止对“美味大厨”的投资。

董事会的这一决定立刻激怒了王海，他认为是田标在作梗，两个人以往的矛盾即刻转化为公开的仇恨，一个复仇计划开始在他的脑海中酝酿。

今年年初，华夏公司向银行申请一笔无抵押贷款，用于门店建设业务。王海随后通知银行因华夏公司两大股东之间有严重分歧，存在治理风险，把这笔贷款阻隔在公司门外。

这件事让公司所有人员感到极度震惊。包括田标在内，没有一个人会想到王海竟然以牺牲公司利益的形式进行报复，这已经超越公司董事会和管理人员的心理底线。

后来在田标等人的努力下，虽然这笔贷款最终进入公司的账户，但它给华夏公司管理团队留下深刻印象——即田标是在全身心地经营着公司，王海则是为个人利益发泄私愤。如此一来，这二人在公司员工心目中的形象就发生了巨大转变。

随后在三月份发生的田标“二奶事件”，使田标的前妻王立无法忍受前夫的感情欺骗，向田标提出归还其25%的公司股权；这一要求遭到田标拒绝后，王立开始与其弟王海联手，向自己的前夫发起攻击。先是六月份提出要审查公司财务账目，被公司拒绝后，王立将华夏公司告上法庭，要求法庭对华夏所有财务账目进行保全封存。

本月初，王立带人突袭公司财务部门，抢走一部分财务账目文件。在他们又想进入公司总部遭到拒绝后，就上演了王海以副董事长身份签发的委任书，单方面聘任其兄——华夏公司现任南方市场开发经理王佳担任公司副总经理的闹剧。

在前年引进港英明天投资等公司的风险投资时，华夏公司由原来的民营内资企业变更为中外合作企业。根据《公司法》和“投资协议”，华夏公司新的董事会制定出合资公司章程，并报天河市工商管理部门备案。

而王海竟然依据自己与田标创立华夏公司时签署的《合作框架协议》之规定，违法任命公司高级经理人员。想到这里，余敏不禁为王海的幼稚感到可悲，而对老板田标的冷静、沉着、少言、多思、慎行的职业风格，则极为欣赏。当年余敏自己就是被田标的这种个人魅力所吸引，放弃律师事务所的工作加盟华夏公司的。

余敏将轿车停在一座白色别墅前，走上台阶按了一下门铃，对讲器传出田标的声音：“阿敏，门是开着的，请进。”

没有解除的风险

余敏推门进去，发现田标坐在餐桌前用早餐。看来老板昨天没有休息好，眼睛里有些血丝。

“你吃过了吗，一起吃一点吧？”田标热情地招呼道。

“谢谢，田董，我已经吃过了。”余敏拉开一张餐椅坐下。

“我带了昨天会议的文件，其中关于解除王立女士董事职务和聘任张首席担任董事职务的两份文件，需要请你签字，我好通知当事人和公司相关部门。”

田标快速浏览一下，然后接过余敏递来的签字笔在两份文件上签上自己的名字，抬起头问道：“董事会公告起草好了吗？”

余敏又从公文包中取出一份文件交给老板：“这是以董事会名义起草的谴

责部分董事的公告，请你审阅签字后，我就发给各家新闻单位。”

“请今天将这些文件转发给所有董事会成员、公司监事、公司店长级以上管理人员，并在公司网站上进行公告。”田标在文件上签字并转交给余敏后吩咐道。

“好的，我马上回公司办理。”余敏将文件装进公文包后，与自己的老板握手告别，匆匆返回公司去。

田标将剩下的半杯果汁一饮而尽，然后推开露台的门，走到露台上活动一下身体，看到附近湖面上有两只洁白的天鹅。望着这一双相依相伴的小精灵，他发出无限感慨。

如果自己的前妻王立今天收到解聘其董事一职的文件后，不知会引发出何等风暴？

昨天董事会临时会议虽然决定直接或通过第三方与王氏家族沟通，但是，他们会接受吗？

他们如果坚持大股东权益，坚持董事会讨论任命王佳为公司副总经理时，该如何应对？

通过什么策略能够将此事无形化解呢？

这些问题如果不能妥善解决，将无法解除公司治理方面的风险，公司的稳定与发展将会继续受影响……

田标沏上一壶功夫茶，坐在露台上继续思考着下一步的策略。

如果你是田标先生，你将如何解除华夏公司治理方面的管理风险？

以治理之法取代创业情

李　刚　DBA　清华大学 HTR 企业家研修中心首席管理顾问

这是一个非常具有代表性的公司治理案例。在本案例中，华夏饮食管理公司董事长田标先生所面临的管理困惑，是他与王海二人在创业初期，相互间基于家族私人情感，采取等额投资、收益相同、共担风险的投资合作模式造成的。

正是这一传统的看似公平无风险的农民意识投资合作模式，给未来的华夏公司埋下巨大管理隐患。当他们二人之间的私人情感，在十多年的商业合作过程中经过摩擦碰撞、发生剧烈变化后，这一管理隐患立刻显现，并直接威胁到企业生存与发展。

田标与华夏公司的这种经历，恰恰是许多中国本土企业家的真实写照。他们在创业之初，依靠家族成员之间的亲情，来维系投资人之间的合作关系，并没有建立起公司治理结构。而当公司发展到一定规模后才发现，缺乏健康治理的企业，一旦投资人之间的私人情感发生变化后，企业将面临治理风险，轻者出现创业合作者分家，如当年刘永行四兄弟拆分希望集团；重者导致企业破产，如同样由于两大股东（分别持有 45% 公司股权）之间私人关系的破裂，导致著名的中山爱多电器公司在 1999 年倒闭（其公司董事兼总经理胡志标夫妇二人甚至由于公司倒闭遗留债务问题而被判刑入狱）。

根据案例介绍，目前华夏公司的企业性质为合资企业，共有四位投资人，他们分别是华夏董事长田标（占 47% 股权）、副董事长王海（占 47% 股权）、港英明天投资公司与盛元投资公司（各占 3% 股权）。

那么田标将面临王海哪些挑战？

作为华夏公司副董事长、持有公司 47% 股权的王海，在目前形势下，将有四种策略可供其选择。

策略一：通过董事会行使董事权力

在华夏公司董事会中，田标拥有两个董事席位，与田标保持行动一致的投资公司拥有两个董事席位，而王海仅拥有一个董事席位和一个监事席位。根据公司法和公司章程，董事会的表决权是根据董事席位，而不是根据董事所代表的股东股权多少进行计票表决；这样，王海在董事会就面临1∶4的表决形势，基本上已失去在董事会的影响力与话语权。

策略二：通过股东大会行使大股东权力

即使王海能借助代表自己意愿的公司监事，提出召开华夏公司股东大会，以谋取自己大股东的权益，如提出改组公司董事会，增加自己在董事会的代表席位等。由于田标与两家投资公司持有公司53%的股权，王海的个人提案将很难获得通过。

策略三：作为投资人享受投资收益权，不再干涉公司经营管理事务

被排斥在华夏公司领导决策管理之外的王海，如果还对公司经营持有信心，他将选择作为投资人，追求投资收益而不再期望参与公司领导管理工作。

策略四：向董事会提出转让自己的股权

如果王海因不能参与华夏公司的经营管理而对企业失去信心，他将向董事会提出转让自己持有的公司股权。

如果按港英明天等两个投资公司的投资价值测算（以3亿元投资获得6%华夏股权），王海持有47%华夏股权的价值，已经超过24亿元人民币。如此大额的股权转让，华夏公司董事会将会非常慎重。如果王海是向外部投资人转让，董事会将难以批准；如果王海向华夏内部股东转让，将会获得田标与其他两位股东有条件的接受（即转让方式与股价等条件）。

通过以上分析，田标先生还是有相当的机会化解目前这场公司治理危机，同时可以通过这次危机事件的处理，在华夏公司建立有效的资本治理结构，以确保企业未来的战略成长不再遭受公司治理的影响。

基于华夏公司目前以及未来的管理要求，建议田标先生通过以下方式解决面临的治理危机：

首先，与两家投资公司股东单位保持紧密沟通，建立一致行动联盟，奠定自己在股东大会和董事会的话语权和领导地位，确保华夏公司业务运营不受影响。

其次，通过与王海对话，用华夏对“美味大厨”业务的投资换取王海持

有的华夏公司部分股权，使“美味大厨”成为王海拥有100%股权的独立法人公司。在此基础上，再寻求与王海达成股权转让协议，公司内部股东有条件地接受王海部分或全部股权，使王海通过转让华夏公司股权，获得发展“美味大厨”业务所急需的资金，并逐步脱离与华夏公司的关系。

最后，田标可以与港英明天等两家投资公司股东合作，以共同出资方式受让王海转让的华夏股权。如果资金有困难，可采取三种方式进行融资。

方式一，可向银行做公司股权抵押融资，获得部分资金；待完成与王海的股权转让手续后，再通过增资扩股方式引进新的战略投资人，利用战略投资人的投资资金偿还银行贷款。

方式二，可采取内部员工集资方式，获得员工对企业的投资，使部分员工成为公司的投资人。

方式三，可尝试实施MBO，即将这47%股权全部或部分转让给华夏公司的高级经理人员，借机完成公司长效激励机制的建设，激发管理团队的创业热情，同时达到完善公司治理结构的重要战略目标。

如果读者目前所在企业存在有华夏公司类似的治理问题，建议你及早地依据《公司法》，对自己企业进行治理结构改造，调整公司股权结构，制定出新的《公司章程》，建立完善的公司治理机制，用商业法规为依据的资本治理机制，替代创业时期的情感约束，为企业构建起依法治理的经营环境，确保企业良性健康发展。

案例2：
如何管理控股权与发展的关系

股　权　之　忧

一个越洋传真将钱勇和他创建的绿牛公司逼到悬崖边缘，如果不能在5个工作日内从大利根基投资公司手上赎回抵押的绿牛股票，就将失去绿牛的控制权。

对于正处于“小鹿蛋白奶”事件中的绿牛来讲，这是否会成为压死骆驼的最后一根稻草？

案例作者：安　妮　李　珊

学术指导：李　刚

评论专家：赵中孝　李　刚

“你好钱董，这是美国大利根基公司刚刚发来的传真，他们要求我们在今天必须给予答复。”秘书阮红将传真呈报给刚刚放下电话的钱勇。

思绪还停留在刚才电话里讨论的市场问题上的钱勇，随意浏览一下传真的内容，面部立刻显示出极其严肃的表情，他急促地告诉阮红：“立刻通知文总和高总五分钟后到小会议室参加紧急开会。”

看着阮红小姐健步离开，钱勇一边整理自己20天来处于高度紧张的思绪，一边思考着眼前这个传真的内容。

最担心的危机终于降临了，自己与绿牛公司将面临着一场生死存亡的挑战。

股权危机爆发

钱勇五分钟后与两位创业伙伴、绿牛公司的战略副总裁文刚与首席财务官高银，在隔壁的小会议室落座。

“这是大利根基公司发来的文件，两分钟前，约翰先生还打来越洋电话，就此事探听我的意见。”钱勇将文件递给文刚。

“根据双方签订的融资协议，鉴于目前贵公司股票价格在市场上的表现，我们将行使协议约定的权力，请贵公司能够在五个工作日内赎回所抵押股票。如果超过此约定期限，我们将拥有这些股票的所有权，有权决定其未来。”文刚清晰地读道。

“他们这不是落井下石吗！”高银激动地说。

“这是商业规则，他们也是逐利的，没有无私的国际主义者。”文刚冷静地回应道。

钱勇有些焦虑地说：“是的，对于这些资本大鳄的本性，我们以前缺乏了解，对于潜在风险估计不足。但是，既然双方签订了协议，我们就必须按协议处理。现在最关键的问题是，上个月刚发生了小鹿蛋白奶诱发的行业危机，我们所有的资源都已投入到市场上，如何在五个工作日内筹集3亿元资金赎回股票。”

“我今天上班后检查了一下公司现金流，由于这个月工作重点都在处理问题奶，销售回款几乎停顿，我们可调动的资金仅有三千多万元。”高银介绍说。

“钱董，我提议立即启动公司第二套危机处置预案，预防更大的危机发生。”文刚提出一个新的问题。

“好的，这项工作按规定由你全权负责，同时你与各家银行或金融机构联系一下，看看能否获得一些临时性资金。”

钱勇将目光又转向高银：“你与我们的经销商股东们沟通一下，看能否获得他们资金方面的帮助。虽然在这个特殊时期，他们同样的困难，但总是一线希望。”

“下午16：00我们再碰一个面，就以上工作进展情况沟通一下。”钱勇最后说道。

钱勇回到办公室拿起茶杯，一口气喝完杯中的茶水，坐下陷入深深的思考。

海啸诱发股权风险

钱勇领导的绿牛乳品公司，是中国区乳品行业排名第二的企业，与其他三大乳品公司不同的，绿牛公司是一个纯民营的境外上市公司。由于当初创业团队资本有限，他们采取与渠道经销商战略合作方式，吸引一些渠道商的原始投资资金，这就造成公司股权较为分散。四年前绿牛公司上市后，钱勇他们创业团队成员仅持有27%的公司股权，最大个人股东钱勇所持股份不到9%，其他成员就更少。

作为一家上市公司，根据国际惯例，如果公司主要投资人组成的一致行动方持股比例低于25%警戒线，就有可能遭遇市场上恶意收购。

去年，为了投资奶牛牧场建设，绿牛公司将大约5%的公司股票有条件抵押给上市推荐商——美国大利根基公司，获得3亿元资金。恰恰是这部分抵押股票，今天将钱勇和绿牛公司推到风口浪尖。

以往由于绿牛公司经营业绩良好，公司股票在市场上一直呈现上升趋势，掩盖了融资风险。但是，在上个月，一场新中国成立几十年来最大的一场乳品安全危机——“小鹿蛋白奶”事件，将包括四大巨头在内的全国95%的乳品企业被卷进产品质量风暴中，使绿牛公司与整个中国乳品行业面临巨大考验。

质量风暴发生后，各个企业根据政府管理部门的要求，无条件回收市场上在销产品，广大消费者也是减少甚至暂停购买奶乳制品，企业经营与市场秩序被打乱，乳制品企业特别是昔日几大巨头企业，为此付出巨大代价。受此影响，那些上市的乳品公司，其股票价格应声下跌，其中仅绿牛公司的股票，就在一瞬间蒸发近80%，从而抬高了被抵押股票的风险。

就在“小鹿蛋白奶事件”发生后第四天，美国著名的投资银行雷芒兄弟公司倒闭，进而诱发了世界金融海啸。同为美国投资银行的大利根基公司，受这场海啸的冲击，立即开始处置一些资产（包括一些抵押资产），以便快速回笼资金构建抵御海啸的防护堤。

正是在此环境下，在华尔街总部参加紧急会议的大利根基中国区总裁约翰·富兰克先生，在会议结束后，立刻通知尚在睡梦中的中国公司同事，让他们立即起草给客户的商务传真，并严令他们今天上午必须将传真发给客户。他自己则在匆忙用过晚餐后，给远在大洋彼岸的客户打电话，逐个进行沟通，其中包括给绿牛公司董事长钱勇先生。

16：00，钱勇在小会议室听取了两位副手的情况汇报，虽然他知道难有一些实质性收获。

“通过与几十家经销商股东的沟通，除两家外，大家都在艰难支撑着眼前的局面，已无能力帮助我们，而这两家股东是由于上半年转型，才没有受到这次危机的影响，能够提供的资金总量仅有2000万元。”高银沮丧地说。以往每天都要经手近亿资金的她，没有想到，自己一天电话打下来，竟然会是这个结果。

“由于国家今年实行的紧缩政策，到第三季度各银行信贷额度基本所剩无几，而受金融危机影响，各信托与投资机构更是只收不出。”

文刚介绍自己这边的情况，他看着钱勇焦虑的表情补充道：“不过我找了两个非行业内的朋友，他们同意临时借5000万给我们应急。”

“5000万是一人的，还是两人的？”钱勇问道。

“两个人合计5000万元人民币。不过这却提醒我，如果要想化解这场危机，我们需要调整融资思路，第一向企业临时拆借比向银行贷款有效，第二应面向非业内企业。”文刚答道。

望着辛苦一天、身心疲惫的两位副手，钱勇知道他们已经尽最大努力了。“好吧，你们先回去再想想其他办法。”

危机没有解除

文刚与高银向钱勇告别后离开会议室。钱勇没有立刻起身回自己的办公室，他需要在会议室安静地一个人待一会儿。坐在会议室沙发上，他望着落地窗外阳光下的绿草地，脑海中思考着如何渡过眼前这一关。

综合目前的信息，3亿元的赎金，还有两个亿的资金缺口。要通过银行获得帮助，就目前的金融形势，基本没有任何希望。但是被抵押的公司股票必须赎回，否则，急需资金的大利根基，一定会抛售，加上目前在市场上公司股票价格很低，极有可能遭遇恶意收购，如果这种情况一旦发生，钱勇及其伙伴们将失去绿牛公司的控制权，其后果不堪设想。

“阮秘书，你马上给大利根基公司发一份传真，告诉他们，我们决定根据他们的要求赎回公司股票。”钱勇安排秘书阮红处理这项事务后，开始思考着如何筹集两亿元的资金？

文刚的提议，使钱勇想到自己在华欧管理学院的同学们，他们都是一些大企业的领导人，大家平时交往颇深，只是没有进行过商业合作，目前自己陷入困境，不知他们是否能够给予帮助。

“对，应该通过电话先联系一下。”想到这里，钱勇起身回到自己的办公室，迅速拿起电话，但是，刹那间他又迟疑地放下话筒。几分钟后，他打开电脑，思考着将自己目前遇到的困难写了一封求援信，发到同学们的邮箱里。

作为中国区有一定影响力的企业家，钱勇以良好的品格、谦和的处事风格，赢得许多同学与朋友们的尊敬，更结识了一批成功并有影响力的本土企业家。

晚上22：14分，刚刚吃完晚饭的钱勇，接到一个令他终生难忘的电话。

一位钱勇平日非常尊敬的企业家，一位有着企业教父称号的企业领袖，一位掌管着三家投资公司拥有数百亿元人民币投资资金和一家160多亿美元销售规模的世界级电脑公司的老人，在电话中热情地向钱勇了解他的近况，非常详细地了解绿牛公司抵押股票情况，双方在电话里交谈了近十分钟后，老人告诉钱勇，这件事情他负责解决，请钱勇不要再麻烦其他人了，明天上午他需要组织一个公司行政会议走一下程序，下午应该就可以将资金转出。最后，老人说他非常看好绿牛公司，希望这个民营乳品企业，能够在未来成长为乳奶行业的世界品牌。

眼眶一阵湿润，激动的钱勇向老人道谢后，立刻将这个好消息通知给文刚与高银二人，不然的话，他们二人一定会休息得很晚很晚。文刚在电话里听到这个消息后，感慨道：这就是规模实力！

一直到凌晨四点，钱勇的电话铃声不断，许多收到与没有收到邮件但获得消息的同学和企业家朋友，纷纷打来电话表示问候，其中更有一些朋友提出给予资金帮助。这样的电话在未来一周里持续不断，钱勇向这些关心他的朋友们一一表示最真挚的谢意。

次日下午16：43，高银通过电话向钱勇汇报说两亿元资金已经进账。

一场突如其来的暴风雨就这样被无形的力量悄然化解了。

但是，如何避免再次被外资恶意收购，成为钱勇必须解决的问题。毕竟钱勇与一致行动方所拥有的27%股权，与警戒线过于接近，绿牛公司时时刻刻面临着恶意收购风险；像昨天这样的暴风骤雨随时都可能卷土重来，真正的危机并没有过去。

不能坐以待毙，必须主动出击，选择一家能够长期进行战略合作的伙伴，彻底规避“控制权旁落”的风险，这个设想开始被钱勇纳入他的工作计划。

遭遇发展瓶颈

六个月后，绿牛公司新年度战略会议在小会议室召开，首先是高银汇报去年公司经营预期情况。

“今年公司实现销售额预计为240亿元，增长约12%，第一、二季度实现利润近6亿元。但受问题奶事件影响，下半年亏损已超过15亿元，造成年度利润为-9亿多元。”

她继续介绍道：“今年公司的债务权益比率为37%，与去年的4%相比上升了33%。另外，今年需要偿还的未偿还银行贷款已达到18亿元，比去年增长16亿元，还有赎回公司股票的2.7亿元尚未偿付。”

“公司目前的现金流情况如何?”钱勇问道。

“目前公司拥有不到10亿元的现金。”高银答道。

“既然这样，先将赎股票借的2.7亿元付了吧，同时你组织一个答谢宴会，我要再次向老人家和那些朋友们表示谢意。”钱勇安排道。

“问题奶事件后，国家出台了行业准入管理政策，要求乳制品企业必须配置30%的自供奶源，根据世界乳制品行业发展经验，各大世界级品牌，无论是澳大利亚、新西兰，还是德国、法国、荷兰、美国的企业，都拥有自己的奶源生产牧场，只有这样才能避免问题奶事件再次发生。未来乳制品市场的竞争，一靠奶源，二靠产品，三靠渠道。我们公司的短板，也是我们中国本土乳制品行业的短板，就是奶源，其次是产品——这方面我们研发的高端产品德格伦已经有所收获。我们必须抢在竞争对手前面，尽快建设起自己的奶源基地。文刚负责这项工作，你介绍一下新型牧场的业务情况。”

“好的。”文刚以自己惯有的严谨工作特点，开始向与会人员介绍牧场业务。

“根据国家政策规定，我们需要拥有年产量120万吨的自供奶牧场。按一座存栏数为2.5万头标准牧场的日产奶量400吨计算，需要10座。根据公司战略要求，我们规划在2年内建设10座、5年内建设30座标准牧场，形成世界最大规模的自营新型牧场。”

文刚介绍了牧场业务规划后继续说道：“公司自2005年开始这项业务，目前已经建成投入运营的牧场2座，在建牧场3座，明年计划建设5座，以后每年将建设6~7座标准牧场。”

文刚略微停顿一下，继续介绍：

“现在的问题是每座牧场需要投资6亿~7亿元，今年的资金缺口是9亿元，从明年起每年需要资金为30亿元，完成30座牧场建设计划，大约需要投资120亿~130亿元。现在的关键问题是，公司需要考虑近三年60亿~70亿元的建设投资。”

钱勇将目光投向高银：“你那里对建设资金是如何规划的?”

高银整理一下思绪，缓缓地介绍了公司资金规划。

“根据我们对公司未来五年的经营收益预测，明年预期利润收益为8亿~9亿元，基本能够恢复到去年的水平。如果不再发生大的食品安全事故，以后四年，按25%的增长率计算，公司总计利润大约为56亿多元。即使考虑到通过银行等金融机构融资，未来五年，仅靠公司自有能力，将难以支付超百亿元的建设投资。如果我们不能引进新的战略投资人的话，未来三年近70亿元的投资将无法落实。”

高银讲完后，会场一片宁静。

“大家都知道，竞争对手益蒙乳品公司，借助奥运会和世博会赞助商开展活动，在市场上给我们造成很大压力。小鹿乳品集团破产后，中国乳品行业的竞争平衡格局被打破，未来三年内行业必将发生规模化并购，竞争不可避免。公司发展又必须投资上游牧场资源，我们需要新的战略投资伙伴加盟。另外，公司控股权一直临近警戒线，若要从根本上解决恶意收购风险，就需要引进一个能够长期合作的战略联盟型投资人。”

钱勇意味深长地向大家介绍公司面临的战略发展瓶颈。

“这将意味着我们可能会失去公司控制权，希望大家冷静地思考一下。在座各位基本上都是董事会成员，我们三天后召开公司董事会议决定此事。”

发展还是控股

会议结束后，钱勇留下文刚，就目前绿牛遇到的战略瓶颈征求他的意见。

“对于这个问题，我已经组织战略部门进行专项研究，在博元咨询公司的帮助下，我们完成了一些研究成果。”文刚介绍道。

第一，我们不能选择跨国乳业巨头，无论是欧洲还是大洋洲的企业，他们在中国近些年的表现，证明他们无法适应中国区市场。

第二，我们需要选择具有产业相容性的中国公司，需要规避以往财务型投资人带来的市场风险。

第三，需要跨行业选择一家具有深厚资源基础和相近战略需求的合作者，以获得他们战略上的协同与支持，以及海内外资源方面的帮助。

“你们有目标对象吗?”钱勇问道。

“有，你的一位老朋友刘浩先生领导的国粮集团。”

“刘浩先生，这倒是一个较为理想的合作者。”

文刚所提到的刘浩先生，有着“中国摩根”称号，与钱勇有着多年的私人友谊，特别擅长资本运营；他目前领导着中国最大的粮食食品集团，根据“从田野到餐桌”的全食品链战略，近些年在国内外市场上实施了一系列的业务兼并，已进入粮油食品与饮料产业。他们一直期望涉足乳制品行业，但由于目前中国区的乳制品市场，已经被四大乳品企业控制着，他们一直在等待进入的机会。

钱勇曾经邀请刘浩来绿牛公司参观过，他对绿牛公司的发展战略、市场运营、产品开发和企业文化等方面，给予极高评价。但是，鉴于绿牛是境外上市的民营企业以及国粮集团的特殊身份，双方至今没有开展合作。想到这里，钱勇问道：“与他们合作的话，潜在风险表现在哪些方面?”

“主要来自三个方面。首先他们是大型国有企业，如果向我们这个境外上市的民营企业投资，需要国资委审批，这将面临不确定性。其次，根据刘浩先生以往的收购案例，他必须控股，这是否会影响到我们民营企业经营效率，我们公司股东大会是否能批准国粮收购方案存在不确定性。最后，假设国粮完成收购，我们必定成为国粮集团战略的一个业务战略执行单位，绿牛公司未来发展战略将存在不确定性。”文刚简要介绍道。

“好吧，你先组织战略部门研究一个合作方案，提交公司董事会讨论。”钱勇安排道。

文刚离开后，钱勇还在思考着与引进战略合作伙伴密切相关的另一个问题。

如果能够与国粮集团建立战略合作关系，不仅可以解决绿牛公司的发展战略瓶颈，还能够解决一直困扰着钱勇的另一个心病——如何引导绿牛从霸道升华为王道。

不可否认，资本在完成原始积累的过程，大多数企业存在或多或少的企业原罪。当企业成长为知名公司后，就会引起社会监管机构的关注，成为重要监管对象甚至是调查对象。企业内部一旦出现个别经济问题现象，往往难以经受监管机关的深度调查，从而诱发企业的身份风险。

另外，民营企业的逐利属性，使他们一个个成为市场大战中的霸主。因其缺乏高度社会责任意识，难以像国有企业那样，承担应负的社会公共责任，同时也无法享受到国家大部分的政策性支持。

绿牛公司如果要想成为一家有高度社会责任的企业，就需要完善责任意识，完成企业意识的转变，承担起更多社会责任。在目前的企业管控机制条件下，经营者责任意识的转型有着较大难度。通过引进战略投资人，注入新的企业责任意识，进而实现经营意识改善，将促进绿牛公司丰富责任意识，推动企业经营行为的转变，杜绝“小鹿蛋白奶”类似事件的发生，真正成为一个有高度社会责任的企业公民——即成为一个王道企业。

“真诚地期盼着能够与国粮集团合作，解决这些令人忧心的问题!”钱勇感叹道。

三天后的董事会议，以微弱多数否决了与国粮集团的合作方案。

参加会议的董事们，对于与国粮集团这样的大型国有企业合作，有一定抵触情绪；担心国粮的国企管理方式，会影响到绿牛的经营效率。对于国粮集团收购绿牛30%股权的提议，大家难以接受，认为如果国粮集团成为第一大股东，势必会改组董事会与管理团队，绿牛将失去经营管理权，公司发展的不确定性被放大，企业未来发展偏离既定战略路线的几率将增加。

另外，刚刚倒闭的小鹿集团和其他两大乳业集团均是国有企业，它们目前经营管理活动中存在的弊端，一直是绿牛公司着力预防的。然而，假设国粮集团成功入主绿牛，是否会解除绿牛公司的管理预警系统，使国有企业的管理弊病传染给绿牛，吞噬企业战略竞争力。

钱勇可以理解大家的这些担心，毕竟一起拼搏了八年，才有了今天的绿牛，如果让伙伴们再回到八年前他们曾经工作过的益蒙乳业公司，岂不是历史的倒退。

如果不能引进新的战略投资伙伴，绿牛的资本结构就无法得到改善，随时会面临来自资本市场的恶意收购。

另外，没有战略投资者的帮助与支持，绿牛将难以完成牧场投资计划，未来势必被竞争对手吃掉。

如何既能引进战略投资人，巩固公司控股权，又确保公司民营性质，使目前的经营团队继续独立领导绿牛的发展，成为考验钱勇智慧的战略命题。

越过被绿草地环绕的蓝顶白墙厂区，钱勇的目光被远方天空中一团美丽的白云吸引着，他将自己的思绪放飞在辽阔的蓝天，期望能够从深邃的宇宙获得灵感。

如果你是钱勇，你如何解决这些问题？

发展与管控之间的权衡

赵中孝　铭远咨询公司项目经理

以大企业家的胸襟去把控和平衡合作网络的利益格局及资源整合，是钱勇现在要补上的一课。

我们看看绿牛危机的根源：经济危机导致宏观环境的恶化，宏观调控造成融资困难，行业丑闻引发市场环境的恶化和股票市场的激烈反应。环境的重大变化对风险发生的可能性和损失度会产生重大影响，风险的连带效应会导致危机的最终爆发。为防范风险，预警机制是一种有效的措施，通过建立战略预警系统监控重大的环境变化，避免造成重大风险管控的疏漏，这对于民营企业是一个可借鉴的做法。

故事的开始由一个危机引发，危机应对是事后处理的手段，而风险管理是事前控制的措施，危机的发生在深层次暴露出来的都是风险管理的问题。

企业建立适用的风险管理体系应把握住三点：第一，在一个阶段聚焦关键问题进行风险管控。企业在不同阶段面临不同问题，风险管理应当分清主次要矛盾，解决实际问题；风险管理在构建体系的同时，更应当抓住当期重点提供解决方案。第二，不同的风险采用不同的管理工具进行针对性管理。决策类风险通过优化决策流程、提升决策质量来管理，专业化风险（如信用风险）需构建专业化管理工具来防范，操作类风险通过加强对岗位的管控措施来避免。第三，操作类风险（如法律风险、财务风险、运营风险等，不同行业企业有所不同）需要进行整合管理。这类风险的管理工具是类似的，我们都是通过对企业内部所有价值链环节的梳理来识别和测量风险，对岗位提出有针对性的控制措施来管理风险。

产业链布局与战略性融资——谋求发展，适度管控

对绿牛来说，从源头到案头的全产业链运营模式是审时度势的理性选择。上游控制养殖资源，中游控制加工生产，下游控制流通渠道，这样能够提升企业生产加工规模化、现代化水平，缩短市场流通环节，强化企业品牌影响力。实现全产业链经营战略的过程，是绿牛从行业领先者走向行业引领者的过程，但这对钱勇的团队提出了更高的能力要求。

从目前的经营窘境来看，显然这个团队从开始就忽视了产业链整合与控制的问题。未来要带领企业从原来的市场导向转变为产业链价值整合，这当中会遇到更多的困难与挑战。全产业链经营战略牵涉到更多的利益相关者，上游的利益网络更加分散，更加和地方政府紧密相关。过去依靠市场吸引上游的方式已不适合绿牛未来的发展需要。企业要实现以价值链为中心的纵向整合，就必然面对利益主体分散、价值分配难平衡的困难，要有能力对各个价值环节进行管控，合理进行利益分配，如果过于追求自身利益最大化，过度压缩产业链其他环节利润空间，就很可能导致博弈，扭曲利益链条，造成产业链的“整”而不“合”。

我们给予钱勇的建议是：产业链上游要实现多样化的奶源，以自营大型牧场、奶站+奶农、公司+奶农等多种方式，扩大上游合作网络，同时下游加大多样化渠道的发展，自营渠道、合作渠道、大型卖场等，确保上下游在遇到危机的时候能够及时准确地获得信息，控制风险，同时提升绿牛对产业链的控制和协调能力。

战略性融资所引发的控股权问题其实反而是一个技术性的问题。如果两家企业想要联盟，可以有多种方法，单一的整体控股权转让只是其中的一种，当然也是最简单直接的一种。技术层面上往往可以分步走，如单独设立一家原料奶合资公司；或各自成立一家子公司，双方交叉持股，并约定未来一定时限内完成进一步的股权整合等。

引入国粮有可能会出现降低决策效率，经营策略更加保守，未来增长速度可能降低等问题。但从根本上来说，直接转让股权并引入国粮作为大股东，对

绿牛公司而言是真正解决各种问题的最优选择。对于全产业链经营的绿牛在战略性资源与能力上有所欠缺，引入国粮有利于弥补以下核心能力的不足：资本市场的协调和控制能力，多方资源的整合和利益协调能力，政府决策及政策制定方面的影响力，最关键的是，还可弥补民营企业对消费者公信力不足的问题。而后者，恰恰是绿牛目前最缺乏的，也是最急需的。绿牛与国粮的战略合作更有利于形成更加综合的、稳健的经营策略，更有利于协调上游的各地政府资源、牧场、奶农，以及下游的渠道、卖场等各利益相关方，更有利于全产业链战略的有效实施。

当然，和国粮的合作同样也存在风险，包括决策的灵活度、效率、与国粮众多业务之间的资源竞争、企业控制权的部分转移，但是，在合理利润的前提下，双方是有同样的利益诉求的，抓住这点，同时在合作协议中明确双方的权责和长期发展中的协调、共赢机制，相信这方面的风险能更好地提升绿牛团队的经营能力，更加扎实、稳重地实现长期持续的发展。

绿牛如果有成为乳制品行业引领者和先行者的气魄和雄心，就不要拒绝引入更多的战略合作者。不仅仅是国粮，未来在整合其他企业的过程中，更多样化的合作网络同样是企业经营中必须掌控和提升的核心资源。

战略联盟求突破　制度创新谋发展

李　刚　DBA　清华大学 HTR 企业家研修中心首席管理顾问

这是一个非常接近现实企业的案例，它所反映出的问题，正是中国目前在经济结构调整中，一些民营企业面临的战略性问题——是拥有企业控制权、亦步亦趋地艰难发展，还是通过机制创新与制度创新、引进更有实力的战略合作伙伴，夺取战略高地实现更宏伟的发展愿景？

案例中钱勇先生面临的问题，主要表现在如何控制资源高地、突破战略瓶颈、降低股权风险三方面。

控制资源高地

根据案例表述的信息可知，自“小鹿蛋白奶”事件后，为了提高食品安全，国家加强对乳品行业的政策管控，要求各乳品企业必须拥有 30% 产能的自备牧场，这就使乳品企业必须对以往重生产销售轻奶源基地的投资战略进行调整。

作为牧业资源的奶牛养殖牧场，其资源是有限的。而世界各大乳品企业，均是依靠建设与收购大量牧场，控制了优质奶源资源，确保乳牛品种与奶源质量，进而开发优质乳产品，确立其战略竞争优势。

因此，对于钱勇及其绿牛公司来讲，奶牛养殖牧场是企业未来竞争的战略高地，如果在其规划期 3 ~5 年内，不能攻取这一高地，将会在未来市场竞争中被淘汰。钱勇与绿牛公司董事会需要坚守既定牧场扩张战略。

与中国区其他主要竞争对手的国有身份相比，绿牛公司是海外上市的民营企业，这使其在实施牧场战略扩张过程中存在不确定性。牧场资源属于国家重要的农牧业生产资源，关系到大量的牧民生产生活、环境保护等社会问题，牵涉到一个国家的农牧业发展战略与环境保护政策，是一个较为敏感的问题。作为国有企业，绿牛的竞争者们，在某种程度上是在执行国家产业发展战略，企业的经营行为成为国家政策行为的延续，强化了国家管控政策的执行力度。

钱勇领导的绿牛公司是民营企业，它有着独立的经营发展战略，其公司战略与国家产业战略并不完全一致，这将使其牧场投资战略面临一定的政策风险，与国有背景的竞争者们比较，民营身份将推高绿牛公司的牧场资源获取成本。

从根本上解决这一战略难题的有效方式，是采取万科集团的战略联盟策略，引进具有国资背景的战略投资人，降低政策管控风险。刘浩先生所领导的国粮集团无疑是钱勇的最佳选择之一。

构建战略联盟

要控制牧场资源，抢占战略高地，绿牛公司面临的另一个关键问题是扩张所需的大额资金。

与目前中国许多民营企业遭遇的发展瓶颈极其相似，企业规模排名中国区第二名的绿牛公司，在企业成长道路上，遭遇到自己无法克服的发展瓶颈——基于未来竞争的企业扩张战略，其投资资金已经远远超出企业自身的能力范围，必须通过战略投资人的引进，突破目前的公司发展战略瓶颈。

与钱勇先生拟订的强攻牧场资源高地扩张战略相比，未来五年绿牛公司主营业务的预期收益，是无法保障这一战略有效实施的，特别是近三年高达 70 亿元的投资，是绿牛自身力量难以跨越的重大障碍。

在经历了“小鹿问题奶”事件与股票赎回事件后，资本市场对绿牛未来持谨慎态度，这使得钱勇无法通过市场增发融资方式获取资金。

虽然绿牛近几年实现高速发展，但在刀片般利润的乳品行业，钱勇领导的企业，基本上是依靠高负债运行。试图再凭借银行解决其大额资金需求已无可能。

与美国大利根基投资公司数年合作经验表明，这类嗜血型财务投资公司，如同潜伏在身边的一只只鳄鱼，随时会由朋友变成敌人。绿牛作为实业型公司，在以后的岁月里，应尽可能远离嗜血类动物。

因此，作为引进战略联盟性合作者，国粮集团无疑是国家政策强有力的执行机构，在业务上与绿牛具有高度相容性，前者“从田野到餐桌”的发展战略，需要有一个进入乳制品行业的机会；假如借助绿牛公司实施战略切入，无论是从产业发展战略还是经营资源等方面，国粮将会给予绿牛强有力的帮助与支持，对绿牛公司突破发展瓶颈是一个极其重要的机会，钱勇先生应从战略上重视这次合作。

寻求制度创新

与上述业务扩张战略和发展瓶颈相比，绿牛公司的董事们更关心对企业的控制权。

从各方面分析，国粮集团虽然是一个相当理想的合作对象，但其对第一大股东位置的要求，成为绿牛公司各位董事一时难以接受的条件。

根据管理政策，假如国粮集团获取控股地位，它将得到董事会控制权，左右公司战略方向与重大经营决策，会将一些国企陋习传播给绿牛，这些正是绿牛董事会成员所担心的。另外，假如创始人钱勇离开董事长领导岗位，绿牛未来的不确定性增加，这些风险是大部分绿牛公司董事没有通过引进国粮集团合作方案的重要因素。

就像钱勇感到困惑的一样，如何能够既引进国粮集团资本，又保持绿牛公司发展战略和运营的健康与持续，的确是一个现阶段中国本土的民营企业发展需要解决的重要问题，它涉及企业管理制度的创新——即如何构建一个更为科学、合理、负责、高效的公司治理结构体系。绿牛公司董事们上述担心的国有企业管理弊病，正是由于部分国有企业治理结构不完善滋生的管理病毒。

如果说“万科模式”是成功的（就目前来看还可称之为成功），它将为中国本土的企业——无论是国企还是民企，树立一个学习与借鉴标本。

曾经属于国有性质的万科公司，在王石先生的领导下，通过公司资本结构调整，实现国有资本的合理退出，成为一家上市的民营企业。若干年后，当万科确立公司未来主营业务为房地产时，王石敏锐地意识到，在这个涉及国家土地资源为企业战略经营资源的业务领域，民营企业面临着较高不确定性，万科公司可能将承担高昂的政策风险。为了降低这些不确定性，提升企业未来的战略竞争力，万科以控股权置换战略发展权，引进具有国有背景的华润集团作为战略投资人，根据现代公司治理结构理论，构建以国有资本为主、市场与民间资本为辅的资本结构，建立起各司其职、各负其责、相互制约、平衡和谐的股东大会、董事会与监事会治理结构管控体系。这套三权鼎立相互制衡的公司治理结构，有效预防了国企病毒的感染和其他管理病毒的繁殖与传播。作为小股东的王石先生，以其优秀的职业操守和领导能力，获得董事会成员的信任与尊敬，以职业经理人身份，连续担任万科集团董事长，领导着企业持续稳健的发展，成为中国区房地产领域的领先型企业。

钱勇及其董事会成员，可以借鉴“万科模式”，就构建未来公司资本治理结构体系，与国粮集团刘浩先生展开讨论，积极寻求公司治理管控制度的创新，通过治理制度创新，解决目前绿牛公司股东们的疑虑与担心，以确保合作方案的通过和绿牛公司未来的健康发展。

案例 3：如何突破资本瓶颈

资本层面的竞争

坚守阵地，自有资金不足，得不到国有银行的支持，难以支撑公司的高速发展；寻求国际合作，将会丧失民族品牌的自主权，沦为对方的子品牌。何去何从？

资本的竞争困扰着好果公司董事长。

案例作者：安　妮　李　刚

学术指导：李　刚

评论专家：梁梓聪　李　刚　娄向鹏

Gongsijueze

“马克，我要强调的是，自去年美国国内发生金融次贷危机以后，广大居民的日常消费支出大幅减少，公司经营收益在下降，我们非常需要通过中国区的业绩提升，激励投资人对公司的信心。希望你加快中国区业务的推进，特别是加快购并业务的推进工作，我希望明年公司董事会在中国北京或上海召开。”电话中马克的老板、开乐公司董事长兼 CEO 理查德再次强调了两个月前在开乐（中国）公司部署的新年度战略计划。

“是的，我非常清楚这对公司和我个人意味着什么，请您放心。”马克终于结束了这个长达近半小时的越洋电话，然后按下呼叫器：“你好苏珊，请通知李敏与黄波先生十分钟后到三号会议室开会”。

瞄准目标

一个小时后，马克开始做会议总结：“我们再对工作进行以下分工，李敏先生继续负责组织战略发展部，继续跟踪中国好果饮料公司，并积极通过投资银行与好果公司的三个大股东建立联系渠道，展开前期调研与分析研究工作，在两个月后完成对好果公司的收购分析评估工作。黄波先生负责与总部投资部门联系，协调他们与李敏先生的工作，在李敏他们完成收购评估工作后，将收购方案与评估报告上报总部投资部门，请他们协助我们的工作。”

会议结束后，马克回到自己的办公室，面向窗外的黄浦江清理着自己的思绪。

作为以碳酸饮料起家的开乐公司，是世界饮料行业的绝对领导型跨国企业，全球年主营收入数千亿美元。21 世纪以来，人类进入健康消费、绿色消费时代，广大消费者的消费习惯由以往的碳酸饮料逐渐转向天然水、果汁与水果饮料，这就造成开乐公司传统业务下滑，而水果饮料业务规模有限，在公司纯果汁业务方面缺乏产品与品牌储备，致使开乐近两年业绩不佳，其中国区业务同样受到影响，更何况开乐在中国市场上遭到几家本土企业强悍的攻击。

鉴于中国区业绩对开乐公司未来的重要性，去年曾经在俄罗斯市场成功收购当地最大果汁企业的马克，被美国总部派到中国，希望他能够发挥在资本运营方面的专长，整合中国区业务。

两个月前，马克回美国总部述职，开乐公司总部确定了其中国区新年度的发展战略计划，要求马克在新的经营年度通过购并策略，扩大中国区市场份额，提高中国区业务对公司利润的贡献比例。甚至在会议结束后，董事长理查德先生陪同马克到中国上任，同时向开乐公司中国区的领导团队传达了公司总部的要求。

两个月来，马克指示中国区战略副总裁李敏先生，展开中国区市场竞争态势分析与购并对象的筛选工作，目前已经锁定收购目标为中国好果饮料股份公司，这是一家中国本土的民营企业，具有十五年的成长史，主营业务是果、蔬汁及其饮料，拥有中国区50%以上纯果汁市场份额和38%以上高中浓度果、蔬汁饮料市场份额，如果能完成对好果公司的收购，将与开乐公司在中国区以碳酸饮料为主、果蔬饮料为辅的产品线形成互补，快速提升开乐公司在中国区的经营业绩，增强对中国区饮料市场的控制。

好果公司的第一大股东是好果集团，这是一家由好果公司缔造者、董事长张利新先生全资持有的私人公司，持有上市公司好果股份42%的股权。由于好果集团为中国本土民营企业，用目前流行的语言，其董事长张利新先生为“草根阶层”，没有任何社会背景，完全依靠自主创业发展起来，在政府税收与资金方面，与跨国公司和国有企业相比，具有国民身份却享受不到国民待遇，几乎得不到官方的实质性支持。

仅以资金为例，近几年来，好果公司的战略扩张，造成资金链长期处于绷紧状态，公司现金流一直是负数；特别是去年该公司在香港上市后，已成为资本市场的公众公司，将难以像上市前那样以公司股权吸引战略投资者，获得其需要的大笔资金，无法保障未来扩张对资本的需求，公司发展遭遇瓶颈。

另外，好果公司第二大股东是欧洲一家著名的食品企业塔能集团，持有好果36%的股份；当初塔能作为战略投资者参股好果公司，是希望逐渐扩大其在好果公司持有的股权，由投资合作者转变为业务合作者，将好果公司的果汁业务与塔能的食品饮料业务进行整合。

但是，由于塔能与其在中国区的一个业务型战略合作伙伴之间的关系恶化，造成塔能将其中国区以往的合资战略向独资战略调整，使其放弃继续增持好果公司股权的计划，开始寻找退出机会，这为开乐公司的战略收购创造了有利条件。

刚过完春节，按照中国人的习惯，新的一年开始了；马克遥望着黄浦江对岸外滩上繁忙的人流，构想着一场重大战役。

老大的烦恼

“你好张董，预约的美国高山公司中国区总裁胡平先生一行三人到了。”秘书李兰进来报告。

“请他们到小会客室，通知副总裁王建民参加接待，谢谢。”好果饮料公司董事长张利新指示，同时脑海里浮现出五个月前与胡平的一次见面情景。

高山公司是世界五大投资公司之一，其中国区总裁胡平先生是一位有着浓厚爱国情愫的华裔投资家，曾帮助过许多中国本土企业到海外上市。

五个月前，胡平先生曾单独与张利新会面，向张利新转达了美国开乐公司的战略收购意向，但由于好果公司去年刚刚在香港上市，募集到20多亿港元的发展资金。这些资金大部分去年投资在上游原材料环节（包括在山东、安徽和江西等地建设的8家果蔬加工处理工厂），通过启动“果农银行”计划，由果蔬研究种植示范基地和优质水果加工中心、果品包装储存中心、果品交易中心、技术培训中心构成一个包括果蔬科研、果蔬种植示范、技术培训、果品储存、交易和加工在内的完整系统，使好果公司的创新发展经营模式获得重大成效，开创出从个体农户到“龙头企业＋产业基地＋广大农户”全新发展局面；今年又计划投资11亿元人民币扩大生产规模，通过添置设施设备，使去年新建厂房实现投产，将公司产能从200万吨扩大到近300万吨。因此，对于胡平转达的收购建议，好果公司没有予以正面答复。

但是，两个月前，西南某地发生了严重地震灾害，中国经济受到重大影响，好果公司在西南地区投资数年的水果种植基地也受到重创，公司上半年的销售业绩未达到预期目标，接近30%的毛利润已下滑到历史最低水平。张利新无法想象，如果向股市发布这一业绩，已跌至3元多港币、蒸发了73%市值的公司股票，将再次蒸发掉多少。

另外，好果公司的第二、第三大股东，随着去年成功上市，一直在寻找退出机会，以实现高额的投资收益。据主管战略与投资业务的副总裁王建民报告，高山公司曾分别与这两个股东接触，向他们透露出同样的信息。根据好果集团与这两个股东签订的投资合作协议中的一致行动条款，一旦他们中任何一家股东提出转让公司股权，其他股东就面临着两种选择：或一致行动向投资人转让所持有的公司股权，或以同价位收购其他股东转让的股权。

为了争取主动，控制住公司发展局面，张利新一周前在电话里与胡平详细了解了开乐公司的目的、业务收购的基本条件。从胡平先生所提供的信息来看，开乐公司的真实意图是希望通过这次收购，达到消除其在中国区市场果汁行业最重要的竞争对手、建立开乐果汁业务核心竞争力的双重目的。

鉴于以上因素，他决定聘请高山公司作为投资顾问，帮助自己制订运作方案，并负责与开乐公司的谈判服务工作。

遭遇困境

“胡先生，你好啊，近日可好?”张利新与好果公司战略投资副总裁王建民先生一起步入好果公司的小会议室，这个富丽堂皇的小会议室曾经接待过许多贵宾，包括各国政府的重要领导人、一些投资银行的董事长和部分跨国公司的CEO。张利新将这次会面安排在这个会议室，可见他对这次会谈的重视程度。

“谢谢！多日不见，张董可好?”

高山公司中国区总裁胡平站起来问候道，同时热情握住张利新的大手。

张利新招呼老朋友相邻坐下：“很高兴你能够抽时间从金融街过来看我，谢谢!”

“关于你所转达开乐公司的建议，由于年初各项工作较多，没有与你进行深度讨论。事后我分别与公司决策委员会的几位委员沟通了一下，最近大家达成一致，希望邀请贵公司帮助我们再了解一下对方的真实意图，如果对方合作意图确定，我们将委托贵公司担任我们的投资顾问，帮助我们运筹这一项目，不知阁下可否有意?”由于彼此是老朋友关系，张利新开门见山切入主题。

“首先，作为老朋友，我个人非常愿意为你张董领导的宏伟事业增添光彩。作为有过多次良好合作关系的高山公司，也很荣幸能为好果公司提供专业服务，感谢你对我个人以及高山公司的信任。”胡平——这位来自美国华尔街著名投资公司的投资专家，表现出其优秀的职业素质。

“既然如此，我们双方今天就建立起项目合作机制，共同展开工作，希望在两个月的时间里完成项目决策前的一切工作。关于项目的具体工作你与王建民副总裁继续讨论，我就不影响你们了，希望我们愉快合作。”张利新握住胡平的手，以表示诚挚的谢意。

胡平目送张利新离开会议室的背影，脑海中联想起这位中国果蔬饮料行业领先企业掌门人的传奇故事。

这位具有传奇色彩的著名中国本土企业家，1992 年在华东半岛创建了好果饮料食品有限公司，主营果、蔬汁及饮料业务。由于中国是一个拥有 13 亿人口的大国，自成立以来，好果公司用了近十年时间，将“好果”培育成中国果汁行业第一品牌。

进入 21 世纪以后，张利新分别通过三次资本运作，使公司获得快速发展，其间任何一次资本运作都可以编写成一个 MBA 成功案例，其中既涉及中国最著名的多元化投资公司，也有台湾地区最大的食品饮料公司，更有欧洲最大食品跨国巨头与华尔街的投资基金，这些商业实战案例，将使在校的 MBA 研究生学习到具有中国本土特色的管理经验。

目前，好果公司在中国区市场建立有 30 多家现代化工厂，链接了 400 多万亩名特优水果、无公害水果、A 级绿色水果生产基地和标准化示范果园；建立了遍布全国的营销服务网络，构建了一个庞大的水果产业化经营体系。“好果”商标被评为“中国驰名商标”，好果产品被授予“中国名牌产品”称号和“产品质量国家免检资格”，好果集团被中国质检总局树为中国食品安全标杆企业。据权威调查机构最新公布的数据，好果 100% 果汁占据了纯果汁 51% 的市场份额，中高浓度果汁占据近 40% 的市场份额。同时，浓缩汁、水果原浆和果汁产品远销美国、日本、澳大利亚等 30 多个国家和地区。去年年初公司成功在香港上市，使好果获得 20 多亿港元的发展资金。

但是，一直以公司股权融资高速发展起来的好果公司，并没有意识到一个极其重要的事实，公司上市是一个重要战略转折点，即好果迅速经历了从投资界宠儿到资本市场普通一员的转变。由于公司股票上市发行价格偏高，缺乏成长空间，上市六个月后，好果公司股价即进入了下降轨道，到上周五收市时，公司股票价值已经随着大市的下跌蒸发掉超过 70% 的市值。

另外，在产品经营层面，由于好果公司实施的是单一品牌战略，其产品线主要集中在果蔬汁及饮料方面，与跨国公司的多品牌、长宽型产品线对比，显露出产品线过于狭窄，市场占有率有限，渠道管理与营销成本居高的问题。虽然公司规模在近两年获得快速扩张，但市场销售增长乏力。

根据第三方提供的数据显示，今年前两个季度，其中国区市场销售额同比下降已超过 5%，同期销售成本增加了近 50%，毛利润下降已超过 20%，基本接近好果公司设定的 30% 毛利润下限指标。如果以上数据准确，就预示着好果公司今年前两季每股基本盈利仅为0.25元，低于去年的0.271元。如果在两个月后好果公司发布中报，一定会造成股票价格下跌，挫伤投资者信心。

“两个月的时间。”胡平在脑海中重复着张利新规定的时间，这一定就是张利新给项目组设定两个月内完成决策前工作的内因。

寻求合作

第二天上午，张利新签署了王建民送来的《投资委托协议》，并再次指示王建民一定加快项目进程，确保两个月内完成预定工作。

随后，双方组建项目团队，与开乐公司展开广泛接触与洽谈。

这一切都在高度保密状态下进行着，就像今年春节时张利新先生在接受某媒体采访时所讲的那样：我欢迎开乐公司进入果蔬饮料行业，没有巨头的竞争是孤独的，我欢迎竞争共同做大市场。这就像一颗烟幕弹，掩护着好果公司与开乐公司的商业谈判，张利新先生一直在幕后亲自操控着谈判的进度、策略，指导着项目组的每一步工作。

经过一个半月的努力，好果公司与开乐公司就收购好果公司股权一事，双方基本达成一致：开乐公司收购好果股份公司拥有的果汁及饮料业务，收购价格是每股12元人民币（这一价格略高于目前好果公司在香港股市近十日股票交易平均价的3倍），全部股权加上股东特别权益，此项目总收购价格合计为198亿港元。

另外，开乐公司承诺在完成收购后，将保持好果公司品牌、运营模式与经营团队不变，与好果股份公司的大股东好果集团公司在原材料与包装材料采购方面保持业务合作，开乐公司在三年内不投资此业务领域。同时，好果集团将承诺向开乐公司提供三年的原材料与包装材料供应，并将在三年内不在中国区市场投资果汁及饮料行业。

在第29届奥运会在北京隆重召开的第三天上午，北京金融街高山公司中国区总部一号会议室，胡平与王建民代表项目组，向好果公司决策委员会的几位委员，汇报关于开乐公司收购好果公司全部股权的方案。

好果公司的决策委员会主要是由董事长张利新先生、战略与投资副总裁王建民先生、财务副总裁郝刚先生、营销副总裁夏丽女士、国际业务副总裁谭波先生等主要领导人组成的一个决策机构，负责审议重大投资与商业事务方案，通过后再上报公司董事会议批准。

“各位尊敬的委员，早上好，我代表好果公司资本项目组，向各位汇报与美国开乐公司全资收购好果公司股权的谈判结果，以及美国开乐公司的收购方案。然后我与王建民先生共同就各位委员对此项目的疑问进行技术解答，谢谢你们的合作。”

三小时后，张利新与好果公司决策委员会的委员们，同胡平先生一一握手，感谢他和他的项目组提前完成这项工作，并表扬了项目组的专业素质与敬业精神。

张利新在会议结束时告诉胡平：“下周二下午 14：30 ~ 16：30，公司召开董事会议讨论这一项目，届时请你安排时间列席，向董事会做关于向开乐公司出售股权的主题报告。”

“谢谢张董，另外请你到我的办公室一坐，我有一个非常重要的信息要告诉你。”胡平挽着张利新的手一起向自己办公室走去。

失落？惆怅？

一天的紧张讨论后，晚上从金融街回到京郊好果公司总部的张利新，一个人独自在好果公司园区漫步，他看着这里的草坪、树木、厂房、产品研究中心和办公大楼，回忆着 14 年来好果公司从这里走向全国、登陆香港、走向世界的每一步，思绪和心情久久不能平静。

作为平民，张利新从加工浓缩果汁出口业务开始创业，前八年主要精力集中在产品经营业务上，使公司业务逐渐进入水果蔬菜汁与果蔬饮料生产领域。21 世纪以来，由于企业发展需要，自己的工作重点逐渐转向公司战略，特别是企业高速扩张所急需的固定资产投资资金。

由于没有社会背景，具有民营性质的好果公司，难以获得国有商业银行的支持。张利新只能通过股权融资方式，向社会投资者寻求帮助。鉴于自己在商界多年积累的良好信誉、好果公司良好的成长与发展态势，以及张利新确立的开放投资环境、独立自主发展的原则，先后引进多家战略投资人，使好果公司渡过了青春期。

但是，由于果汁行业经营收益，直接与每年收购的水果品质息息相关，中国区出产的水果品质参差不齐，无法满足企业生产需要；公司曾与其他企业一样，通过进口原料解决一部分生产原料需求，但增加了产品成本，关键是无法从根本上解决原料供应问题。

因此，前几年公司董事会决定，投资水果种植基地，通过与水果种植地区合作，帮助果农通过改良果树品种，提升水果品质。特别是去年公司上市后，将获得的80%资金投入这一项目，利用“果农银行”模式，在全国建立了十多个水果种植基地和水果原浆加工厂。

据投资与财务部门提供的数据显示，公司投资的大部分水果种植基地，在未来3~5年内，每年将需要继续投资近10亿元资金，方可确保实现预期产出，保障生产系统对原料需求；但公司去年的净利润仅有6.5亿元人民币，未来几年的公司经营收益预期，远远无法保障以上投资需求，公司未来几年还将面临巨大资金压力。

另外，根据王建民领导的战略部门收集的信息显示，两家“大乐”公司试图扩大在果汁及其果汁饮料市场的比重，近两年来已在中国区市场加大投资，不断推出果汁饮料新品，给好果公司造成巨大压力，不仅推高了好果公司营销成本，同时造成销售增长下滑。

与“大乐”们丰富的产品线及其多品牌策略相比，好果公司十多年来坚持单一品牌战略，产品主要集中在纯果汁与高中浓度果汁饮料方面，品牌与产品单一，造成高渠道成本，市场空间被积压。

主管中国区营销事务的夏丽多次向他反映，同为本土品牌的农家山泉公司，在前年进入果汁与果汁饮料领域，以“农家果园”品牌，在市场上与好果公司展开竞争。由于该公司拥有矿泉水销售渠道，其果汁产品进入市场后，借助其良好的物流系统，产品直达终端，加上其绿色健康的品牌效应，市场攻势强劲，去年已经在个别省份超过好果的份额。

国际市场的开发一直是好果公司的薄弱环节，虽然前年已调前中国区营销主帅谭波负责国际市场，去年也获得美国最大的零售商欧马1亿美元的产品采购，在其他国家也实现了产品出口，但好果公司的国际业务第一订单不具规模化，第二产品出口业务不连续。

近两年中国与美欧发达国家之间的贸易战与“毒食品门”事件，使中国食品出口受到严重影响。再加上果汁与果汁饮料受到物流成本的限制，如果好果公司不在海外设立分装工厂，很难期望在国际市场实现快速扩张。

返回自己办公室，张利新先生望着墙上的世界地图，继续思考着关系到自已与好果公司未来的另外几个重要因素。

与国际跨国公司相比，国内政策近些年在对待民营企业方面，缺乏积极的导向性扶持政策，民营企业有逐渐被边缘化趋势。作为民营企业，以好果公司目前的规模，如果未来不能获得政府的大力支持，将很难有大的作为，更勿奢谈创造一个世界级的民族品牌了。

创业以来，打造一个世界级的民族品牌，一直是张利新给自己和好果公司树立的一个远大梦想，以目前公司发展态势预测，要实现这个梦想尚需近十年的时间。如果就此卖给开乐，自己努力塑造的爱国者形象将遭受重创，好果品牌形象难免受到一定影响，这会给好果集团的后续发展造成不利。

与16年前开始创业时相比，已过天命之年的张利新，近年明显感到身心疲惫。再加上自己唯一的孩子大学毕业后，已选择了自己的发展道路，决意不会参与好果公司事务，使张利新面临接班人缺位。

与公司拥有42亿元人民币的资产规模相比，目前公司的主营收入仅为26亿元人民币，资产利用效率较低，这与管理团队运营庞大业务与资产的专业能力有一定关系，直接反映出企业管理水平尚待大幅提升。以自己现在的健康状况，再坚持几年应该没有问题，但如果不同意开乐公司收购，那么其他股东问题又如何解决？收购他们所持股权的几十亿元资金如何解决？

今年政府实行的是紧缩型货币政策，各大商业银行为应对风险，都在加大力度回收资金，如果希望从商业银行渠道获得几十亿元资金支持，几乎是一种奢望。由于美国房地产金融风暴的影响，国际资本开始回流；自己曾经多次与胡平探讨引进新的国际战略投资人，但在目前的世界金融环境下，可行性极低。

下周就要召开董事会表决开乐公司的收购方案了，在月底前必须做出决策。因为胡平在今天中午用餐前私下透露了一个非常重要的信息，美国几大投资银行由于次贷影响，出现巨额经营性亏损，可能会影响到世界金融安全，改变世界经济未来发展轨迹，他建议尽早决策。另外，在下月公司发布中报前，股市急需利好消息。

是坚持自主经营发展？还是出售公司股权转身做一名投资人？张利新望着窗外的夜空沉思着。

如果你是张利新，该如何抉择？

站在经济杠杆的一端

梁梓聪　DBA　盛元博韬咨询机构高级咨询师

杠杆的运用要求各种条件的均衡，企业经济杠杆的使用也是如此。

美国的次贷危机愈演愈烈，已经深入实体经济，在对次贷危机讨伐的大潮中，大家都把矛头指向经济杠杆运用泛滥。据说美国现在兴起一股大规模去杠杆化运动，甚至到了谈杠杆色变的地步。笔者认为，经济杠杆只是一个工具，工具是没有原罪的，有罪的是用它的人。

企业的经营活动肯定要大量使用经济杠杆，好果公司之所以成功，是因为其大量使用了企业经济杠杆，而公司之所以面临危机，也正是与企业经济杠杆有关：企业经济杠杆使用不均衡。

问题

企业杠杆影响、调节、控制企业的生产、销售、分配等经济活动，以实现股东可持续利益最大化和企业经济活动参与者利益共享的可持续化。

企业的经济杠杆手段包括股权、贷款、价格、放账、提成、工资、奖金等。广义地说，当企业发生费用的时候，杠杆就同时产生了。当所用的杠杆之间有互相嵌套关系时，我们把这种杠杆叫做连锁杠杆。

连锁杠杆被好果公司大量用在资本层面。好果公司先后做了三次股权融资，假定第一次融资时杠杆比率为1∶10，原有资本1亿元被放大到10亿元，增发配售50%股权可以获得5亿元，企业的总资产扩展到6亿元；第二次股权融资假定按照1∶5放大，资本被放大到30亿元，增发配售50%股权获得15亿元，这时，总资产已经扩张到21亿元！第三次上市融资，案例资料介绍是数百倍的市盈率，如果ROE为10%，同样也是资本放大比例相当大的经济杠杆。

资本扩张帮助好果公司迅速成为国内果汁饮料行业的老大，但是，在整个资本结构中，好果公司的董事长实际上撬动这个产业的资本是最小的，这就使得他不得不在股本融资时接受对赌协议。案例介绍是好果公司必须接受“一致行动”的条款，如果开乐公司收购第二、第三大股东的股权，大股东要么收购他们的股权，要么就一起卖掉股权，这看起来不合理，但是如果回顾资本的扩张历程，情况就一目了然了。

我们再来看好果公司的商业模式：“龙头企业+产业基地+广大农户”。这其实也是一个经过两级杠杆放大的产业链，20亿元的龙头企业撬动四百多万亩果蔬产业基地，撬动数百万的果农。不过，与股权融资不同，这个链条是通过商业承诺实现的，用好果公司描述的概念，这个商业承诺叫做“果农银行”模式。

在产业基地建设方面，好果公司也使用了大量政府杠杆。笔者曾拜访一家果汁企业，他们说服当地政府按照每千亩50万元的价格供应荒山，种子公司负责提供种苗与种植指导，当地村民承担养护、收割任务，公司按照一定的协议价格收购果实。50万元撬动政府资源、政府资源撬动种子公司、种子公司撬动农户、农户撬动水果、水果撬动果汁公司。

连锁经济杠杆是以一系列连环承诺为基础的，只要一个连环扣出问题，其他承诺就会出现问题。例如，张董事长承诺第二、第三大股东的“一致行动”，假如第二、第三大股东按照20∶1的杠杆比例股权融资，投资额为20亿元，占20%股份，现在开乐公司按照市值200亿元收购好果公司，这样，如果张董事长回购两大股东的股权，等于要拿出40亿元真金白银。张董事长当年只是花了几千万元，但现在却要按照放大后的价格买回去。这正应验了一句俗话：出来混始终是要还的。

分析

按照经济学界的一般观点，经济杠杆有两大作用，第一是调节作用，第二是推动作用。好果公司在发挥经济杠杆的推动作用方面是比较出色的，但是在发挥其调节作用方面则相对滞后。调节是企业发展过程中维持各方利益相对平衡的手段，从股权结构看，张董事长一股独大，高管层、产业链战略合作伙伴、员工等相关利益方在好果公司没有占据重要的股权地位，30 家地方工厂的主要负责人没有股权，而当地政府反而有股权。这里埋下了隐患。

在销售模式方面，好果公司也没有运用微观经济杠杆。外资大零售商下了 1 亿美元的订单，从执行模式看，是制造商的好果公司直接给欧马零售商供货。如果好果公司把这张订单委托某美国供应商履行合约，要求供应商必须同时在其原有渠道完成 1 亿美元产品利润的销售额，那么，好果公司的订单就产生了杠杆放大作用，这就是渠道的微观经济杠杆。没有经济杠杆，收益率要做得很高才能维持足够的毛利润水平，这使得公司的产品价格竞争力趋弱。

人才杠杆方面好果公司同样没有使用。张董事长原指望唯一的孩子能够接班，而孩子自己独立门户在其他行业发展了，他发现自己后继无人。这说明张董事长没有提早培养接班人，更没有把大量资深员工的利益放在重要位置。高端人才没有股权，只是拿工资的高级打工仔而已。这种没有杠杆的人才支付机制，对高端人才是很难有吸引力的。

看来，没有充分使用各种微观经济杠杆推动企业的发展，使得好果公司从资本财务杠杆走上去、最终也可能从资本财务杠杆上走下来。

策略

可以从以下几个方面考虑解决策略：

第一，资本角度的策略。好果公司如果不出售股权，就要面临两方面的资金问题，首先要解决第二、第三股东的股权回购，其次公司因为宏观经济恶化造成的现金流紧张，因此尽快募集资金是当务之急。

1. 张董事长的个人股份给国内的基金做质押融资，就如蒙牛的牛根生去找联想的柳传志支持一样，这可以解决大部分的回购问题。

2. 通过期权、配售等方式大量增加核心员工持股，尤其是大量的地方工厂核心员工的持股，最终董事长的持股与核心员工持股的数量基本持平才比较合理。

3. 把一些有条件的分厂股权重组，尤其是那些通过地方政府资源发展起来的地方工厂，完全可以通过重组释放控制权获得资本收益，也可以通过股权重组激发地方工厂的人才活力。

第二，企业战略角度。当连锁微观经济杠杆被大量使用后，要把项目资本化、资本市场化、市场证券化。

公司与上游果农签订的果蔬合约本身具有资本价值与资本风险，资本价值在于这份合约能够产生每年X万元的预期收益，资本风险是万一销售出现问题，采购不能保证，好果公司将会赔付该合约中农场的损失。

预期资本价值可以转化为某种形式的企业债券，例如，通过发行公司债投资产业基地，公司债券要定向投放，这样债权人容易接受。预期资本风险可以转化为某种形式的保险支付，例如，应收款是可以购买应收款保险的，产业基地也可以购买财产保险。这样，上游的果农农场基地、下游的营销链都可以通过企业债转换成现金投资，也可以通过保险防范可能的风险。

第三，企业人才战略。在所有企业成本中人才是最大的成本，对核心人才到目前为止还没有什么比股权激励更好的杠杆工具，这是好果公司必须考虑的。但股权激励不能解决与时俱进的问题。

曾经有海外私营企业采取了一些颇为有效的策略：

首先，他们把公司的股权拆分成三权：所有权、表决权、分红权，所有权归老板，表决权归现任总裁，分红权归卸任总裁。

假定A是现任总裁，享有表决权和年薪，公司按照他的工作绩效给予一定比例只有分红权的期权，N年之后，A总裁快退休了，他必须选拔继任人B，B上任后，A所拥有的表决权移交给B，而A开始享受分红权。

同样的循环继续，当B选定了C继任总裁之后，B开始享受分红，而A将失去分红。

这是一个连锁微观经济杠杆的巧妙应用。当总裁分红权积累到足以超过职位年薪后，在位的总裁不会留恋原来的位置，希望有人可以继任，自己去享受更高的分红，而且他也需要努力帮助继任人不断提升业绩，自己的分红才可以提高。

对老板来说，也解决了传承的问题。这个传承是股权中不具有表决权的所有权，因为它不具有表决权，因此就解决了外行管内行、后代擅自干预企业经营的问题。

这种通过多元微观经济杠杆解决传承问题的途径是可以考虑的。

用新的战略思维跨越新境界

——急流勇退　再谋发展

李　刚　DBA　清华大学HTR企业家研修中心首席管理顾问

面对不匹配的较量，需要新的战略视野，跨越新境界。

这是跨国公司有预谋的行业斩首行动，近5年来，在中国区市场，类似事件屡有发生，已经成为中国本土知名企业难以避免的命运。“如果您不能在产品市场打败你的对手，就用资本消灭他”。这就是那些跨国公司的资本化竞争战略。

与谋划着收购好果公司的开乐公司相比，好果公司在全球规模、现金储备、国际化经营能力、品牌影响等方面，均处于劣势；上市后的第二年上半年，好果公司上升50%的销售成本，毛利润下降22%，未实现预期销售计划目标，预示着该企业正面临着几大成长瓶颈。

作为好果集团的缔造者，张利新董事长应通过以下三个方面，进行战略决策，而不仅仅是被创业激情所左右。

第一，好果公司已经从单纯的小规模进口原料加工果汁产品经营时期，上升到从果苗品种培育、果树种植、水果收购、保鲜储藏、鲜果加工、果汁生产、产品分装、包装材料与物流服务、品牌营销的产业化规模竞争阶段。如果没有地方政府支持，好果公司仅凭借一个企业本身的能力，将难以满足产业化经营的大量资金需求，这是好果公司张利新董事长面临的第一个发展瓶颈。

美国百事公司曾经为了确保薯片产品的质量，在中国西北与地方政府合作建立马铃薯种植基地；作为一个全球化的跨国公司，百事在品牌影响、企业规模、种植技术、投资力度等方面，具有与政府合作谈判的筹码，这是几十年积累的公司实力。相比之下，作为草根阶层的张利新先生和年营业额仅有 20 多亿元的好果公司，在综合实力方面尚缺乏历史积累。

第二，好果公司以前之所以能受到投资者的追捧，主要是因为其良好的成长性和预期投资回报。基于中国区广阔的市场空间，零起步创业的好果公司，市场销售业务在青春期能够获得快速甚至超速度发展。但是，在一个仅有 100 多亿元规模的细分行业市场上，当好果公司的综合市场份额接近 25% 以后，将不可避免地遭遇到竞争者强有力的抵抗，从而导致营销成本上升，企业发展速度减缓。

资本的逐利效应，将使一些本土品牌企业，仅仅利用低成本的产品经营优势，在局部市场上获取利益最大化或市场控制力，这也使好果公司丧失了部分市场优势。

由于好果公司近几年实现纵向一体化战略，对水果种植等基地性资产的大量投资，在短期内难以转化为竞争优势，企业经营利润受到严重影响，这势必将反馈到资本市场，挫伤公司股票价格，使好果公司失去再次融资的渠道。

第三，以好果公司 40 多亿元的资产量，仅实现 20 多亿元营业额，企业的经营效益与运营效率尚有较大改善空间，这反映出好果公司经营团队与企业规模之间的不匹配，管理团队缺乏运营 40 多亿元资产规模的能力，经理人才结构需要调整与改进，企业综合管理能力尚待进一步提升。

另外，好果公司未来的市场开发重点，应是加大海外市场的扩张，构建国际渠道网络，充分发挥中国制造优势，实现国际市场的规模化经营，以降低企业运营成本，提升利润水平。但是，张利新先生利用擅长中国区业务的经理人员，开发国际市场，这与另一家著名企业——TCL 集团总裁李东生先生犯了同一个错误：试图用在中国区市场上获得成功的经理人员开发国际市场，而不是选择熟悉国际市场业务的经理人员，从而使企业付出高昂的学习成本与机会成本。

中国本土企业的国际化问题已经提出多年了，制约国际化的核心问题不是企业缺乏跨国经营战略，而是缺乏国际化人才。在饮料食品行业，熟悉国际市场的经理人才基本上集中在数家著名跨国公司，本土企业在品牌影响、运营方式、企业文化和职业发展等方面，对优秀的国际化经理人才缺乏吸引，即使通过第三方猎头帮助获得少量人才后，在新旧人才融合、授权与绩效等方面，很难实现有效管理。好果公司在经理人才方面的缺乏，要远远胜于对资金的需求，缺乏内外部人才开发机制与渠道，是好果公司难以跨越的战略瓶颈。

基于以上三方面因素，张利新先生应理性地考虑借机退出，获得丰厚的创业收益后，调整自己的职业规划，换一种战略思维，用一种新型的价值观与事业发展模式，继续自己人生梦想的实现。

战略缺失的结果

娄向鹏　福来品牌营销顾问有限公司总经理

一个公司的买与卖，局外人本来是没有资格谈论的，但是，前事不忘，后事之师，对案例做些“马后炮”式的分析和结论还是有借鉴意义的。

好果出售：无奈之举

从开乐公司的角度看，收购好果的好处显而易见。开乐将好果揽入怀中，在果饮领域如虎添翼。这次收购让开乐公司在果饮产品领域完成了布局，在中国市场真正实现其“全方位饮料公司的转型与定位”。

重要的是好果公司。好果公司如果不卖，还有比现在更好的活法吗？我的回答是：没有。这是好果公司为什么要卖的最大理由，趁现在还值钱，卖个好价钱。

如案例所述，好果公司的成功，是规模与扩张的成功。相对于它的速度，好果公司在产品创新、品牌提升、经营管理方面没有优势，它的高速成长是靠持续的巨额资金投入支持的。但同时，好果公司的战略扩张，造成资金链长期处于绷紧状态。无法保障未来扩张对资本的需求，公司发展遭遇瓶颈。

一方面得不到政府援助，另一方面公司上市后第二、三大股东即将退出，此前好果公司投资的大量上游原材料项目还在嗷嗷待哺，好果公司其实是到了生存与发展的十字路口！

深层原因：战略缺失

好果公司的竞争与生存，到底靠什么？缺钱是表，长期以来战略的缺失才是根本。

好果公司为了打造自己的优势，开展后向一体化发展，从果苗品种培育、果树种植、水果收购、保鲜储藏、鲜果加工、果汁生产、产品分装、包装材料与物流服务到品牌营销的产业化经营，样样投资自己干，过度分散了竞争力，造成公司在市场上有占位，但是成本高，利润薄。

40多亿元的资产量，仅创造出20多亿元营业额，这反映出好果公司经营水平与企业规模之间的严重不匹配，管理团队运营大规模资产创造新价值的能力低下。但其深层次问题是，经营战略缺乏聚焦！基地、品种、原料质量不是不重要，而是没有必要全是自己做。高明的做法是，用自己的优势，如品牌、规模等来影响、慑服、统领这些经营要素。

可口可乐公司只是全力做品牌，将生产纳入装瓶厂系统；宝洁公司一直奉品牌为生命，企业最重要的岗位是品牌经理；耐克公司干脆没有一个生产厂，全部外加工，专心专意打造"耐克"品牌。摊子铺得越大，驾驭能力不匹配的问题就越加凸显，造成资本回报率低，最后，必然遭遇如此成长的烦恼。

事到如今，张利新先生已经看清楚好果公司的战略缺失和试图改变时的无能为力，此时退出，可以获得丰厚的创业收益，可谓恰逢其时，恰到好处。

两点忠告

第一，类似好果公司这样的企业，在成长的过程中要做战略定位。否则，在快速增长的表面下，资金的危机，驾驭能力的危机一定会不期而至。

在还不具备全能型企业运用能力的时候，在市场上专业化公司不断涌现的时候，中国企业必须学会战略定位。而过去30年的高速经济增长掩盖了中国企业战略思维缺失的软肋，如今正是恶补之机。

第二，行业老大必须做创新性引领，否则，老大将马上成为过去时。

创新不仅仅是在今天市场环境下生存的条件，更是企业能够持续领先的关键所在。星巴克创立了全新的商业渠道，使咖啡成为商务人士瞬间可以享受到的休闲；杜邦公司"让女王的丝袜女仆也可以享用"；沃尔玛的商业模式让产品"总是以最低的价格销售"；阿里巴巴更是"让天下没有难做的生意"……这些企业的奇迹都源于创新。这些创新依赖于技术、资金、人才等，但最重要是企业整合这些要素的能力。这是企业的软实力，是企业真正的创新能力。

第二篇

战略与发展

案例 4：如何管理战略边界

多元化还是专业化

举 18 年之力创建的集旅游业务、风景区业务、房地产业务、电讯业务、广告业务和航空客运业务于一体的东江集团帝国，受航空业务拖累，已濒临破产边缘；国有航空公司、国际租赁巨头，甚至地方管理机构已重兵压境，东江集团董事长李长江能否力挽狂澜？

案例作者：安　妮　李　刚
学术指导：李　刚
评论专家：金焕民　李　刚　杨　燚

Gongsijueze

李长江心情复杂地看完上半年的财务报表，然后拨通海艳的电话：“你好，海总，我是长江，报表我已看过，请你到我办公室来一下，谢谢。”

东江集团财务副总裁海艳放下电话，立刻疾步向董事长办公室走去，她清楚地知道董事长为什么这样急切地唤她过去。

自两年前集团决定进入航空领域，设立东江航空公司以来，与集团主营的旅游业务模式完全不同，航空业务就像黑洞一样持续消耗着集团公司大量资金，严重影响到各项业务的运营。而航空业务的亏损却没有好转迹象，进而导致整个集团负债率高达132%，资金链发出红色警报。

超边界的多元化

航空业务亏损问题一直困扰着李长江。他原来设想以航空业务保障旅游业务发展，以旅游资源促进航空业务扩张的多元化模式，却遭遇众多无法预料因素的影响而无法实现。正是在这种经营态势下，集团董事会去年年底决定在航空业务领域引进战略投资人，同时考虑将该业务剥离上市，从根本上解决资金问题。

经过数月努力，目前已经完成与两家美国投资机构的股权投资谈判——外国投资机构拟订以1亿美元投资获得东江航空现有5亿美元总资产的20%～25%股权，这一引资合作计划已获得政府主管部门的批准，近期将与美国投资公司签订股权转让协议。

李长江的思绪被门铃声打断：“请进！”

“李董，你好。”海艳迈着轻盈的步伐进来向自己的老板问好，然后在宽大的办公桌前坐下。

“根据集团目前的资金状况，我们还能维持多长时间的运营？”李长江开门见山地问道。

“最多一个月。”海艳谨慎地回答。

“有其他办法可以争取延长时间吗？”

看着老板期待的目光，海艳打开自己的文件夹，重新审视着财务文件中的一行行数据，然后抬起头望着老板：“如果延迟支付各机场费用、中航油的油款、美国通达公司的飞机租赁款，还能够维持4～5个月。但是，我们在一个重要项目的款项上存在严重缺口，必须尽快筹集到位。”

“是哪一项？”李长江问。

海艳回答："3 个月后，欧法飞机制造公司将向我们交付三架空中客车，我们必须先向皇家银行支付首期购机款，他们才能向欧法公司放贷。"

"大概需要多少资金?"

海艳："至少需要 1 亿元人民币。"

"如果摩通公司的资金能够到位，我们就可以解决所有问题。"李长江自信地安慰海艳。

考虑到自己最近获得的一些信息，海艳急切地建议道："李董，目前国际金融局势非常糟糕，为防不测，我建议我们尽快与摩通公司签订协议。"

李长江望着海艳，他不明白自己极其欣赏的一贯沉着稳健的海艳，今天为什么表现得有些反常。

"与这些国际大公司打交道，较量的是沉着冷静，不能让他们感到我们非常急迫，非他们而不可；我们还是按计划在两个月完成股权转让协议的签订工作。这项工作还是由我主导，李姗姗副总负责具体工作；你负责调整未来几个月的资金计划，争取维持 4 ~5 个月的时间。"

看到自己的意见没有被采纳，有些忧郁的海艳无奈回应着："好的，我尽最大努力。还请您再考虑一下我的建议。"

海艳回到自己办公室，立刻召集财务部门的主管们开会，对资金计划进行调整，以保障航空业务运营为核心，延迟甚至暂缓部分业务款项的支付。

会议结束后，海艳独自站在办公室的窗前，望着窗外繁华的街道，思考着东江集团目前面临的经营处境。

东江集团的前身是东江旅游公司，在 10 年前成立，主要开展国内与国外旅游业务，是旅游市场对民营企业开放后的第一批企业。由于公司成立时国内旅游市场进入高速成长期，公司业务发展迅速。

随着三峡工程上马，三峡游异常火暴，极有经营意识的公司董事长李长江，以独特的战略眼光，发现位于三峡地区的明显陵及其周边风景资源，与当地政府签订投资开发协议，进而获得 40 年的独家经营权，一举控制了上游旅游资源，使公司的业务链向上延伸，成立集团公司，开始进入旅游景区业务领域，同时设立房地产公司，在旅游景区开发酒店宾馆项目。

由于这些业务都是基于旅游业务链条上的，将位于价值链不同位置的业务进行整合，可以有效实现战略协同，提高业务规模。正是由于专注于旅游产业化业务链的打造与经营，东江集团获得了较快发展，一跃成为中国区最大的民营旅游公司。

但是，随着各项旅游业务连续不断的成功，董事长开始尝试进入一些新的业务领域，如商业地产、户外广告业，甚至航空运输业，这使东江集团的业务线越来越长，各业务部门之间的协同越来越困难，集团对业务部门的管理越来越弱，经营风险开始扩大。

特别是航空公司成立这两年多来，表面看似与旅游业务关系密切，实际上集团下属旅游公司需要搭乘飞机的长途旅游团比例不到10%，对航空公司的业务支持有限。而航空公司又是一个资金与技术密集型业务领域，技术可以通过外包合作的方式予以解决，而其日常运营、采购飞机与航材所需的庞大资金，对于缺乏雄厚资金的东江集团却是严峻挑战。

“目前东江航空公司的业务已经远远超出东江集团的经营能力边界，多元化扩张严重分散了企业的资源，同时也使董事长的精力被分散，对集团各项业务缺乏管理。两年多来，我们一直寄希望航空业务能够实现盈利，然后再支持集团其他业务的发展。但是，由于民营航空受到来自大型国有航空公司强有力的竞争，东江航空财务状况极不理想，与当初的投资预期差距很大。”

海艳一边思索一边自言自语道：“目前集团各项业务经营收益情况均不理想，一旦不能与摩通公司尽快达成合作，或者摩通半路突然退出，东江集团就将面临灭顶之灾啊。”

想到这里，海艳不禁感到浑身发冷，她多么希望董事长能够加快与摩通公司的签约步伐。海艳转过身拿起办公桌上的话筒，拨通了李姗姗的电话，她希望直接负责集团投融资工作的战略副总裁李姗姗能够再劝劝老板，加快摩通项目的推进，以防夜长梦多。

专业化的成功

海艳的电话打断了李姗姗与赵刚之间的工作会谈。

她抱歉地向赵刚示意“请稍等。”然后拿起听筒：“你好，是艳姐，你好，现在方便，你请讲。”

“好的，我也刚刚得到一些信息，国际金融环境确实在进一步恶化。好的，我会尽力的，谢谢你！”李姗姗表情严肃地答复着。

“赵总，基本内容已经讨论完了，你还有需要补充的吗？”李姗姗望着赵刚继续着刚才两个人的工作话题问道。

“没有了，航空公司目前唯一需要的就是要确保资金供应，无论是欧法飞机公司即将交付的三架飞机，还是与我们业务合作的合作商，如果我们不能及时支付各项费用款项，飞行业务将会受到直接影响，进而危及公司信誉，特别是会在国际航空业造成不好的商业声誉，给以后的工作增添不利因素，这一点希望能够引起集团领导的高度重视。”负责集团航空业务的副总裁兼东江航空公司总经理赵刚认真地说。

“至于航空公司的日常运营，你们可以完全放心，只要集团资金不出现问题，我们一定能保证优异的服务和安全飞行。”赵刚强调着。

“好的，我一定将你的意见转达给董事会，同时你也抽时间与董事长沟通一下，把你的这些意见告诉他。”

李姗姗起身与赵刚握手告别，面带微笑地将这位航空界的老前辈送到电梯上。

回到办公室李姗姗给自己冲上一杯浓浓的咖啡后坐下，她需要理一理思绪。

学习国际商务与战略管理的李姗姗，早年毕业于一所欧洲著名商学院。李长江去年到法国参加欧法飞机制造公司特意为东江航空举办的第一架空中巴士交接活动时认识了她，鉴于李姗姗拥有良好的欧洲教育和工作背景，李长江便利用自己最擅长的语言表达能力，将李姗姗忽悠到东江集团负责战略管理工作，协助自己开展对欧法飞机制造公司、皇家银行等欧洲合作伙伴的工作，并负责具体事务。

李姗姗目前的工作重点是协助李长江与摩通投资公司的沟通与谈判，以及合作方案的政府部门报批等工作。

对于目前东江集团的处境，李姗姗在某种程度上，甚至比海艳更为焦虑；作为集团负责战略工作的副总裁，她不仅要考虑整个集团的存亡，更要考虑东江航空所代表的中国民营航空力量在国际航空界的声誉和影响。

去年与老板认识后，自己被他那传奇般的创业故事所吸引，放弃欧洲优越的工作环境加盟东江集团，希望为祖国的民营航空事业贡献自己微薄的力量。但是，经过数月实际工作发现，东江集团投资航空业务，是一个严重的错误，稍有不慎，就将会被航空业务断送整个集团公司。

她饮一口咖啡，思考着海艳的意见，考虑着如何找老板李长江沟通一下，尽快推进下一步工作。

不错，作为自己的老板，李长江确实是一位富有激情的创业者，更是一位非常聪明的企业家。他在一种特定的历史条件下，创造出一个又一个财富故事，获得一次次的成功。但是，他以往那些成功既有自己努力的结晶，又有一定的偶然性，最重要的是他有能力把握过去的那些商业机会。

无论是代理销售电脑、开广告公司，还是办旅游公司、投资开发明显陵游览区，甚至进入商业房地产领域，这些业务基本上是属于静态业务，其影响力对资金、技术、人才的需求是有限的，完全能够根据自己的财务水平与经营需要，自由扩张或收缩。

而航空业务与东江集团以往业务有着本质上的不同，这是一种动态业务，需要大量资金维持安全运营。首先这是一个资金密集型行业，从一个机场飞到另一个机场的每一架飞机，每天都要消耗大量的资金。

其次，这是一个技术密集型行业，无论是空乘人员还是地勤保障人员，都需要支付高额的工资，以保障每一架次的飞行安全。

最后，该业务涉及多方面的业务合作，如国家政府部门的空中管制政策、航线资源的分配、与各大国有航空公司之间难以言明的关系、飞机制造商提供的飞机与技术培训、与各航线机场的业务链接、各航空机票代理商之间的业务合作、飞机租赁公司和商业银行之间的配合等。业务结构极其复杂，其中任何一个环节出问题，就会造成非常严重的影响。

这也是目前其他民营航空公司遭遇到的尴尬与发展瓶颈。同样，东江集团以及李长江本人，均缺乏对航空业务的管理知识，更缺乏经营航空业务所需要的雄厚资本。

而李长江一开始就为东江航空制订出一个非常庞大的发展计划——向美国大通租赁公司签订租赁10架波音客机，与欧法飞机制造公司签订购买10架空中巴士的合同，计划在五年内为东江航空构建一支20架规模的机队，这一严重脱离东江集团实际能力的计划，使企业背上沉重的财务包袱。

急促的电话铃声打断李姗姗的思路，她沉着地拿起话筒说："你好，我是李姗姗，你好辛总，请讲，好的……我知道了，请保持联系，有新情况及时沟通，再见！"

又是一条不好的消息，东江房地产公司辛方总经理告诉她，公司目前最重要的商业地产项目——扬子江光明谷，由于根据集团李董事长的指示采取低价广告策略促销，涉嫌广告欺诈，被消费者投诉到消费者协会和工商管理部门，使本来就举步维艰的房地产业务雪上加霜。辛总在电话中希望李姗姗以集团公司的名义出面与工商部门沟通一下，免于行政处罚。

近两年的财务数据表明，集团非航空业务利润均呈现出下滑趋势。要改变目前的经营效益，东江集团需要对公司业务进行收缩，退出房地产业务、压缩广告业务，部分出让或者退出航空业务，专注旅游与景区资源业务，才能发挥地理优势和业务优势寻求规模化扩张发展。

在去年到公司不久李姗姗就发现这一重大问题，她曾多次与董事长沟通交流，向他分析企业存在的重大战略隐患，最终获得他的认同——航空与房地产业务一直处于亏损有重大关系，提议董事会批准引进战略投资者，并确定将航空业务改造上市的战略方向，但否决了退出房地产等业务领域的计划，仍然保持多元化战略。

改造一个企业的战略绝非朝夕所及，李姗姗非常清醒地了解这一点。目前东江集团面临的核心问题，就是在复杂多变的国际金融环境中，能否确保那些国际投资公司的投资计划不受影响。

“现在唯一的策略就是尽快签订股权转让协议，获得投资资金，否则东江的前途生死未卜！”

想到这里，李姗姗站起身准备找老板再交流一下意见。

遭遇抛弃

送走李姗姗后，李长江一直在自己的办公室思考着刚才李姗姗提出的建议——要不要加快与摩通公司的战略合作签约工作。

其实自己何尝不想早点签约，但是，目前美国的摩通公司与盛韬投资两家公司同样钟情于东江航空，这给自己创造出了谈判筹码与运作空间。既然他们两家都希望与东江合作，何不分别与他们多进行几次洽谈，使这两家公司展开竞争，自己再从中谋取更多的合作利益？

刚才已安排李姗姗与这两家投资公司进行洽谈，看是否能够再刺激他们提高投资规模。

仍然沉浸在拨弄自己如意算盘中的李长江，并没有意识到海外金融市场的危机已经逼近，缺乏国际视野和现代战略意识的他，依然按照自己传统的商业原则思考问题，管理着自己的东江帝国。

一个月后的一天早上，李姗姗略显疲惫地走进办公室。

这一个月来，她根据老板的指示分别与摩通、盛韬两家公司进行了多次沟通，但是没有一家愿意再提高投资规模。另外，值得思考的是，盛韬投资公司竟然在三天前突然取消了双方约定在今天的洽谈计划。

工作没有取得进展，还在原地踏步，这使李姗姗感到郁闷。李长江对这项工作的态度令她担心。虽然他与其他董事都同意自己的建议——通过引进战略投资人对航空业务进行改造，但是没有到最后时刻，自己这位自信的老板，还是不希望外人参与。

目前国际经济局势更加恶化，如果再这样拖下去，引资一事恐怕会发生变故。

8：45，她打开电脑，浏览着刚刚收到的电子邮件。

但是，她最担心的事情还是终于发生了。

秘书阳青小姐突然推门进来，急忙交给她一份商业传真。

李姗姗一扫内容，脸色大变，匆匆向董事长办公室走去。

李长江今天一早就开车到天河机场，他看到东江航空的数架披着紫罗兰色外衣的空中巴士，在初升的阳光下醒目的矗立在停机坪上，一些搭乘早班航班的旅客在陆续登机，身穿民族特色服装的空服小姐们，用美丽的微笑和甜蜜的问候，迎接着第一班旅客。

看到这些，李长江心中充满自豪。

他驾车返回市区，又回忆起去年到法国参加欧法飞机制造公司举行的首架空中巴士交接仪式。这是自己的东江航空公司定购的10架空中巴士的第一架，欧法公司方面根据自己的要求，特意为东江航空举办了隆重的交机仪式——要知道欧法飞机公司已在两年前就停止举办交机仪式。

当天晚上，他乘坐着属于自己公司的飞机跨越欧亚大陆向着东方、太阳升起的地方——祖国飞去，在十多个小时的旅程中，他心情久久无法平静，思绪奔涌浮想联翩。当时他暗下决心，一定要像维珍航空一样，将东江航空建设成世界著名的航空企业。

但是，东江航空开航两年多来，他感受到巨大压力，真切感受到“不做航空不知道钱少”。公司目前拥有的五架空中巴士每天都需要耗费大量资金，不仅严重影响集团其他业务，未来三年欧法飞机公司陆续交付的新机更需要庞大资金，虽然有皇家银行提供贷款，但仅分期还贷所需资金，对东江航空来讲就是无法逾越的障碍。这一切是自己和东江集团所无法承受的。

急促的电话铃声将李长江思绪打断，他振作一下精神，清清嗓子道：“你好，李总，我已经到公司楼下，请你先到我办公室等候，再见。”

看到李姗姗匆忙地从沙发上站起来焦急地望着自己，李长江问道：“出什么事情了?”

“这是摩通投资公司刚刚发来的传真，他们决定取消与我们的投资合作项目。”李姗姗快速将传真递给自己的老板。

“怎么会出现这种情况?我给他们打个电话问一下究竟怎么回事。”李长江看过传真，表情凝重地说。

“喂，你好，是胡总吗?是安东尼小姐，你好，我是东江航空的李长江，你好，请问胡总在吗?我有重要的事情找他。什么?他前天回美国总部开会了，你知道他什么时间回来吗?好的，谢谢你，再见!”李长江遗憾地放下电话，然后又拨通胡总的手机：

“你好胡总，我是李长江；好的，我等你电话，谢谢!”

李长江收线后对李姗姗说：“他还在开会，会议结束后他回电话。”

“根据这些著名投资公司的工作惯例，如果他们决定取消投资项目，一般是公司决定，我们将很难影响他们改变这一决定。”李姗姗分析道。

“你马上与盛韬投资公司联系，看是否能够与他们继续进行合作洽谈。一有消息立刻告诉我。”李长江紧急部署着。

“好的，我立即去办。”李姗姗转身离开老板的办公室，急切中她甚至没有说声再见。

次日 8：30，李姗姗提前到李长江办公室等候老板。

昨天直到深夜 11：00，她才联系上盛韬投资公司的主管，这位颇具爱国心的著名投资家非常遗憾地告诉李姗姗，他在四天前已回到美国，目前正在总部参加重要会议。关于东江航空的投资计划，已经在两天前的一次会议上被总部主管部门否决了，他对此表示遗憾，同时也表示未来有机会可以再考虑合作。

李姗姗然后又给投资界其他几位著名的投资家打电话，获得的信息基本上是一样的——鉴于目前恶劣的金融环境和公司资金状况，短时间内不再讨论 3000 万美元以上规模的投资项目。

9：17，李长江推门进来。看着他那疲惫的样子，李姗姗知道自己听不到利好的消息。

“摩通公司取消投资计划，是由于他们美国总部遭遇极其严重的投资损失，已经没有资金供他们投资了。”李长江忧郁地告诉自己的部下，然后又讲道：“你那里的情况，我也了解了一下，看来我们必须考虑与国内三大国有航空公司合作。”

“这需要董事会批准。”李姗姗提示。

“我昨天晚上已经与几位董事紧急沟通过，他们没有意见，今天起草一份董事会决议，请他们签字即可。你立即联系东华航空的领导，过去这家公司没有敌视过我们，看能否与他们洽谈合作。”李长江说。

“东华航空？他们一直处于严重亏损，可能没有能力帮助我们。我建议与南华航空联系一下，他们是三大航空中盈利水平最高的。”李姗姗提议道。

李长江答道：“好的，按你的意见，如果他们都没有合作意向的话，你也可以试探着与国际航空联系一下。”

“国际航空一直敌视我们，他们会与我们合作吗？”李姗姗怀疑老板是否病急乱投医。

“国际航空敌视我们，是因为他怕我们发展壮大后影响他们在中南的市场。目前三大航空公司中，国际航空在中南市场力量最弱，如果我们主动提出合作，他们一定愿意，问题是合作条件是否对我们有利。毕竟他们太过强大。”李长江分析道。

李姗姗还是很佩服老板对国内市场的分析判断力。

面临战略撤退

一个月后，李姗姗将与三家航空公司洽谈的初步情况形成一份报告呈报给李长江。

“李董，你判断得非常正确，基于南华航空在南中国市场建立起了强大市场优势，他们现在关注的焦点是东北与西北市场，对我们提出的合作没有兴趣。而东华航空深陷亏损深渊自顾不暇。只有国际航空对合作建议表示极大兴趣。”

听完李姗姗的汇报，李长江郁闷了一个多月的脸上终于露出一点微笑：“国际航空的合作意见是什么？”

李姗姗回答：“他们提出要控股，不然他们不合作。”

“这是他们一贯作风。”李长江低声言道。“如果他们控股，就意味着我们将失去对东江航空的经营权，只能做一个投资股东。我们将失去三年多来在航空业务方面的一切努力！”

李姗姗分析道：“如果能够通过与国际航空合作换取一定资金，专注我们集团的旅游业务，我们还是有发展机会和市场空间的。”

“这些你曾经告诉过我，问题是东江航空公司就像我的孩子，要卖给别人感情上一时难以接受，我再慎重考虑一下，然后我们再讨论与他们的谈判工作。”李长江忧郁地说。

看着自己老板坦率地讲出这番动情的话语，李姗姗心情也有些沉重，她默默地离开老板的办公室，将门轻轻地带上。

刚回到自己的办公室，办公桌上的电话就响了起来，她拿起话筒：“你好，赵总，你好，请讲。”

赵刚在电话里告诉她：“目前国际原油价格已经突破 140 美元/每桶，这使航空业务的成本大幅上升。由于国际经济形势恶化，商旅客户开始减少，严重影响到东江航空的营业利润，今年预期扭亏的任务会流产。另外，我们最近一个多月由于拖欠部分机场使用费和航油费，导致部分航班开始出现晚点，客户反应较为强烈。希望你在主持下周的集团办公会议时，将保障航空公司业务流动资金作为一项重要议题讨论，帮助协调财务部门予以配合，以防态势扩大化，给公司品牌造成不好影响。”

“好的，赵总，您是前辈，我非常尊重你，希望你尽量维持航空公司的运转。好的，再见!”

放下电话，李姗姗知道对于东江航空甚至东江集团来讲，目前面临着非常重要的战略选择——是急流勇退出让航空业务回归旅游产业还是偏执地坚守既定的多元化战略。此时她的脑海里又浮现出刚才李长江那忧郁的神情。

“是啊，任何一位父母都不愿卖掉自己的孩子，中国一大批创业型企业家，都是将企业当成自己的孩子养着，他们还没有进化到现代企业家阶段，缺乏西方企业家身上那种理智的商业文化。”

“但是，如果东江航空不与国际航空合作，就会拖累整个东江集团破产。作为企业家，这时需要的是冷静与理智。”李姗姗思索着，她不知道自己的老板是否能够接受目前残酷的现实，作出理智的决策?

如果你是李长江，你是出售东江航空专注于旅游业务，还是再设法拯救航空业务，坚持既定的相关多元化战略?

多元化的节奏与路径

金焕民　郑州轻工业学院营销研究与训练中心

从背景资料上看，很容易就能发现东江集团在多元化过程中的两个明显的问题。一个是多元化步伐较快，超出了自身的融资能力；一个是跨度较大，业务间的相互支撑度、关联度较低。

同时，从背景资料上看，东江集团的选择空间也不大。无论李长江多么钟情于航空业务，他都无法继续开展这项业务，否则，集团可能会遭遇灭顶之灾。

对东江集团来说，所要做出的选择，并不是简单的专业化或者多元化的问题。因为即使是退出航空业务，东江集团的业务仍然是多元化的结构。

就背景资料观察，东江集团需要认真评估的是自身的融资能力和专业水平。并在此基础上，确定业务组合。底线是确保公司安全，上限是将损失控制在最低水平。

企业在发展过程中，试错的成本是不可避免的。只要能够确保损失的是资本而不是生存资格，都是可以忍受的，甚至是正常的。

只要在企业安全范围内，即便是航空业务，如果李长江个人兴趣浓厚，也未必是一定要完全退出，比如发展与自身业务更加紧密的支线业务，或者再退一步，组建直升机公司。

多元化是企业持续增长的必然选择。

一方面，任何业务都存在发展周期，而只有通过业务组合，才能熨平业务周期对企业持续增长的影响。另一方面，也只有通过多元化，才能给企业提供更广阔的发展空间。

问题在于多元化的方向与节奏。方向与经验、专业能力相关，节奏与实力相关。隔行如隔山，所以隔行难取利。多元化不可避免地会存在巨大风险，但风险只能限制在竞争领域，不能存在于能力本身。你拥有那个能力，也未必一定会成功，但如果你不具备那个能力，肯定会失败。

对于多元化动因，中国企业集中表现为两种。

一种是主动的选择。也就是在企业经营情况良好、安全的条件下，寻找更广阔的发展空间。目标是新机会、新空间。

另一种是被动的选择。也就是企业现有业务出现了问题，或者现有业务根本上就没有站住脚，寻找的是生存空间。

后者充其量是多元选择，而不是真正意义上的多元化。

东江集团的多元化，从背景资料上看，应该是属于前者。但存在问题，比较明显的是节奏太快，以至于资金，无论是企业本身的盈利能力或者是对外的融资能力，无法支撑。

有待东江自己评估的是经验和专业能力。

以完善产业链为主题的多元化过程中，也许东江的经验和专业能力还能够支撑，但进入房地产、广告业和航空业之后，就超越了东江集团的经验和专业能力。

一般我们会这样认为，难道通过人才引进还不足以解决这个问题吗？

也许能，也许不能。并且不可能的比例还要大一些。道理很简单，它超出了决策人的经验和专业范围，完全依赖职业经理人的能力，一般经营尚可，创业就不大妥当。

以东江集团的案例来说，企业在当时进入航空业，并且野心勃勃，既不符合中国的状况，也不符合航空业自身发展的状况。中国航空业目前的状况也证明了，达不到一定规模，航空公司很难生存。

企业决策者投资航空业具有盲目性，他聘请的高级管理人员难道不该具有清醒的认识和专业的判断？

同时，东江集团选择了绝对多元化路径，那么，公司对于自身的盈利能力和融资能力，就没有一个基本的评估和大致的安排？这些安排是如何落实的？为什么会走到几乎山穷水尽的地步？

最后，多元化未必就一定是静态化地组合业务，它可以有多种选择。

第一，以现在的主业为核心，实现业务配套。这是典型的不离本行。也是最稳健，最容易成功的多元化路径。企业发展到一定规模，拥有了比较大的吞吐能力和影响力，都适合走这条路线。

第二，培育新的核心业务。也就是说，发展新业务的目的是为了实现重心转移。这也是多元化经常的选择。当原有业务发展空间不大，并且难以期待新的发展周期时，这种选择就是必然选择。纵观跨国公司的发展历史，它们多数都是如此。要么在产业链上形成重心转移，要么跨行业形成重心转移。

第三，平行路径。业务关联度较低，甚至根本不存在什么关联性。这是企业发展达到一定规模，本行业发展空间不大，并且向上下游也找不到什么发展空间的企业，不得不做出的选择。毫无疑问，这个路径风险较大。它无异于企业重新创业。这就要求企业严阵以待，从人才上、资金上和创新上下工夫。并且在保证原有业务健康的前提下，为新业务提供最大限度的支持和保障。

仍然回到东江集团。

对它来说，目前面临的是一个危机——超越自身经验、能力和实力，快速多元化形成的危机。

那么，它现在应该快速做出决策，一是尽快止血，避免进入万劫不复、无法驾驭的境地。可能与国际航空的合作，应该尽快推动。二是确定业务组合，并且确定未来三至五年的核心业务。在保证核心业务健康的基础上，带动整体业务的发展。形成稳定的经营秩序后，再做进一步决策，或继续聚焦现有的核心业务，或再造新的核心业务。

无论选择什么样的多元化路径，有一点永远不可犯的错误，那就是对核心业务的关注。一旦在这个问题上出现失误，企业将不可避免地步入被动之中。

回归专业化是生存之道

李　刚　DBA　清华大学 HTR 企业家研修中心首席管理顾问

这个案例提出一个对中国本土企业家非常有价值的命题——企业经营能力边界与多元化战略选择。这是本土企业家们缺乏认识的战略性问题，许多著名的企业和企业家们在解决这一问题时曾付出高昂的学习成本。如万科集团在 20 世纪末公司上市后的多元化实践、2000 ~ 2003 年联想集团的多元化战略失误、三九集团的多元化之殇等，这些企业的多元化失败，从一个方面证明我们本土企业家的经营管理能力的缺失，使他们一度出现战略性判断方面的错误，最终使企业付出惨痛的代价。

综观世界 500 强企业中，除极其特殊的个别企业——如美国 GE，绝大多数企业是基于追求专业化的成功。这并不是因为他们缺乏多元化的冲动，而是经过无数次多元化实践后用失败经验总结的经营原则——企业经营能力是有边界的，恪守边界基业永固。

案例中东江集团董事长李长江先生已被自己以往的成功经验、狭窄的管理视野逼到悬崖边，此时无论国际航空提出什么合作条件，他都应该理智的接受，因为这是他拯救东江集团的最后机会。

首先，中国航空市场特别是国内航线，基本上是一个被三大国有航空公司垄断的市场，民营航空企业处于被排挤打压的尴尬境地，生存环境极其恶劣。现实生活中四家开航的民营航空公司，或被国有航空收购，或被地方政府注资控股，或破产关闭，基本上已全军覆灭。

当然，除了恶劣环境外，民营航空企业在经营思想方面存在的不良投机行为，也是造成他们短命的一个重要因素。投资航空业务的民营企业家们，多是怀着以 8000 万元入市（这是国家为民营企业进入航空领域设定的门槛）、获得飞行许可证、包租1～2架飞机开航，再包装高价出售获得数倍的收益——这是他们的游戏思路。

问题是这种传统的投机思想，在资本密集型航空领域无法奏效。就像李姗姗分析的那样，航空业是一个动态行业，与民营企业家以往所处的传统静态行业有着本质的不同，它需要资本的持续性大投入，如果没有一定的资本基础，其结果就是自己将自己推进一个陷阱，如案例中极度郁闷的李长江。

其次，李长江以往获得的成功，是基于一种传统经营思维上的成功。他和他的东江集团所进入的业务领域基本上是以地区市场为核心、国内市场为边界的业务链，对于这条业务链上的每一个环节、每一个竞争者、每一种业务趋势和国家的管控政策，基本上较为熟悉，对于以旅游为核心构建起的旅行社、旅游景区、旅游饭店、旅游包机、旅游大巴车队和广告业务链，其经营核心是旅游，是紧密围绕着旅游为主的核心业务衍生出的附属业务，这些附属业务的经营目的是为了更好地服务旅游主业、提升主营业务的质量。

但是，与以上业务不同的是，航空业务是一种现代化的业务形态，它涉及现代经营理念、先进的管理思想、国际化战略视野、高技术人才和大量投资资本。航空业务是旅游业务中的一个运输工具，但这种工具远远超出旅游企业的经营能力范围。擅长静态业务经营的李长江以及东江集团既缺乏对航空业务经营规律的深刻认识，更缺乏此业务的经营能力，超出能力边界进入了一个陌生的业务领域。

在西方国家的航空界也有过“旅游＋航空”的模式实践，曾有一家著名的美国航空公司，设想以自己庞大的乘客流量，构建一个“航空客运＋旅客大巴＋旅客酒店＋旅客餐饮服务＋景区旅游”的业务链，但非航空业务成为一个吞噬航空业务的巨大包袱最后以失败而告终。

在东江集团的旅行游客中，仅有10%的游客是航空客户也证明李长江初期为东江集团构建的“旅游＋航空”模式是缺乏科学决策依据的不切实际的幻想之作。

世界著名电子企业——三星电子集团，在20世纪曾经冲动地投资100亿韩元进入汽车制造领域，结果是血本无归，最后是集团总裁李健熙以个人资产承担起这次多元化投资损失而告终。失败后的三星开始在电子行业执著的坚守，以对该行业深刻的了解，把握住每一次机会，最终成就一个世界级电子帝国，这个故事非常值得李长江和我们本土企业家借鉴。

最后，以东江集团目前总体经济状况：132%的负债率、房地产业务市场低迷、其他业务流动资金被航空业务占用、航空业务遭遇国际高油价和商旅客户流失，企业基本失去造血功能，随时都面临着破产威胁。

在失去国际资本的援助后，摆在李长江及其东江集团面前的最佳战略选择是剥离航空业务，终止东江航空对集团其他业务的抽血行为，将集团资源集中到传统旅游业务方面，利用具有良好现金生产能力的旅游业务，使集团尽快恢复生机。

以李长江和东江集团现阶段的经营管理努力，应为自己设定经营战略的边界线，尝试着从多元化的“旅游+航空”模式向旅游产业的专业化战略回归，坚持“旅游+景区”为核心的旅游经营战略长期稳健的发展。

战略决策，应三思而后行

杨　燚　盛元博韬咨询机构高级管理咨询师

“昨日因，今日果；今日因，明日果”。在当初李长江作出进入航空业务的战略决策时就已种下了“因”，东江集团面临的现在这个局面，是东江集团多元化发展战略收获到的“果”。其实本案例反映的不是东江集团的个别现象，在目前许多企业在经营过程中出现各式各样的战略决策失误，轻则减少企业利润，重则导致企业运营困难，业务陷入停顿，严重的导致企业破产。其问题的根源在于企业的决策者在进行战略决策时凭经验，靠直觉，拍脑袋决策；而企业内的战略分析人员迎合领导意图，领导需要什么结果就作出什么样的分析结果。最终战略决策化作一场文字游戏，失去了它本身应有的科学性。

现在又是李长江坐下来进行战略决策的时候了。他应该首先梳理一下东江集团现在的业务，东江集团的基本业务可分为三类业务群：旅游业务群、航空业务群、商业地产业务。

旅游业务群，作为东江集团的核心业务，经过多年的苦心经营，已经构筑起以地区市场为核心、国内市场为边界的业务链，对于这条业务链上的每一个环节、每一个竞争者、每一种业务趋势和国家的管控政策，基本上较为熟悉，对于以旅游为核心构建起的旅行社、旅游景区、旅游饭店、旅游包机、旅游大巴车队和广告业务链，其经营核心是旅游，是紧密围绕着旅游为主的核心业务衍生出的附属业务，这些附属业务的经营目的是为了更好地服务旅游主业、提升主营业务的质量。不容置疑，旅游业务作为东江集团的“现金牛”，是必须加以重点维护的。建议采取成长型战略，继续夯实旅游业务，同时围绕着以旅游为主的核心业务，开发拓展附属业务。

航空业务现在的局面，是因为民营航空的“先天不足”造成的：航空运输业属于高资金、高风险行业，东江集团在航线审批、飞行员储备资源、运转资金等方面缺乏优势。航空行业端的是政策碗，吃的是政策饭，虽然从意愿上国家很愿意民营企业参与竞争，以改善航空市场环境。但是，国家并没有针对政策出台相应的关心和支持民营企业发展的对策，这使得很多政策成为了“玻璃房子”——看得见，但进不去。同时在对国有企业支持鼓励，而对民营航空企业放任自由发展的“非对称”管理模式下，民营航空的发展空间显然有限。当然民营航空公司的自身局限也限制了民营航空的发展：首先投机成分太浓，有些民营资本，从介入民航业的那一刻起，就只关心如何获取牌照，然后进行“资本运营”，即上市或转让牌照。其次低成本战略难以实施。在当初进入民营航空领域时，很少有企业会选择与国有大型航空公司直接竞争。由于包袱轻、机制灵，民营航空公司当初的想法无一例外都是利用低票价优势，低成本运营，走经济型航空的路子，以低价和特色取胜，事实上，对于航空公司来说，飞机关税、机场起降费、市场准入费、购买航空燃油等不可变成本高达80%，以油价为例，航空公司只能在中航油加油，被动接受垄断价格。所谓的降低成本只能考虑人力资本和管理费用，然而这两项加在一起不过15%左右，航空公司所能控制的成本空间非常小。当初如雨后春笋般冒出来的民营航空公司大部分已经停飞，仅存的几家也是苦苦支撑。就东江集团而言，航空业务已经成了“鸡肋”，食之无味，正消耗着东江集团大量的现金流；弃之可惜，航空业务有着很好的利润率和发展前景，而且投入了很多的资金和感情。航空业务已经成为东江集团的“问号业务”。“问号业务”有两个发展方向，一是加大投入发展成为“明星业务”，二是采取收缩战略进行战略性收缩。对于东江集团来说，由于引进战略投资者的失败，只有采取收缩型战略中的剥离战略。此时李长江应当机立断，极力促成与国际航空的合作；日后如有可能的话，把航空业务完全剥离出去。

地产业是近十年中发展最快、问题最多的行业，房价一涨再涨，地王纪录不断被刷新，银行和地方政府被绑架上了这列飞奔的列车，泡沫已经越做越大。房地产行业简单粗放的开发模式面临着挑战，融资难度越来越大，产品要求越来越高；随之而来的是，国家将会采取政策调控，加强对商品房开发行业的管控力度，兼并重组可能愈演愈烈，房企格局也将变化。地产业的分化也反映在盈利方式上。过去一年，商业地产成为大部分房企的“核武器”，甚至连曾经只专注发展住宅的万科，也成立了商业地产部门。对东江集团来说，商业地产业务只是遇到点小挫折，经过协调是可以解决的。而且商业地产在本次调控中是不受限制的，行业吸引力很大；东江集团的商业地产业务刚刚起步，市场占有率不高，属于典型的“问号业务”。如果在现阶段引进高素质人才，调整营销策略，投入更多的资源，是有发展前途的。建议东江集团在短期内采取稳定型战略中的暂停战略，对当前的房产政策、经营环境进行全方位的分析，对原有战略进行检讨，重新制定新的战略；同时引进行业内高素质人才，然后投入资金实施，培育成东江集团的“明星业务”。

“运筹于帷幄之中，决胜于千里之外”，有远见的企业在战略分析时应脚踏实地，用科学的战略分析工具，对公司的外部环境、内部环境进行详尽的分析；在战略制定时应借助于“外脑”的独立性和专业技术，进行科学的判断，明确企业发展方向；在战略实施时，对企业组织进行相应调整以创建支持企业成功运营的组织结构、调动企业不同领域的资源来适应新战略，通过更加科学的管理变革，是能够达到自己的战略目标的。

案例5：如何进行战略扩张

扩 张 之 殇

——非理性扩张的生存与毁灭

为完成50%的增长目标，大量举债高风险扩张的太阳乳业，在世界金融危机爆发时仅实现27%的业绩增长，公司面临着外方投资人接管的危险。作为太阳集团的董事长，余明还能保住自己创建的“太阳”吗？

案例作者：安 妮
学术指导：李 刚
评论专家：李 刚 刘 征

“老余，财务数据出来了，目前公司总资产28亿多元，总负债26亿多元，净资产为2亿元，负债率为92.9%。合资后第一个年度的销售增长率为27.9%，低于董事会要求30%的最低标准。”李纯向太阳乳业集团董事长余明先生报告刚刚完成的财务报表。

“怎么会这么低，增长率是不是统计错了?”余明惊讶地向太太问道。

“没有，我已让财务部反复核对过。”

余明马上站起来：“情况非常严重！你马上紧急通知大河他们三人，一个小时后到隔壁小会议室开会。”

望着太太急步离去的背影，余明感到自己的心脏跳动在加快。他缓慢地坐下，极力舒缓自己过于激动的情绪。

“27.9%！就是说他们可以接管我辛辛苦苦一手创办的企业?”

“不行，不能没有太阳乳业，这可是我的一切——财富、事业、地位和荣誉。”

余明在情绪稳定之后暗下决心，他决定投入一场生死保卫战，捍卫他在太阳乳业集团的绝对权威与统治地位。

无限扩张

办公桌上对讲器中传来秘书李敏的声音：“你好余董，姑妈他们已经到齐了，在小会议室等你。”

在隔壁小会议室，米黄色真皮沙发上依次坐着太阳乳业的四位领导和董事会秘书。

董事兼任集团财务总监的李纯——余明的太太、董事兼行政人事副总裁李东——李纯的弟弟、董事兼营销副总裁余大河——余明与李纯的儿子、董事兼投资副总裁余白——余明的弟弟、董事会秘书兼董事长秘书李敏——李东的女儿，除李纯外，其他人均对今天的会议感到突然，看到余明脸色凝重的进来，大家一下安静下来。

余明在大家特地留下的位置上坐下，语气严肃地说“现在有一个特别重要的情况要通报给大家，希望你们心理上有所准备。”

“我们与外商合资后，第一年的经营数据已经出来了，其中销售增长率是27.9%。”

余明慢慢地环视了一下其他四人，然后继续讲道：“这是一个能要我老命的数字。”

“去年年初我们与英盛投资等三家外国投资公司签订合资协议时规定，如果我们企业的经营增长率达不到30%以上，他们将增加在太阳乳业的股权比例；这就意味着外方股东可以控股我们企业甚至接管。”余明在讲最后一句话时语气几乎有些颤抖。

小会议室的空气仿佛一下子被凝固，除余明夫妇外，其他三人都被这个消息给惊呆了，他们谁都不敢相信，如果不是出自余明之口。

首先打破宁静的是余大河，他将目光转向李纯：“妈妈，是不是财务上把数据搞错了?”

“数据是准确的，这不是我们讨论的问题。”李纯答道，虽然她第一次看到这个数据时，也曾有过同样的疑问。

余大河还是不能接受事实，他又将目光转向余明：“老爸，还有挽救的可能吗?”

“我们如果能够在一个月内高价回购外方股东的股份，才能避免悲剧的发生。”余明道。

“高价？大概需要多少资金?”李东问道。

“我估计大约需要10亿～12亿元人民币。”李纯回答。

负责公司投资事务、一直没有讲话的余白慢慢地讲道：“以我们目前的经营状况，恐怕没有回购外方股份的实力。”

“这就是我们今天会议的主题，我们必须想办法，在一个月筹集到不少于10亿元的资金，抵御外方股东的收购，这是一场生死保卫战。”余明道。

“妈妈，你估计我们在一个月内能筹集多少资金?”余大河问道。

“集团目前除你们从各地经销商募集的5000多万元销售准备金外，现金流已经出现负数。”李纯道。

余大河不解地问道：“我们每月不是有一个多亿的销售预付款吗？公司的资金状况怎么会如此紧张?”

“我来回答你的问题吧?”负责公司投资业务、平时较少讲话的余白道。

“为了向外国投资者兑现每年的30%增长率，我们公司近年实施大扩张战略，连续在国内投资六个大型生产基地，这个情况你是知道的。你不知道的是，如此大规模扩张需要多少资金?”

“仅我们湘江基地将需要投资近10个亿、汉江与长城两个基地需要10个亿、申城与峨嵋两个基地需要大约12个亿，总计需要资金30多亿元。”

“我们公司这几年的经营利润基本上都投到这些项目上，去年英盛公司等外国股东的7500万美元的投资和几家外国银行的5亿元人民币低息贷款，基本上用于购买生产设备。我们为这些项目向国内多家银行借款高达近8亿元人民币，目前尚待支付的工程欠款还有近2亿元人民币。”

“你叔叔介绍的这些情况基本属实；这几年我们固定资产投资过大，远远超出我们企业的实际承受能力。庞大的贷款成本，已经使我们的经营利润从三年前的20%下降到今年的8.9%。为了偿还不断到期的银行贷款，我动用了销售预付款，以确保银行方面不出问题。”李纯补充道。

“不仅如此，为了筹集资金，我们公司一万多名职工每年的社会统筹保险金，都没有向市社会劳动保障局缴纳，而是充当流动资金使用。”李东又补充道。

“我们今天不讨论资金流向问题，现在的关键是要商议一下，如何在这一个月内筹集到这些资金，渡过眼前这一关。”余明讲道。

其他人员与以往一样，在余明做出重大决策，大家都不发表其他意见，等余明独自形成决策，他们就遵照执行。

看着大家不发表意见，余明按习惯开始部署道：“余白，你那里的几个项目，暂停所有工程款的支付，部分工程可以考虑停工。河南的基地项目需要加快推进速度，当地政府和银行非常支持，要力争在这个月完成银行贷款手续，将资金暂时调回总部。”

“大河，你当前的主要任务是要确保市场稳定，不要让经销商队伍出现大的波动，要多做解释工作。”

“李东，你帮助我预约一下市发改委主任海洋，明天晚上我请他吃饭，请他帮助疏通几家银行的关系，看能否再通过银行筹集几笔资金。”

“太太，辛苦你与我们过去熟悉的几家投资公司老板们联系一下，看看他们是否还有投资意向，如果有的话，我亲自与他们洽谈。”

一场太阳乳业保卫战拉开了帷幕。

发展冲动

次日晚上18：20，湘江市政府发改委主任海洋先生，独自一人驱车来到郊区的一家高级私人会所，他在一位美丽的服务生引领下，步入二楼的一个豪华包间，余明夫妇二人已经在里面恭候多时。

“欢迎领导光临，海主任请坐。”李纯热情地招待海洋在主宾的位置坐下。

“谢谢，余大哥近来可好？”海洋落座后问道。

“谢谢！”余明一手拉着海洋的手，一手在海洋的肩膀轻轻地拍着。李纯在一边给自己这位老同学斟上茶。

海洋看着余明，时间刚刚过去一个多月，余明就显得苍老许多，心中不禁生出感慨。

十年前刚认识余明时，自己还是一个政府的小公务员，刚被组织部调到湘江开发区担任招商办副主任。当时余明离开政府部门刚刚开始创业，因为投入8000万元在中央电视台做品牌与产品传播，希望扩大自己的乳品厂。海洋知道这一情况后，就通过中学老同学李纯的关系，动员余明到开发区发展。

余明在了解政府设置经济开发区的优惠政策后，决定进军开发区，借助地方政府促进经济发展的政策东风，迅速壮大自己。海洋获悉后，积极为余明提供各项帮助，根据招商政策，在公司注册、购置土地、政策支持性银行贷款等方面，给予余明相当多的支持。另外，余明在海洋的建议与帮助下，将太阳乳业申请为高科技企业，引进省信托投资公司、市政府投资经营公司和两家著名大学旗下企业集团的注资，使太阳乳业成当地一家高科技股份公司。

由于地方政府投资机构持有太阳乳业27%的股份，太阳乳业以后每次需要资金时，在海洋的帮助下，余明总能获得几大国有商业银行的支持，顺利得到商业贷款，确保太阳乳业的稳定与发展，同时踏上举债扩张之路，为太阳乳业埋下财务隐患。

2004年，随着中国乳品行业一颗明星企业——梦牛乳业借助外国投资公司帮助，成功登陆香港资本市场，余明不再满足于通过银行贷款实施他的战略扩张计划，他开始谋划着太阳乳业的上市，并多次与海洋沟通，探讨太阳乳业上市的可行性。

此时已经是开发区管委会主任的海洋，鉴于太阳乳业的高负债率，特别是在国有银行高达数亿元的贷款，如果引进国外投资，将存在国有资产流失的风险，因此没有同意余明的提议。但是，令海洋意想不到的是，余明在获得海洋支持无望时，竟然采取一个极端的措施——向政府投资机构提出回购太阳乳业的国有股权。

随后在一年多时间里，海洋多次与余明沟通，规劝他利用好政府资源。在劝说无果、余明一再坚持之下，海洋帮助太阳乳业完成改制，使其成为一家民营企业，余明及其家人共计持有超过70%的公司股权，实现对太阳乳业的绝对控制与领导。

在完成改制后，余明快速推动与外国投资公司的战略合作，数月后与英盛等三家外国投资商签订合作协议，引进7000多万美元的风险投资，并在英盛公司的帮助下，获得国外银行5亿元人民币无抵押无担保低利息的商业贷款。

但是，在引进国际投资的同时，余明并没有引进国际化的管理理念、现代管理技术和高级职业经理人才，企业治理结构形同虚设，公司主要领导职务基本是家族成员担任，英盛公司派来的代表张建设，虽名义上是股份公司总裁，但有职无权，任何重大决策，都是余明一人独断，其他人仅有执行的权力，不可避免地增加了太阳乳业战略决策风险。

获得国外10亿多元资金后，余明为确保达到国外投资公司的业绩增长要求，提出一系列新的企业发展战略目标：太阳乳业营业收入要在三年内达到60亿元、六年内达到400亿元、十年内达到1000亿元。为实现这些目标，余明自去年加快战略扩张的步伐，推动太阳乳业踏上快速扩张之路，分别在四川的温泉地区、北京的长城地区和上海的昆仑地区等地投资建设新的大型生产基地，希望一举成为中国区市场的乳酸菌饮料霸主，甚至世界著名的乳酸菌饮料企业。

去年春天，海洋调任市发改委主任一职后，由于工作关系，他与太阳乳业和余明的交往逐渐减少。但他通过与各家银行领导私下了解，太阳乳业近两年的负债情况有所恶化，经营收益情况不佳，显性风险与隐性风险都很大。

“海洋，最近工作忙吗?”海洋的思绪被余明打断，他向余明微笑地点点头，端起乳白色象牙茶杯喝一口茶：“从去年开始国际经济环境非常不稳定，人民币面临升值压力较大，国内经济增长过快；国家今年上半年开始一直在部署压投资防通胀，事情比较多。”

“这么说目前的紧缩政策短期内是难以改观了?”余明试探着。

“是的，今年各银行的信贷额度本身就少，大部分已经在上半年使用完，现在各银行几乎都是只进不出。除政府特别计划项目外，已经没有获得贷款的可能。”海洋根据以往经验，已经感觉到余明夫妇这次宴请与信贷有关；虽然他们之间有着多年的友谊，他也希望提供帮助。但以目前的金融形势，再加上太阳乳业与外国投资公司签订对赌协议，政治风险要远大于经济风险。

基于上述较为复杂的情况，海洋无奈地关上余明通向自己的这扇大门。

眼看海洋没有一丝帮助之意，余明夫妇只能热情地招待他用餐，席间双方聊得更多是孩子们的教育，话题再也没有回到融资上面。

22：00，刚回到家的余明接到公司总裁张建设的电话，这位被自己架空的英盛公司代理人、太阳乳业总裁在电话里告诉他，英盛公司中国区 CEO 杜跃与其他两家外国投资公司的代表，将在明天下午到公司例行视察工作，希望余明明天下午 16：00 准时到股份公司小会议室开会。

“他们是否已觉察到我们的业绩数据情况?”李纯问道。

“很难说。根据董事会工作计划，这个季度的例行会议应该是下周召开，他们怎么会突然提前一周。”余明心里也没有底，明天只能临机处置了。

就在此时，电视中正在播报的晚间新闻，有一条新闻引起余明的特别关注——美国著名的投资公司雷曼兄弟集团宣布破产。余明由此产生一种不祥的预感，并影响了夜里的休息。他一直在思考着雷曼破产冲击波是否会冲击到太阳乳业、冲击到他自己，毕竟他目前正处在风口浪尖上。

对赌无限

“首先，请允许我就今天的会议安排做一解释。”英盛公司中国区 CEO、满面红润保养良好的杜跃，在会议开始前就会议召开时间的调整向余明等人解释道。

“我们原计划是下周来公司召开董事会，例行了解公司的经营情况；但是，昨天我突然接到美国总部的一份紧急通知后，与其他两家公司领导协商决定，下周的董事会临时调整到今天召开，希望余董与各位董事予以谅解。”

“各位大概已经获悉，美国雷曼兄弟公司由于受次贷拖累，昨天宣布破产。据世界权威经济学家分析，全球经济将受此牵连，爆发极其可怕的金融海啸。为此，我们各公司对在中国的投资项目进行业绩审查，以提前采取预防措施。”

杜跃介绍完这次会议的主题后，其他两家投资公司的代表，也分别发表了同样内容的讲话，其核心主旨就是检查太阳乳业的经营业绩。

其实，杜跃仅仅是透露了总部紧急通知里微不足道的信息，更为重要的担忧是关于未来全球经济将会面临百年不遇的大衰退，世界经济将连续 3～5 年持续低迷。总部要求各业务单位加强投资项目监管，以确保投资安全。

余明被迫向李纯点点头，李纯无奈地站起身来，向大家汇报太阳乳业的财务报告。

当杜跃与其他两位投资公司代表听完李纯的报告后，他们均被报告中的数据惊呆了。

会议出现暂时的寂静，每个人都仿佛能够听到自己的心跳声。

刚才还脸色红润的杜跃，此刻却脸色苍白，他一动不动地坐在那里望着余明，仿佛在望着一个他不曾相识的人。

这位余明先生，一位中国最著名的新华大学培养的高级工商管理硕士(EMBA)，是中国区最大的乳酸菌饮料企业领导，他曾经创造出许多"第一"。关于他的"借条融资"的传说、"8000万广告换来8亿元销售合同"的故事，使自己在四年前与他认识后，就被这个独具个性的中国本土企业家所吸引。

在了解到余明竟然能够将中国家电行业的运营模式，成功运用到快速消费的乳品行业（即通过高定价、高利润的方式，吸引广大经销商签订年度代理合同；经销商根据代理合同按月向太阳乳业预付本月货款，再逐渐分批提货，从而使太阳乳业拥有丰沛的现金流并保持极低的财务成本）时，杜跃敬佩余明的经营创新能力。

特别吸引英盛等投资商们的，是余明通过上述模式，在中国区市场构建起200多家一级代理商、3000多家二级经销商和3万多家三四级终端销售商网络。在快速消费品领域，谁拥有完善的市场销售网络，就预示着谁将获得成功。执资本之剑横行世界各地的英盛人，深知其中的成功元素，更何况他们已经刚刚通过梦牛公司，以5000万元投资换回5亿元的回报。

鉴于中国区人均乳品消费市场巨大的增长空间，特别是仅占乳品总量0.1%的乳酸菌饮料市场，在未来五年将会呈现出倍率般的增长。在余明去年年初完成公司改制后，杜跃立即携手其他两大国际投行，与以乳酸菌饮料为主业的太阳乳业股份公司签订战略性投资协议，共投资7000多万美元，获得太阳乳业股份公司近29%的股份，热情期待着能够通过投资太阳乳业，在中国区收获第二只"梦牛"。

为了帮助太阳乳业快速发展，应余明的要求，杜跃又帮助太阳乳业获得三家外国银行总计5亿元人民币的低息商业贷款。包括英盛三家投资在内，太阳乳业在去年一年就获得超10亿元人民币的资金。

虽然，当初看到余明所提供的太阳乳业未来几年令人激动的财务预测数据，作为职业投资人，英盛等投资人没有忘记给自己的投资加上一道保险——即对赌条款，根据合作协议的条款规定，如果太阳乳业未来三年的年增长率超过50%，余明等管理团队将获得更多的公司股份；如果年增长率低于30%，英盛等三家投资商将获得公司控股权，这就意味着余明为引进风险投资，已经承担起无限责任——包括自己在太阳乳业的所有资产。

在过去一年里，英盛公司的代理人、太阳乳业总裁张建设，虽然曾多次反映余明的部分越权行为，但本着企业求发展自己求利润的原则，杜跃没有计较这些小节。前几次来企业参加董事会议和检查工作时，也曾发现销售增长在减速，为此他还特意向余明提出改进经营状况的要求，但今天的业绩数据却完全出乎意料，令自己感到极度失望。

"我们给了他充分的信任和绝对的经营管理权，回报我们的却是这样的业绩。仅一年时间，公司净资产竟然仅剩下两亿元人民币，还不到我们7000多万美元投资的一半。这会令所有投资人深感失望，他将从此彻底失去我们的信任。"杜跃默默地思考着下一步怎么办。

"按照英盛公司管理规定，我们必须根据投资协议增持太阳乳业的股权，控制这个企业，让余明先生暂时休息一段时间，对自己的经营行为进行反思。看来应该先结束这个会议，与其他两家投资公司代表进行单独沟通；如果我们三方达成一致，连夜通报给美国总部，明天再通过董事会向余明摊牌，迫使他签订股权转让协议，改组董事会，接管太阳乳业。"

杜跃在脑海里将这些想法重新思考一遍，与其他两位投资人交换一下眼神，然后向会议提议道："我提议，董事会暂时休会，明天上午9：00会议继续。"

在沉寂了一段时间后，尴尬的余明附和道："好吧，会议到此结束，明天上午9：00我们再继续开会。"

李纯急忙活跃会议室的紧张气氛："各位领导，晚上我安排了招待宴会，给大家接风。"

杜跃站起身，看看其他两家投资公司的代表，他们彼此看了一眼，其他两位分别摇摇头，杜跃强挤笑容对余明夫妇道："我们今天有些疲劳，余董和夫人的心意我们领了，我们还是在酒店简单吃一点，大家想早些休息。"

"那好吧，各位今天就先休息，明天我再好好招待你们。"李纯难堪地回应道。

余明依次与三位投资人握手告别，李纯亲自将他们送上车，与往常一样，由李东和张建设陪同他们前往当地最豪华的湘江大酒店下榻。

余明夫妇二人回到余明的办公室，坐在豪华沙发上相对无语。办公室墙壁上的挂钟发出滴答滴答的响声。

李敏敲敲门进来："姑妈，我让小餐厅给你和姑父准备好了晚餐。"

"谢谢！"李纯看看余明："老余，我们先去吃点东西，然后再讨论明天的会议安排吧。"

“你和小敏先去吃，我想先安静的休息一下。”余明答道。

李纯知道丈夫此时复杂的心情：“好吧，我们先去，等一下我们给你带点东西来。”

李纯与李敏离开办公室，李敏转身轻轻地把门关上。

近百平方米的办公室剩下余明一人，房间里显得更加寂静。

从杜跃等人获知今年经营数据后的沉默、三个投资人会议中交换的眼神到拒绝李纯安排的晚餐、杜跃最后勉强装出的微笑，种种迹象表明，他们已经不再相信自己。今晚他们一定会召开紧急会议，并连夜将太阳乳业的经营数据和他们的意见上报给公司总部。由于时差因素，可能明天上午就会有结果。

会是一个什么结果呢？

余明站起身，走到落地窗前，看着窗外华灯初放的大街，思考着明天可能发生的情况。

一种可能是，英盛等三家投资人提出特别条件下向余明转让他们三家持有的太阳乳业股权。

另一种可能是，英盛等三家投资人同意余明引进新的战略投资人，参与太阳乳业的经营。

最后一种可能是，英盛等三家投资人根据去年签订的投资协议，有条件收购余明持有的太阳乳业的股权，接管太阳乳业。

余明遥望一眼耸立在夜空中的电视发射塔，思考着该如何应对以上三种情况。

如果是第一种情况，以目前中国的金融环境，自己很难筹集到巨额收购资金；这一点英盛他们应该知道，因此，这一结果出现的可能性极低。

以英盛这些国际投资人的职业作风，如果没有强有力的战略投资人加盟，他们不会接受新的投资人。这样他们可以拥有与余明谈判的主动权。但是，以目前的外部条件，很难在短时间里找到新的投资人。

那么，就剩下第三种情况！

这是余明最不希望出现的结果，一旦出现这种结果，就意味着余明的出局。

一轮弯月在窗外的夜空中升起，余明站在窗前苦苦地思索着如何迎战明天的一场生死较量。

如果你是余明，你将如何挽救太阳乳业的困局？

企业家要学习“活的方法”

李　刚　DBA　清华大学 HTR 企业家研修中心首席管理顾问

作为一名企业家，余明需要学习企业“活的方法”，使自己成为一个有高利润回报的经营者，而不是成为一个所谓的“大公司”。案例中的太阳乳业，成为跌倒在扩张道路上的又一个样本企业。

一位具有代表性的中国企业家人物——史玉柱先生，曾经在 12 年前具有令人极度佩服的魄力，其结果是巨人集团的倒闭。这段令史先生终生难忘的经历，使其在后来的 12 年里，小心翼翼地经营着自己新的公司，用史先生自己的话来讲就是：“12 年来，我一直很胆小”。在这 12 年里，正是由于史先生一直胆小地经营着自己新的事业，巨人公司才能够东山再起，获得重生与发展。

而案例中太阳乳业的董事长余明先生，胆子和魄力同样很大，其结果却将是万劫不复。

造成余明与太阳乳业目前这一局面的主要因素表现在以下三个方面。

首先，公司治理结构不健全。

在三家外国投资商注资太阳乳业后，没有同时按现代公司治理准则健全太阳乳业的董事会与监事会，使余明的创业管理模式得以延续，甚至对于太阳乳业核心管理团队成员的任命，也是余明一人决策，形成典型的家族管理团队，仅聘任张建设担任象征性的总裁职务。这就纵容了余明独断专行的行为，给企业战略选择与经营决策埋下无穷隐患。

缺乏制衡的权力，是危险的权力；没有监督的信任，是最大的不信任。

其次，非理性战略扩张。

纵览目前的中国企业家群体，我们发现有太多的本土企业家在不顾一切求发展，梦想着一夜间成为标王、地王、行业之王，甚至成为上市公司、成为跨国公司、成为世界500强企业，并为实现这些梦想不顾一切地大肆扩张。岂不知扩张道路上有着无数陷阱在等着他们，稍有不慎就会遭遇灭顶之灾。三株、三鹿、五谷道场、德隆包括12年前的巨人，这些缺乏扩张准备的企业，最终倒在疯狂扩张的道路上，成为管理学家研究企业死亡的标本——死亡性扩张。

本案例中的余明与太阳乳业，就是在没有扩张准备的情况下实施企业扩张计划，即缺乏对扩张战略实施的管理意识准备、管理技术准备、扩张人才准备、扩张资金准备和风险预防准备。余明忽视产品主业的经营，不顾太阳乳业自身造血能力，盲目举债扩张。这种为上市敛财之目的实施的近似疯狂的大规模战略扩张，其结果是太阳乳业负债率上升到93%，26亿元负债产生的高昂财务成本吞噬掉企业近55%的利润。

更为严重的，是太阳乳业没有及时将扩张形成的制造资源转化成产品的市场竞争力，动用业务流动资金和员工社保金满足扩张业务资金需求进行长期固定资产投资，直接影响到产品业务的运营，造成产品主营业务缺乏资金支持，企业造血功能衰退。

在企业经营活动中，业务现金流是企业产品业务运营的战略性保障。企业家不能动用在当期产生利润收益的业务资金，进行长期固定资产的投资，这是企业经营的基本法则；谁一旦违犯这一法则，谁就会受到市场惩罚。当年巨人集团如此，五谷道场也如此。

最后，放弃企业家责任。

余明在太阳乳业不仅违犯上述经营法则，而且还动用了员工社保资金，触及到国家法律，这已经上升到企业家伦理层面，即余明的企业家责任受到挑战。这也是为什么三家外国投资公司代表在获悉太阳乳业的业绩数据后，彻底丧失对余明信任的根本原因。失去投资人信任的余明，就失去了自己的事业和企业。

正所谓创业难，守业更难。在经历三十年艰苦卓绝的创业后，中国本土企业家面临着新的战略瓶颈——如何守业？特别是在这个世界经济多重震荡的高风险时期。无论是为企业提供管理咨询还是在大学的管理课堂上，我时常告诫企业家朋友们：作为企业家，首要之责是如何保障企业能够活着。在完成原始积累后，企业家最重要的是学习企业“活的方法”，即如何管理企业经营风险，保障企业能够稳健的生存。只有确保企业生存，才能保障自己的创业成果，保障以往成功的延续，才会有新的发展机会；成功之后的企业家特别要防范企业“死亡性扩张”。

如果余明先生还有机会执掌太阳乳业的话，他应该学会以下“活的方法”经营企业。

程序一，健全公司治理结构；通过建立强有力的董事会和监事会，使企业各项重大战略性决策科学化，预防和控制战略决策风险。

程序二，制定科学有效的发展战略，使企业的产品经营与战略投资相匹配，避免投资大产品小的业务结构，控制好财务风险。

程序三，反思企业经营的战略目的，明确自己的职业价值追求，坚守企业家责任，管理好个人或企业的形象信任风险，不再承担难以承受之重，做一名对投资人负责、对员工负责、对合作者负责以及对自己负责的有责任的企业家。

这是企业长青的三级风险管理，战略风险、财务风险和形象信任风险。

成也冒险，败也风险

刘　征　铭远咨询项目经理

看过太阳乳业的案例，笔者的脑海里突然出现了一个历史人物的影子，他曾经拥有“投鞭断流”的军队，却落得“草木皆兵”的下场，余明一定感同身受，因为司马光引用李克对魏文侯的话这样评论道：苻坚的失败在于被过去的胜利冲昏了头脑，一味地盲目扩张，未能注意到战略目标下的巨大风险（魏文侯问李克吴之所以亡，对曰：“数战数胜。”文侯曰：“数战数胜，国之福也，何故亡?”对曰：“数战则民疲，数胜则主骄，以骄主御疲民，未有不亡者也。”秦王坚似之矣）。太阳乳业的案例值得我们所有做企业的人掩卷沉思。

问题出在哪里

从案例来看，太阳乳业首先是倒在了对赌协议30%的门槛上，然后就有不少评论认为太阳乳业之所以失败是因为扩张太猛到处建基地所致，并以净资产不及投资额作为证据。是的，这是一个很大的问题，但和家族式管理模式、金融危机时运不济等一样不足以致命，或者只是成王败寇的马后炮。净资产少和销售增长慢是两回事，更何况当时建基地投资方也没有异议，反过来说如果销售增长率很高，产品供不应求，评论家是否又要说战略规划有问题，早就该建基地了。

事实上，我们要为余明辩护一下，太阳乳业的战略规划看起来也没有太大的问题。太阳乳业是中国乳酸菌饮料市场的领导者。乳酸菌是个什么饮料？乳酸菌产业目前在全球的年产值超过3000亿美元。在日本、欧洲，活性乳酸菌类饮料在乳制品中的比例高达80%，北美约为30%，而中国发酵乳品只占整个乳品市场的15%左右，其中乳酸菌奶饮品还不到5%。发酵乳品的毛利率高达35%~40%，而液态奶领域的平均毛利率只有10%。因此，乳酸菌奶饮料又被称为中国奶业最后的“黄金福地”。有如此美好的基础和需求，为太阳乳业提供了一个很大很完美的画饼。换句话说，任何一个高瞻远瞩的企业家，都将制定这样一个宏伟的战略目标，并为将来那个很大的画饼准备好充足的原料。

那么太阳乳业失败的根源到底在哪里？我们引用李嘉诚的一番话作为对这个问题的回答。李嘉诚说：“市场上升时赚到钱不是本事，经济衰退时能把企业风险降到最低才是真本事。”什么意思呢？简单地说，企业发展过程中肯定会碰到各种各样的危机，有经济的危机也有行业的危机，每经历一次危机，总会倒下一批企业家和企业，最后那个活下来不倒的企业就是最成功的，我们把这个管理思想叫战略风险控制。

如果太阳乳业懂得战略风险管控，则在商业模式上不会继续沿用经销商和供应商两头吃作为扩展本钱的策略，不会在净资产这么低的情形下仍然如此粗放的大肆扩张，也不会在签订对赌协议之后不预留各种对冲方案，以至于现在慌了手脚，一败涂地。必须要指出，如果一个企业家没有战略风险管理意识，那就是个职业赌徒。

概念及案例

何谓战略风险管理？简而言之，就是找到做了不一定能解决问题但是不做一定会出问题的地方，这就是企业的风险点，而对战略性风险点的管理与控制则称为战略风险管理。一般而言，战略风险管理包括如下诸方面：

1. 系统风险（即宏观环境变化对行业整体的风险）。

政治风险：政治风险有跨国经营中由于投资的政治生态的变化而引发的风险，亦有在本国官商结盟引发的风险，前者如俄罗斯大市场被关，后者如黄光裕被诉，均为得利一时而风险一世。

经济风险：金融危机是常见的经济风险，也是企业抗风险能力最好的测试剂。相对而言，一般企业更应该重视的是经济环境的缓慢变化。举例来说，现在非常明显的一个经济环境大趋势是国内消费市场将逐步壮大，但在4年前大部分企业并未意识到这一点。笔者曾于2006年建议某企业家及早转型树立内销品牌，若当时察觉此风险，则不会面临今日的窘境。

2. 市场风险（即行业内各种力量的变化对企业本身的风险）。

产品风险：三聚氰胺是最好的产品风险的例子，这是乳制品企业最大的风险点，同样的风险点还可能产生在化妆品、保健品、汽车等行业。每一位企业家都应该牢记：一个有风险的产品让一家著名企业倒闭是绰绰有余的。

竞争风险：市场竞争本身就包含了多重风险，首先是产业发展趋势的变化，曾经独霸胶卷行业数十年的柯达公司却因为数码时代的到来而黯然退到舞台的边缘，这就是产业迅速演变的风险。其次是竞争对手暗算的风险，这次输掉的是日本公司——丰田。数十年积累起来的品牌声誉被一个踏板消磨殆尽，丰田的车确实有问题，但是其他品牌车的召回就一定比丰田少吗？根据外电报道显示，这件事的总策划是福特公司，执行者是福特公司培养的一个打入丰田内部5年的律师比勒，利用其在丰田的工作便利，完整地搜集了丰田所有的风险数据并选择了踏板作为突破口。所以任何一个风险点的忽视都可能导致竞争战略的彻底失败和带来比收益大得多的损失。

合作风险：合作风险比竞争风险更难防备，因为这种风险来自于良好的意愿，至少对承担风险这一方看起来意愿非常良好，远的有美加净被雪藏，致使其品牌与市场份额大幅下降，令外资在导入期不费吹灰之力击败领头羊；近的有达能与娃哈哈的纠纷。

3. 内部运营风险（即企业本身经营中存在的重大风险点）。

商业模式的风险：如本文中太阳乳业的案例，一方面拖供应商的货款，另一方面要求经销商提前打款，这种空手套白狼的商业模式是不可持续的，甚至都说不上是商业模式。与之类似的做法确实是有，比如史玉柱用后付费的广告换来第一笔订单的故事，但是你看史玉柱后来还做这个吗？你看诸葛亮敢用两次空城计吗？企业家需要冒险精神，但更需要适可而止，懂得风险控制。

组织架构的风险：本案例中家族式管理架构和家长式管理风格可能隐藏了决策失误且无人监督的风险，同样类型的风险反映在很多企业的营销架构上，区域销售负责人不仅掌握了大量的客户资源而且开始转移部分客户资源到自己开设的OEM公司，而母公司却毫无察觉或者毫无办法。

财务和汇率风险：财务风险主要是来自两个方面：资产负债率过高和现金流不足。汇率风险则主要是原材料或者销售地在境外的企业关注。不久前中信泰富爆发的外汇合约巨亏即为风险控制体系出了问题，如果主要控股股东中信集团不提供15亿美元的备用信贷，中信泰富将陷入破产境地。想想这么大的蓝筹股公司因为风险控制机制不奏效而濒临破产，更何况规模不大信誉不佳又没有风险管理意识的太阳乳业？

投融资风险：投资风险的典型例子是摩托罗拉的铱星计划，其风险扩散带来的后果影响至今，成为摩托罗拉盛极而衰的转折点。融资方面在近年来表现突出的风险是对赌协议，大部分对赌失败的企业都是因为设定了过高的目标，为达到目标过分注重短期利益，大量采用扩张和并购等方式完成虚胖式增长，结果肥皂泡破灭导致被接管。

解决办法

从以上概念和案例中可以看出，太阳乳业主要败在内部运营风险，最初是因为没有资金，即财务风险，余明创造了存在大量违约和信用风险的商业模式，为了解决商业模式的风险，余明引进了风险投资，结果是拆东墙补西墙，漏洞越来越大，终于在对赌协议中引发了连环爆炸，多米诺骨牌轰然倒下。

在了解原因和历史上的经验教训之后，我们可以总结出做好战略风险控制的四大要点。

1. 做好风险的分类研究和评估。

首先企业要设立战略风险管理部门，一般是隶属于战略发展部，然后在此基础上对风险进行分类研究和评估。举例来说，我们可以将风险分为两个大类，其一是常规型风险，即日常经营过程中可能面临的风险点，根据企业的经营环境不同而有所不同。其二是决策型风险，即企业在进行重大决策的时候面临的风险点，比如要进入新的业务领域、要进行一笔较大的投资或者要实现战略转型等。在经过详细研究列出以上各类风险点之后，即需要对各个风险点进行评估，评估的标准包括风险大小、风险概率、解决难度和影响面等，并依据轻重缓急向公司管理层提出关于哪些风险亟待关注的建议。

2. 做好风险的预判和应对方案的准备。

基于战略风险研究得到的结论和建议，公司管理层应根据最糟情况，做好一种以上的备选方案。简单地说就是写出公司的“如果……那么……”语句，并以此建立起公司的决策树，到了哪种情景，自然就会出现最佳的路径。以对赌协议为例，在签署的时候太阳乳业就应该有各种应对策略甚至是应急策略，在销售增长率30%应该怎么办？20%应该怎么办？50%又应该怎么办？

3. 建立跟踪、预警、反馈和纠偏机制。

我们相信太阳乳业的销售增长率不是到了季度或年度报告的时候，董事长才知道，事先从整个市场、经销商以及生产出货方面早就有蛛丝马迹，每个月的销售月报也是有的，之所以到最后才慌了手脚，乃是整个公司上下没有建立跟踪、预警、反馈和纠偏机制。试想若第一个月销售增长只有35%或25%，董事长就应该立即召集各部门负责人，分析原因商讨对策，该投入的投入（如加大广告投入和经销商激励力度，开拓新的区域或者做好各项市场推广活动），该撤出的撤出（对于某些超出销售能力的生产线，应该及时停工，转而投入到营销上），而不是等到最后才发现根本就达不到战略目标，然后把企业和个人的命运交给投资方，所谓人为刀俎我为鱼肉，岂不谬哉？

4. 将风险意识融入企业经营管理和员工日常行为中去。

如前所述，风险在企业成长过程中如影随形，太阳乳业的爆发只是其中的一个缩影，当企业在对风险进行分类的时候，我们用以上办法重点控制了战略型风险，但是还存在大量难以察觉的风险，通过持续的积累可能会致企业于非常不利的境地，此时就需要通过建立风险管理体系，将风险意识融入企业经营管理和员工日常行为中去，从而达到防微杜渐的目的。

案例 6：如何进行组织再造

企业能力之患

为应对激烈的市场竞争、提高企业组织竞争力和员工业务能力而开展的组织再造，出现“再造迷雾现象”，三个月来并没有使东方阳光公司摆脱业绩下滑的局面。水华作为董事长不得不重新考虑这次组织再造的必要性——是坚持还是原路折返？

案例作者：安　妮
学术指导：李　刚
评论专家：李　刚

Gongsijueze

7：00，水华匆匆拿起公文包走出家门，开车向市区驶去，当汽车驶上通向市区的快速路时，他的脑海中开始思考着今天的会议内容，以及过去三个月公司所发生的一场组织业务变革。

组织再造

水华领导的东方阳光管理咨询公司，是一家集管理培训、管理咨询与管理学习产品代理销售的区域性本土管理服务公司，主要服务中国区中南五省市场的本土企业，为企业家和企业管理人员提供管理培训与管理咨询服务。

由于市场竞争导致东方阳光公司主营产品户外拓展的利润降至冰点，代理几所著名大学的工商管理总裁班产品销售业绩下滑，其他非主营产品尚处于市场培育期，造成上年度公司经营计划仅完成约60%。业务利润环比出现负增长40%。

为了改变这一不利局面，去年年底公司开始整合资源，面向未来服务大中型客户市场，构建系统营销平台，实施全系列产品线的系统化营销战略。

根据外部管理咨询顾问李向阳博士的建议，公司管理团队研究制定出组织能力再造战略，将市场部、各产品销售部进行整合，设立营销中心，形成面向客户开展市场营销的业务前台。同时，将业务合同执行与服务部门合并为管理服务中心，作为业务后台负责面向企业客户提供管理服务。行政、人事、财务与后勤等部门合并为行政中心，为上述两个中心提供行政后勤支持。

这次组织再造，旨在扭转过去各业务销售部门各自为战、销售人员仅销售一种产品、各个销售部门相互之间缺乏合作、销售人员相互无法交流、营销渠道与客户信息资源无法共享的单一产品营销模式，形成由户外拓展、大型管理公开课、大学工商管理总裁班、企业管理内训、企业培训管理系统软件、管理咨询和管理外包等一系列产品构成的系统管理服务产品线，使公司能够面向不同规模客户的不同需求，提供从低端、中端到高端的多种管理产品系统服务；而销售人员通过开展相互交流，逐步由销售一种产品提高到销售全系列产品，根据自己所开发的客户需求，有针对性地组合产品，以产品套餐形式开展销售业务，进而使企业具有系统营销整体作战的战略能力。

但是，三个月过去了，第一季度的经营计划仅完成45%，销售队伍人心浮动，各中心管理团队中也出现非和谐之音。

根据工作计划，今天9：00要召开第一季度经营分析会议，昨天晚上，管理顾问李向阳博士已到绿城，专程来参加这次会议，指导公司经营团队分析业绩下滑的根源，讨论研究解决方案。水华昨天晚上与他约定今天早上8：00两人一起用早餐时，就今天的会议先沟通一下。

变革的艰辛

虽然田野上还遗留着残雪，但今天交通状况良好；7：40，水华到达公司写字楼对面的361度酒店停车场，他停好车步入酒店一楼的自助餐厅时，他的私人顾问、身着细蓝条纹衬衣打深红色领带的李向阳博士已经在一个布满绿色植物、相对安静偏僻的餐桌边等着他。

李向阳望着窗外初春的雪景，思考着东方阳光管理咨询公司目前的发展瓶颈。

五年前的春天，水华开始进入企业服务行业创业，在东方阳光管理咨询公司成立后的前两年，基于低成本发展战略考虑，主要面向本地区企业管理者，组织大型的管理公开课，通过电话营销的方式，邀约大型企业中基层管理者、中小型企业家和高级管理人员，参加国内著名管理专家的管理课程培训。

随着进入企业管理服务业竞争者的增多，公开培训课程利润接近亏损线。为此，水华在两年前通过引进培训师方式，开发了一种户外体验式培训课程——户外拓展，面向公司以往的客户开展重复销售，挖掘老客户的新需求，形成稳定的现金流。同时通过合作方式，尝试着为中小型客户提供管理咨询服务。

另外，去年又代理了企业培训管理软件的地区销售业务，由于软件销售对业务人员的技术要求较高，市场处于培育期，在销售模式与业务管理方面尚待探索与培养。

以上业务模式具有以下特点。

首先，进入门槛低。有几张办公桌、几部电话和传真机就可以开展业务，无需生产性资源投资。

其次，产品研发与生产外包。公司通过以合同签约形式与合作伙伴企业或管理专家个人建立合作关系，建立合作式培训师机制，将培训课程的研发与培训，外包给那些管理专家或合作公司，企业无需在管理课程研发与生产方面进行投资。

最后，营销模式简单，易操作。主要通过电话营销模式实现销售。

但是，这类服务企业的致命缺陷是核心竞争力不足，代理类产品利润较低，缺乏战略成长性。这也是目前国内管理培训类公司难以做大规模的主要制约因素，大多数企业难以实现跨地区经营。

“早上好，李老师！昨晚休息的好吗？”水华问候道。

“谢谢，还好；在你们绿城四月还能看到雪景，这是极其罕见的啊！”李向阳微笑地邀请水华一起走到食品台前拿餐点。

当两人坐下共进早餐时，李向阳问道：“今天的会议文件准备好了吗？”

“财务部门已经准备好了，各部门负责人也完成了他们的工作总结报告。根据会议议程，今天首先由各部门负责人总结汇报部门季度工作与问题，然后讨论分析本季度公司经营管理中存在的问题，最后研究未来三个季度的工作计划调整。”

“目前员工队伍士气如何？”

“由于普遍没有完成业绩指标，大部分员工的士气相对比较消沉。”水华答道。

李向阳看着忧郁的水华问道：“公司其他两位副总对一季度业绩有何看法？”

“你知道申总管理作风，这种高压管理方式遭到部分下属的非议，认为他管理方式过于强势，没有给下属提供具体有效的业务支持。另外，企业实施再造后，他领导的营销中心在执行再造计划过程中不够敏捷，特别是在市场部与销售部门的工作配合方面，销售部门对市场部门的意见比较大。”

“你与尹总接触比较多，他比较关注咨询业务，希望多培育咨询业务客户，工作表现还是比较积极。”

随后，水华又介绍了公司其他方面的信息。

8：50，在水华总经理的陪同下，李向阳博士进入东方公司的会议室，那里已经有数位管理人员在等候。在李向阳与大家相互问好时，又有几名管理人员陆续进来就座，打开笔记本电脑整理着各自的发言稿。

9：00，常务副总经理申山先生宣布会议开始，各部门负责人依次进行第一季度的工作汇报。

去年刚刚加盟的销售一部总监白冰先生在汇报完工作后，着重指出：“我们第一季度未能完成业绩指标的主要因素集中在以下两个方面。首先，主要客户身份发生了巨大变化，由以往的企业客户群向行政事业单位客户群转移；我们以往面向企业客户的销售数据与销售方式，无法为开发事业单位客户提供支持，这需要公司能够提供政府关系资源，同时帮助开展必要的公关支持。另外，我们严重缺乏产品手册等销售物料，希望公司能够尽快加以解决。”

李向阳博士默默地在电脑上记下“客户群转移、政府关系支持与销售物料”等内容。

“我的工作汇报主要集中在以下三个方面。”公司创业元老、销售二部总监菲翠小姐讲道。

首先，管理培训业务方向不明确，是以工商管理总裁班为主，兼顾其他培训产品，还是以公司的卓越管理课程班为主，营销中心一直没有明确，业务指令持续发生变化，造成销售人员无所适从。另外由于业务方向不确定，来自以往三个业务部门的销售人员，统一管理也有一定困难，相互之间缺乏交流。我曾多次找申总沟通，却没有从根本上解决这一问题。

其次，既然公司决定进行销售资源整合，就要培养业务人员的系统产品线销售能力，但是直到今天，市场部门没有对系统产品线的销售组织销售培训，除熟悉自己以往的单个产品外，销售人员对于其他产品缺乏营销能力。

最后，与其他销售部门一样，产品手册等物料供应在上个季度一直影响我们的销售，特别是三月份进入销售高峰期后，销售物料更是严重短缺，希望公司尽快解决。

对于各销售部门所反映的产品营销培训与销售物料支持的问题，在随后市场部经理汪民先生的工作汇报中，并没有给出合理的解释。

“这反映出两个方面的问题，首先是营销中心领导在系统营销管理能力方面的薄弱。其次，市场部工作缺乏统筹规划，难以为各销售部门提供有力支持，最终造成营销中心业绩严重下滑。”李向阳博士一边思考一边在电脑上总结记录着。

14：30，会议继续进行，首先财务部门介绍了各个部门的销售收入与费用开支情况，由于第一季度销售业绩指标偏低，公司经营陷入亏损；另外，财务部门对第二季度的收益预期同样不理想。对于参加会议的所有管理人员来讲，这应该是大家最担心的问题（一旦公司经营亏损，公司将暂停绩效奖金的发放）。

行政中心负责人随后与各部门讨论员工业绩表现，对于个别工作业绩低劣的员工，建议各部门将名单提交人事部门。

鉴于公司经营亏损，与会的部分管理人员提出，目前解聘那些业绩差的员工，将会产生较大负面影响，甚至有人当场提出是否调整业务模式，仍然按去年业务管理模式运营……

水华认真听取大家的不同意见，并将这些意见一一记录下来。

16：30，李向阳博士将今天的会议内容总结为“客户身份转移、政府公关资源、产品营销培训、业务策略、产品手册与亏损”，并为参会人员做经营管理辅导。

“首先，我向奋战在营销一线、努力迎接金融危机挑战的广大员工表示问候！”李向阳以此为开场白展开这次辅导。

“在过去的三个月里，各位付出了巨大努力，都希望将工作做好。但是，由于种种因素制约，导致公司业绩下滑、经营出现亏损。那么问题究竟在哪里？如何扭转不利局面，这是我们应关注的核心。”

“首先，我们应非常清醒地认识到，我们为什么要实施组织再造计划？因为经营环境发生了变化——特别是客户需求与竞争对手发生了比较大的变化。我们原来单一的产品销售模式，既无法满足变化后客户需求，同时由于竞争对手变化，造成产品利润大幅度下降，这是我们每一位管理人员无法接受又必须接受的事实。另外，原来各销售部门业务人员仅销售一种产品，造成销售人员的综合业务能力多年来无法得到提升，一直困扰着大家。正是为了适应市场变化、解决这些问题，我们在今年年初制订与实施组织能力再造计划。”

“其次，有的同事可能会感到疑惑：为什么实施再造后我们的经营业绩却不升反降呢？是否新的业务模式没有以前的模式有效？我们是否有必要返回以前的模式？对此我们必须客观分析，不能因为一时的挫折，就怀疑我们自己制定的战略——在过去三个月外部环境并没有发生变化。另外，任何企业在实施组织能力再造时，其销售业务都会受到不同程度的影响，一般会在前3～6个月出现10%～25%的业绩波动，这就是企业再造过程中必须支付的战略性成本。”李向阳就这些大家关心的问题一一进行剖析解答。

“最后，目前我们在业务运营方面遇到的问题主要表现在三个方面，一是缺乏产品手册等销售物料，二是缺乏系统产品营销知识与技能培训，三是部分业务需要公司组织资源公关，拿下重点大客户。这些都是业务运营层面的问题，需要我们结合以后实际工作解决。”

李向阳博士逐一与各部门讨论业务关系、销售策略和资源配置情况，希望帮助参会人员恢复信心。

会议结束后回到总经理办公室的水华，却在思考着另外一个问题，他认为这个问题更为重要，同时他希望在晚上的高层管理会议上，获得其他高级经理人员的认同与支持。

是否坚持

19：30，李向阳博士列席了公司高层管理会议，集中讨论白天会议上部分管理人员提出的返回去年业务模式、停止组织能力再造计划的意见。

总经理水华先生首先阐述了自己的意见，他认为："目前员工的销售能力有限，解决员工能力的培训工作将是一项长期任务；另外，公司在运营管理方面无法满足业务需求，公司领导分工需要进行适当调整；因此，基于市场竞争需要，我认为应暂停公司再造计划，返回过去的业务管理模式，仍然让各部门专注他们熟悉的单一产品，发挥销售人员的特长，快速实现市场突破，提升公司经营业绩。"

对于水华的意见，包括李向阳博士在内的其他参会人员都感到极其意外，一时不知所措。大家相互望了一眼，各自思考着如何就这一问题与水华总经理进行讨论。

在经过短暂沉默后，负责公司业务实施的尹总发表自己的意见："目前我们确实遇到一些困难，销售工作进展不太顺利，我相信所有管理人员都很焦虑。我们是否可以根据李老师下午的意见，认真分析总结一下，集中力量解决一些关键性问题，推动与改善我们的业务状况。对于是否暂停公司再造计划的实施返回到以往的模式，我认为需要慎重，毕竟我们已经为这次再造付出巨大代价，如果返回以前模式，代价是否会更大?"

与尹总相比，负责营销中心工作的常务副总经理申山先生的心情较为复杂。

在年初讨论公司再造时，总经理水华开始是不同意的。作为公司常务副总经理的申山先生，基于公司长远发展战略考虑，他认为公司应实施组织再造。在这一点上他与尹总认同管理顾问李向阳博士的战略分析，三个人在公司再造这一重大问题上达成共识。

由于水华的不同意见，在公司年度战略决策第一次会议上，组织能力再造提案被否决。会后，申山多次找总经理水华沟通，详细介绍销售队伍与业务模式存在的问题与发展弊端，讨论分析组织再造后新模式将缔造的核心优势以及营销平台建设对企业未来发展的战略贡献。正是由于申山的不懈努力，扭转了水华的决策思想，认同了组织再造方案，在后来的公司战略决策会议上被全票通过。

但是，由于自己营销管理与市场策划方面存在的不足，公司实施再造计划后，自己所负责的营销中心各项工作进展缓慢，特别是作为营销工作的核心策略支持部门，市场部的工作一直未能抓住工作重点，致使市场部的营销策划工作，没有能够及时为销售提供业务策略支持和培训帮助，造成从以前各销售部门整合到一个部门的销售人员，缺乏明确的工作目标，严重影响他们的销售业绩；另外，包括产品手册在内的营销物料设计制作工作严重滞后，直接导致销售部门缺乏营销弹药，失去一次又一次的战机。

近一时期，申山不断地进行反思，难道是组织再造计划错了吗？

“申总有什么意见？”

水华的提问打断了申山的思绪，他抬起头看看水华，又环顾一下其他人的表情，心情沉重语气缓慢地陈述自己的意见。

“对于第一季度业绩，我有着不可推卸的责任。由于营销管理工作的失误，造成公司亏损，我感到非常痛心。”

“这几天我一直在思考，将公司再造后的业务模式与我们过去的模式进行对比，我认为我们的组织再造计划是正确的。特别是今天听了李老师的总结分析后，更坚定了我的观点。正如李老师所讲的那样，目前我们面临的问题不是战略性问题，无论是关系资源配置、业务策略，还是产品手册供应等，这些都是业务运营管理方面的问题。我们可以通过调整领导分工使这些问题得到解决。我们不宜返回以往的模式，这是我的意见。”

两位副总的观点，使水华感到十分惊讶，他将目光投到李向阳博士，希望获得李老师的支持。

看着水华的目光，李向阳完全能够理解他的心情。对于水华来讲，一个非常难以接受的现实是第一季度的亏损，这也是李向阳无法回避的重要问题。

“大家都陈述了自己的意见，我建议大家在会议结束后，再与各部门员工做一些沟通，多与他们讨论一下目前业务问题的解决策略，在此基础上，再与各部门负责人讨论我们是继续坚持组织再造计划，还是返回到以往的业务管理模式。”

李向阳并没有给大家一个明确答案，而是给了一个思考的意见，这令水华感到不解。

企业为了未来长远发展而实施组织能力再造计划时，一定要付出相应代价，这个道理水华非常理解，问题是如何平衡组织能力提升与利润收入的关系，毕竟企业能承受的再造代价是有限的。

22：30，通往郊区的快速公路上车辆稀少，水华一边开车一边继续思考着这个问题。

如果你是东方阳光管理咨询公司的总经理水华，该怎样选择？

组织再造贵在坚持

李　刚　DBA　清华大学 HTR 企业家研修中心首席管理顾问

东方阳光管理公司总经理水华先生所遇到的问题，是目前许多本土企业都面临和需要解决的问题，无论是服务型企业还是制造型企业。进入 21 世纪后，随着经营环境的变化、特别是在目前全球经济低迷时期，企业以往的成功模式，已无法满足客户需求。企业能够扭转这一不利局面的最佳方式，就是实施组织能力转变与提升——开展企业组织能力再造，主要包括战略转型、组织转型、业务转型、管理转型、客户与市场转型、业务模式转型等，通过创新再造企业新的竞争力。

水华及其领导的东方阳光管理公司，无疑选择了一个正确的战略方向，他们面临的关键问题是如何管理这次组织能力再造？这正是大多数本土企业家所缺乏的。

企业组织能力再造的管理，涉及三个层面的问题：领导者的信心、再造过程中出现的问题管理和公司组织再造的成果管理。

再造信心最重要

当然，正如水华所担心的，企业所能承担的再造代价是有限的，应如何平衡组织再造与经营收益之间的关系？

任何一个企业在制订组织再造计划时，将会设定阶段再造管理目标、再造效果预期和再造成本预测。如同李向阳博士所讲的，实施组织再造计划后的东方阳光管理公司，将会在 3 ~ 6 个月的时间里业务收益产生 20% 左右的波动，特别是在第一季度的业绩波动会大一些。如果业绩波动是在计划预期范围之内的，东方阳光公司的管理团队应坚持既定管理目标，不应受到其他因素的干扰，这是因为，此时恰恰是考验公司领导的战略信心与魄力的关键时刻，一旦领导者缺乏冷静，产生心理动摇，整个团队与企业的变革信心将会一触即溃，为再造所付出的所有努力都将付之东流。

例如，在本世纪初中国区第三大本土电脑生产商思达电脑股份公司，为了适应市场变化，提高企业竞争能力，曾实施了业务流程管理再造。但是，在受到业绩下滑和部分管理人员提出反对意见的影响后，由于集团总裁叶龙先生未能客观分析与解决再造过程中遇到的关键问题，自己首先放弃了再造方案，使企业返回以往的管理模式，导致思达集团在付出巨大代价后业务流程再造失败、叶龙本人在几个月后被董事会解职、思达电脑股份公司在十几个月后被收购的悲惨局面。

与此对应的是在思达变革之前，本土著名家电品牌美的集团，已经在总裁何享健先生的领导下，实施组织能力再造的管理战略；美的再造的第一阶段，遭遇到思达集团类似的问题：业绩下滑、部分管理人员与合作伙伴抵制、公司信心波动等，这些问题也曾极度困扰着美的集团管理团队，公司内部流言四起、人心浮动。但是，公司核心领导人何享健先生力排众议，坚持改革，执著地推动公司再造计划的实施，最终使美的集团脱胎换骨，在近十年的激烈市场竞争中脱颖而出，成为今日中国家电市场第二大品牌。

根据盛元博韬咨询机构对大量企业的再造实践研究证明，影响企业再造有一个非常重要的因素是领导者信心，再造变革考验的就是公司领导人的战略信心；在那些失败的企业中，有 78.4% 的企业是由于公司领导对企业变革缺乏信心造成的。因此，能否成功再造，关键看变革过程中领导者及其团队的表现。

东方阳光公司管理团队中，两位副总思路清晰，目标明确，坚持既定管理目标；而身为总经理的水华，是否有足够的信心和决心领导公司完成这次组织再造，这才是东方阳光公司面临的关键问题；公司领导团队需要重新审视组织再造的战略价值、帮助水华先生重新建立变革信心。

集中力量实现突破

在本案例中，困扰东方阳光公司的主要问题集中在以下三个方面。

第一，各销售部门业务定位不明，特别是销售二部，以什么产品为主导来统领其他产品，一直困扰着这个部门的主管与业务人员。

第二，面对行政事业单位这一新市场，公司关系资源缺乏有力支持，使销售人员陷入孤军作战。

第三，产品手册与产品培训严重缺乏，一方面造成业务人员不熟悉产品线结构，缺乏产品知识与销售技能，另一方面造成销售物料无法及时供应销售前线。

这些问题造成东方阳光业务进展受阻、经营收益下降、员工情绪波动。很显然，水华以及其团队成员缺乏公司变革管理方面的经验，被以上表面困难所迷惑；特别是第一季度出现经营亏损后，直接导致总经理水华不仅失去继续变革的信心，可能因此丧失改革的胆略与勇气。

如果水华与他的团队能够透过表面分析以上问题的根源，就会发现，目前东方阳光面临的核心问题，是如何采取措施实现业务层面的重点突破，以稳定公司队伍的信心，而无须讨论是否需要返回原来的管理模式——因为企业组织能力再造的战略方向是正确的，关键是如何执行。正如东方阳光副总经理申山思考的那样，他们在执行再造计划过程中，出现了不应出现的问题，一旦解决这些问题，其他问题就迎刃而解。

首先，销售部门业务定位与销售方式。

即各销售部门以什么产品为主营销售产品，并以什么方式开展销售。如果能够科学解决这一问题，就能够有效解决其混乱的销售行为，使广大销售人员清晰地展开工作。

其次，公司关系资源分配。

由于再造过程中销售人员对新的业务模式较为陌生，他们会感到迷茫；此时公司领导与管理人员必须深入一线，身先士卒带领业务人员开拓市场。因此，公司领导层应根据各销售部门业务需要，积极配合，调动一切关系资源，协助销售人员，开展销售活动。如果领导者不能以身作则，公司业绩将会一落千丈，员工信心遭受重创。

最后，产品销售培训。

对于新的产品线结构，销售人员一定急需公司组织产品知识与销售技能等方面的培训，虽然这不是一个短时间内完成的工作，但是越早越快越好，否则，因为对产品的无知，将使业务人员无法开展销售工作，给企业造成损失。

与产品培训相关的一个重要内容就是销售部门一再提到的产品手册等的准备，销售物料是开展上述工作的基本保障，这一点绝不容忽视。在第一季度，如果东方阳光公司能够保障上述销售物料及时供应，销售人员应可以利用以往优势实现一定销售业绩，不至于造成公司亏损。

管理企业的转型成果

盛元博韬的管理实践研究表明，管理企业的组织再造，可以将再造的总体管理目标分解为数个阶段目标。管理者可通过对阶段目标的管理，有针对性地推进再造计划的实施，而不是期盼那遥不可及的战略目标。每完成一个阶段的目标任务，就应及时通过激励管理，总结经验成果，为后续阶段工作奠定基础。

在经过一个季度组织变革调整后，东方阳光公司虽然出现了许多经管理方面的问题，但是，正是由于各种问题的充分暴露，广大管理人员与员工对公司转型有了更深刻的认识和理解，从而认识到自己在工作能力、产品知识和业务管理方面的不足。

例如，在已经过去的一个季度工作中，部分领导者并没有将大部分时间与资源投放到转型工作中，否则，将不会出现在销售部门急需公司提供关系资源时却得不到支持的现象。再如产品手册的设计制作，如此重要而基础性的工作，竟然连续两个多月没有改善；这是因为公司领导对市场部工作的轻视还是由于忽视了这一工作的重要性造成的？

上述问题所反映的正是阶段目标应管理的范畴。如果东方阳光公司能够在第一个月设定出这一进度每个月的再造管理目标，而不仅仅是经营性业务指标，就会避免这些问题的发生。而这恰恰使水华与他的团队，能够有机会通过自己工作的调整——包括工作方式与资源配置等方面的调整，使以后工作更加有目的和针对性。因此，水华与他的团队应在以后的工作中，加强对再造各个阶段目标的管理，通过对阶段目标的管理，逐渐实现公司组织再造的管理目标，进而完成企业的组织能力转变。

任何企业的管理再造，都伴随着管理变革的发生，这是一个痛苦的过程。正是在经历过艰难的变革痛苦之后，一个个崭新的更具竞争力的企业浴火重生，迎来他们下一个黄金发展时期。因此，公司再造贵在坚持，坚持你的变革信心，坚持推进再造计划的决心，坚持阶段目标的实现，坚持激励再造过程中表现优异的员工，坚持对未来的美好憧憬。

虽然水华与东方阳光现在很痛苦，但是如果能够继续坚持公司的再造计划，他们一定有机会收获美好未来。

第三篇

员工管理与公司实践

案例 7：如何管理员工的本质

生 命 危 机

——员工需要的是工资还是梦想

强烈的探求欲、直接、尖锐、不听话甚至有些挑衅……年轻的“80 后”、“90 后”突入职场，使得企业中的“前辈们”措手不及。

看不惯？与之大战？还是不动声色将其招安？

新生代不好管，也不会管，这几乎是所有的中国企业正在面临或即将面临的问题，还没有哪个企业敢说找到灵丹妙药。在富海的案例中，我们甚至看到管理者因管不好这些新生代而发生的生命危机。富海决策者采取的几项应对策略，从企业的现状来看，似乎没有错，但放在这样一个新生代发展的大环境下，其实效性有待商榷。

那么，如何看待这些新生代的问题？

《孙子兵法》中一句话说得好：“兵无常势，水无常形，能因敌变化而取胜者谓之神。”

案例作者：安　妮　李　珊

学术指导：李　刚

评论专家：刘春雄　李　刚　陈　江　王　鹏

Gongsijueze

一阵急促的电话铃声将胡敏从睡梦中惊醒，他就着夜灯散发出的微弱光线，拿起床边小柜上古色古香的电话听筒，刚问一声你好，电话里就传来他的老部下富海集团总裁盛理焦急而抱歉的声音："老板您好，非常遗憾这么晚打扰您。但是，事情确实非常紧急，必须立即向您汇报。"

"没关系，请讲。"胡敏好像已经感觉到发生了什么事情。

"半小时前又有一名21岁的青工坠楼，现在警方已封锁现场，法医确认这名青工已经死亡。"富海集团总裁盛理在电话中报告着。

这已是鹏海市富海工业园今年发生的第十起、本月第二起员工跳楼自杀事件。数月来持续困扰着胡敏的员工跳楼事件，不仅使他感到心身疲惫，更感到自己将不得不面对的企业战略危机。

"不知新闻媒体这次又要如何表达他们的热心了。"稍停片刻，胡敏说道：

"看来我们必须采取上次你的管理提案。你安排一下，我明天乘坐早班航班到鹏海。"胡敏向电话里的盛理指示道。

"好的，明天我亲自到机场接您。"电话里的盛理已不那么紧张了。

"90后"危机

次日早上，一架大型"空中客车"在蔚蓝色的天际中，向着鹏海市方向飞翔。在前仓靠舷窗边一张宽大舒适的航空椅上，坐着富海集团的董事长胡敏。他面带倦意两眼布满血丝。昨晚放下电话后，他一直无法入眠，思考着如何处理他人生中遇到的最大挑战。

二十多年前，他在鹏海开设了富海集团在中国内地的第一家生产工厂，开始为一些电子企业代工各种零部件产品。通过整体猎捕竞争对手研发技术团队、准军事化管理和低薪加班制度三大经营秘诀，使富海集团在鹏海的制造业务高速发展，由一个百十人的初级小厂发展成为四十万人的超级代工基地，为那些著名的跨国企业提供贴牌生产服务，集团的全球营业收入更是达到二兆新台币，成为目前世界上最大的电子代工企业。

望着窗外几朵时聚时散的白云，胡敏想到与此相似的富海集团利润水平，内心感到一丝丝无奈的苦涩。

由于代工业处于产业链的最低端，近几年富海集团的利润率一直呈现出下降趋势，去年受世界金融危机影响更是创出历史最低。以往通过制度设计最大化利用中国人力成本资源建立的世界代工生产优势，已经难以持续。特别是目前在生产一线的广大员工，“80 后”、“90 后”员工已超过 60%。与其父兄们打工赚钱改善家庭经济条件的目的完全不同，这些“80 后”、“90 后”员工辞别父母远离家乡来到城市工作，是为了摆脱祖辈生活的农村移民到城市中，追求和享受美好的城市新生活。对于富海集团 20 年一贯制的准军事化管理制度、连续高强度单调乏味的生产方式，多数人从内心无法接受。长期加班无法使身心获得休息和应有的调整，使大部分员工产生程度不同的精神忧郁症，相当一部分员工在富海公司 3 ~ 6 个月后辞职到其他企业工作，而个别员工甚至滋生出厌世情绪，进而导致跳楼事件的连续发生。

“他们为什么要选择自杀？”胡敏自言自语道。

从第一位员工跳楼开始，胡敏就在思考这个问题，他问了自己无数遍，却无法找到一个令自己满意的答案。以他 60 多岁高龄的既定思维模式，他不仅无法预想这些“90 后”员工的思想动态，更无法理解他们为什么会在花样年华选择死亡。

为了安抚死亡员工的家属，帮助他们减轻失去亲人的悲伤，本着人道主义原则，富海集团对每一位死亡员工的家庭提供了 10 万 ~ 60 万元人民币不等的“捐款”。但是，出乎管理层预料，恰恰是这笔价值为普通员工 10 ~ 30 年工资总和的“捐款”，不仅没有刹住“问题”员工们跳楼的轻生行为，反而刺激了极个别员工厌世情绪，产生了仿效连锁效应。

飞机落地时产生的颠簸打断了胡敏的思绪，他稍微休息片刻，就在助手的帮助下起身向到达厅走去，盛理已经在那里恭候多时了。

当豪华的奔驰轿车离开鹏海机场后，盛理开始向老板详细汇报公司面临的情况。

“胡董，目前公司多数员工的情绪还比较稳定，少部分员工情绪有些波动；我们已经通过心理咨询服务中心向员工们提供心理辅导。”

看胡敏没有讲话的意思，盛理继续介绍道：“新闻媒体方面反应比较强烈，各种媒体记者云集公司，希望与我们领导人对话了解情况。根据计划安排今天下午召开记者招待会。”

“地方政府方面有动作吗？”胡敏问道。

“市长助理安泰先生来过电话，说请你明天到市政府参加由社保局组织的专题会议。”

“专题会议？看来此事已惊动了政府，这需要引起我们高度重视，妥善处理好。”胡敏指示道。

盛理答道：“好的，我们已根据应急方案，谨慎地组织展开各项工作。”

生与死的选择

看着部下小兰和公司人力资源部的人员在那里整理着昨晚去世的刘军的遗物，乐红还沉浸在失去下属的悲痛中。

昨天夜里自己班里年仅21岁的刘军，在连续工作14个小时下班，回到居住着12名员工的宿舍二十分钟后，翻身从七楼的开放式过道上跳下坠地而亡，结束了自己年轻的生命。

来自湖南山区的刘军，大专毕业进入富海集团公司被分配在乐红管理的生产线工作，一年来工作表现比较突出，已成为乐红手下的生产骨干。

但是近三个月来，乐红发现刘军精神有些萎靡，通过沟通了解到刘军宿舍的九位室友陆续辞职，新进来的员工都是18岁左右的农民工。由于缺乏共同语言，相互之间很少交流。再加上每天连续工作10~12个小时，这些新员工慢慢也产生出厌烦情绪，彼此之间不时会发生一些不愉快的冲突，使居住12个人本已拥挤的空间弥漫着一种令人窒息的气氛。

生活在这样的环境中，使刘军感到极度不适。成为富海集团正式员工后，他每月完成规定工作可以得到900元工资，但这样的收入标准在鹏海市仅够维持自己的生存。如果希望获得更多的收入，只有加班或升职。

由于富海集团是采取军队管理等级划分方法的，内部职位系统极其复杂。其中普通员工分为员级和师级，员级分为员一、员二、员三，师级分为十几级；每个级别的薪资不同，而管理职位则从组长、课长、专理、经理、协理、副总经理、总经理、副总裁和总裁等。一般员工需要2~3年才有升职的机会，这对员一级的刘军显得极其渺茫。

“师傅，这是刘军写的遗书吧？”小兰流着眼泪将一张书写纸递给乐红。

乐红默默地打开刘军给自己从未走出过大山的父母的遗书：“亲爱的爸爸妈妈你们好，现在我从富海跳下去，你们不用伤心，因为富海多少会赔点钱”。这仅有一句话的遗书，乐红心中一阵酸痛，泪眼婆娑地将遗书交给人力资源部的人员：“请你们与其他东西一起保存好吧。”

在富海集团有90%像刘军这样的员工，为了增加工作收入被迫选择放弃休息时间通过加班赚取加班费。每天工作近13小时，每周连续工作七天，使本应朝气蓬勃对生活与未来充满梦想的刘军，被工作慢慢吞噬掉青春与活力，成为富海集团庞大的、高速运转永不停息的、生产机器中的一颗螺丝钉，每日机械的加班、加班、加班……

乐红看着日益消瘦的刘军，曾多次劝他下班后到公司大门外参加员工自己组织的舞蹈活动，希望以此减轻刘军的压力，唤醒他身上的青春与梦想。性格内向的刘军却对喧闹的群众舞蹈活动没有兴趣，他将自己少有的业余时间投向网上，将自己以前的梦想寄托在网络的虚拟世界中。

“师傅，这是刘军的遗物。”小兰将刘军遗留的所有衣服和物品集中在一起，包成两个包裹——一包是衣服、一包是生活用具。

看着眼睛红肿的小兰，乐红知道，刘军在世时，无论是工作还是生活方面，对小兰都格外照顾，虽然小兰刚到富海集团工作不到两个月，乐红发现小兰对刘军的感情已经超出同事之间的普通感情。

“三天前他为我的事被保安殴打后，曾对我说，与其这样受人压迫地活着，还不如跳楼给家里换60万元的赔偿金。当时我以为他是在说气话，谁想到他昨天真就跳楼了”小兰悲痛地说。

乐红知道小兰是指三天前发生的一件令小兰难以释怀的事件。

三天前小兰下班在路过厂区大门时，一个保安看她长得楚楚动人，就以检查为名拦住小兰对她动手动脚。同行的刘军上前制止时，反被那个保安指责妨碍检查，然后纠集几名当班保安将刘军一阵殴打，等乐红得知消息赶到现场后阻拦时他们方才罢手。

在富海集团，像这种保安借工作之便殴打员工之事，已成为潜规则，而公司管理层对这种现象听之任之，大有制度化合法之势，严重伤害了广大员工对企业的信任与尊敬。想到这里乐红自责地言道：“都怨我平时没有照顾好他。”

“小兰，你也不要太悲痛，保重自己的身体。将这些东西交给公司人力资源部吧，他们会转交给刘军的父亲，他老人家后天就到了。”乐红安慰小兰下楼后，望着小兰的身影，殷切地希望小兰能够从悲痛中走出来，可是令乐红没有想到的是，这一别竟成为他与小兰的永诀。

乐红环顾了一下刘军生活过的宿舍，忧伤地转身向公司的会议厅走去，那里马上要召开公司的记者招待会，听说集团董事长胡敏会亲自参加会议。

生命挑战

乐红并不是“普工”，八年前他大学毕业后进入富士康，通过“新干班”的培训后，成为“师级”的员工，管理着新产品的生产导入工作。但是工作强度同样很大。在这八年里，他几乎每天都要加班到夜里零点以后；除管理生产线外，他还要经常穿上特制的工作服在无尘工作室里工作4个小时以上，目前每月算上加班费，他可以拿到5000多元工资。但是，由于长期加班和缺水，不久前他刚刚做了肾结石手术，身体尚处于康复期。刚过三十岁的他憔悴地看上去像四十多岁。

与刘军一样，八年前自己大学毕业时曾满怀希望和人生梦想踏入社会，希望通过努力工作改变自己的命运，成为城市中的一员。甚至还幻想着能够积蓄一笔钱在城市购房安家，将一辈子生活在农村的年迈父母亲接到城市安度晚年。

但是，现实使他的这些梦想破灭了。在富海集团工作前几年，他每月仅有2000~3000元的工资收入。为了多赚钱他拼命加班，基本上没有业余生活，没有时间恋爱。去年与一位刚刚分到同车间的女中专生闪电结婚，才搬出生活了六年多的八人集体宿舍，在附近租房安家。

一阵喧闹声打断了乐红的思绪，他看到董事长胡敏在数位集团领导的陪同下来到会议厅，一群记者蜂拥其后，闪光灯发出阵阵刺目的光芒。

“各位记者朋友们，你们好！欢迎大家来到富海集团，我知道大家一直关心我们富海公司最近发生的员工事件，希望知道我们将采取什么措施避免再有类似事件发生。下面有请我们集团董事长胡敏先生回答各位关心的问题，并介绍我们集团将采取的管理措施，谢谢！”总裁盛理主持这次具有特殊意义的新闻发布会。

“尊敬的胡董，今年贵公司已连续发生了十次员工跳楼事件。请问这种不幸事件以后还会再发生吗？”一位南海都市报记者抢先提问道。

“我们将采取一切必要措施，例如设立员工心理辅导咨询服务中心、加强对个别情绪不稳定人员的管理、增加与员工沟通的工会工作人员，以及计划封闭园区内所有宿舍走廊等，以保证不再发生此类事件。”胡敏态度坚决地回答。

“你好胡董，富海集团非正常死亡的员工数量为什么这么多？你们对死者家属做了哪些方面的安抚工作?”一位电视台记者提问道。

胡敏激动地答道:“我可以负责任地讲，富海集团的员工死亡率仅为十万分之一左右，是控制在政府规定范围内的。对于那些不幸去世的员工，我深感悲伤。为了向死者表示哀悼、向其家属表示问候，我们富海集团向那些遭遇不幸的家庭提供了一部分捐款，希望能够给这些家庭微薄的帮助。”

一位网络媒体记者问道:“请问胡董，社会上反映说个别员工自杀是由于贵公司提供高额赔偿金造成的，你怎么看待这一意见。”

“我们没有向死者家属提供过死亡赔偿，因为他们并不是因公殉职。富海集团仅是出于人道主义而向他们的家庭提供一部分捐款。另外，我相信绝不会有员工为了获得公司捐款而选择自杀。”

乐红站起身提问道:“董事长先生，公司连续发生员工跳楼事件，是否暴露出我们在对待‘80后’、‘90后’员工管理制度方面存在缺陷。有许多员工特别是那些已经辞职离开的员工普遍反映，富海集团没有给他们未来的希望，在这里工作更无法实现他们的梦想。对这些问题你怎样看待?公司将如何杜绝此类事件进一步恶化。”

胡敏意识到这位提问者是自己企业的员工，他思考片刻后说:“公司领导层已经认识到管理制度的不足，虽然在近半年我们采取了许多措施，做了许多工作。我们同时认识到，作为企业，我们没有办法担负起全部的社会责任。公司已经在考虑将工业园内部的宿舍移交给政府来管理，同时以后将终止高额捐款行为。”

会场上发出一丝波动。“另外，公司决定在近期为全体员工加薪30%，保障广大员工每周得到一天的休息。作为管理措施计划的一部分，企业希望与员工共同担负起责任，集团决定与全体员工签订《不跳楼协议》，以维护企业环境。”胡敏继续讲道。

对于公司加薪决定，乐红感到有些意外。而老板提出的《不跳楼协议》更使他产生恐慌，这意味着在富海集团承受着工作生活双重压力的广大员工，连选择死亡的权力也将被剥夺。想到这里，他不禁起身离开了会场，在他走出会场的同时，他做出一个重要决定:辞职离开富海集团——虽然他已经为这个企业贡献出自己青春年华中最美丽的八年。他不能忍受自己继续在一家没有社会责任甚至公然违反国家法律的企业工作，他希望能够与自己的妻子一起立刻离开这家公司，到一个新的环境中去创造实现美好的人生——八年工作经验告诉乐红，在富海集团他永远无法实现尚残留在自己记忆深处的梦想。

胡敏在结束了记者招待会后，又赶到鹏海市社会劳动保障局，参加该局为富海集团的“跳楼门”事件而召开的专题工作会议。除鹏海市的多位主要领导外，参加会议的还有几所著名大学的专家教授和全国总工会的调查组成员。

21：30专题会议结束，胡敏陪同全国总工会调查组回到富海工业园，稍微吃些食物，他就回到小会议室，与富海集团的几位主要领导开会讨论下一步的工作。

1：50，胡敏回到五星级的富海酒店总统套房，他脱下外套，用冷水洗一下脸，疲惫地在沙发上坐下，虽然是深夜，他却没有一丝睡意。

通过给员工加薪30%能够从根本上杜绝跳楼事件的发生吗？

在目前竞争激烈的全球市场环境中，如何消化因加薪所产生的成本？是通过提高生产线自动化程度减少用工数量，还是将工厂向人力成本低的地区转移？

刚才的高级管理会议上，人力资源部报告说，记者招待会结束后，一下收到数十名中基层管理人员的辞职报告。负责公共关系的副总裁报告说，鹏海市电视台已经将他承诺的保障员工每周休息一天的讲话在时事夜话栏目播出，社会各界反应极为强烈，认为这一决定有悖国家的劳动法。

鹏海市政府的市长助理安泰在22：10打来电话，告诉他明天上午11：00，有一位重要的高层领导要来鹏海，希望他10：30到市政府等候领导接见。另外，安泰还通知他，国家人力资源和社会劳动保障部的调查组将于后天到达，请他安排接待组织工作，积极予以配合。

一阵急促的门铃声打断胡敏的思绪，他看了一下表，3：10已经是深夜了，会是谁来打扰他。

胡敏起身打开房门，盛理站在门外激动地说：“董事长，刚刚有一位名叫小兰的女工跳楼了。”

身体开始倾斜的胡敏被盛理及时扶住，搀扶着在沙发上坐下。

假如你是胡敏，你如何解决富海集团面临的战略性危机？

问题的性质

刘春雄　销售与市场高级研究员　郑州大学管理工程系副教授

从富海公司采取的措施看，他们在着力解决正常问题，却没有采取措施解决异常问题。正常问题，不论采取多少措施，还是会不断发生。

在没有发生连环跳楼之前，富海公司是个好企业，好得似乎一切都好。发生连环跳楼事件之后，富海公司突然成了问题企业，似乎一切都有问题。

其实，富海公司还是那个公司，并没有因为连环跳楼事件发生根本性的变化。突然发现有那么多问题，于是治病的药方一单接一单，却并不见病情好转。

这，就是富海公司目前的处境。好像哪里都有问题，但真正的问题在哪里？

搞清问题的性质，才能真正解决问题。

正常问题和异常问题

我们首先要搞清楚哪些是正常问题，哪些是异常问题。

有人跳楼，这是正常问题。

员工跳楼超过一定比例，这是异常问题。

富海公司员工跳楼的比例是否超出了社会平均？没有，这就是正常问题。

别的企业，员工跳楼没有引起关注，而富海跳楼引起了关注，这是异常问题。

富海公司的管理人性化程度不高，这是正常问题。因为这是中国企业共同面临的问题，这是每个快速发展的国家都曾经面临的问题，富海公司难以独善其身。军事化管理、低薪加班，这是正常问题。这是中国作为“世界工厂”付出的代价。流水化作业的跳楼比例高，这是正常问题。日本企业流水线作业的跳楼比例也很高，我们不能因此抛弃流水线作业。

同样的问题，其他企业没有受到关注，而富海受到关注，这是异常问题。

“90后”不好管，“90后”不会管，这是正常问题。因为所有中国企业都面临这个问题，还没有哪个企业敢说找到灵丹妙药。“90后”的管理问题，既是“90后”自己的问题，也是社会问题，富海公司可以探索，但要求富海公司独自解决“90后”的管理问题没道理。

“90后”的问题，在富海公司变得那么严重，这是异常问题。

富海仅在解决正常问题

从富海公司采取的措施看，他们在着力解决正常问题，却没有采取措施解决异常问题。

正常问题，不论采取多少措施，还是会不断发生的。工厂搬迁无助于解决问题，难道内地建厂就不用中国人吗，就不用“90后”吗？签订《不跳楼协议》，既不解决正常问题，也不解决异常问题。提高跳楼者“补偿”，既不解决正常问题，也不解决异常问题，甚至不能解决死者问题，只能解决死者家属问题。“补偿”甚至给跳楼者增加最后一点“勇气”。减少低薪加班时间，一定会降低中国企业的国际竞争力，如果找不到其他增加竞争力的有效手段，中国经济可能因此受损，每个中国人都可能因此受到影响。

富海公司最大的问题，是没有着力解决异常问题。

为什么在中国很普通的问题，而富海成为“标的”。这就是异常问题。中国的社会问题已经积累到足够的烈度，需要一个典型事件引起关注。很不幸，富海公司不幸“中标”。“中标”之后的无助，这才是富海公司的问题。

切入点

在社会变革时代，会有一些“顶级”企业成为社会问题的焦点。

20世纪初，美国一些企业曾经面临相同的问题。为了解决这些问题，美国创立了“公共关系”这门学问。当大企业不幸“中标”成为社会“出气筒”时，公共关系让社会了解了真相。

而现在是网络时代，传统的公共关系已经失效。近两年的一系列事件表明，中国企业普遍不适应网络时代的公共关系。在连环跳楼事件中，富海公司不幸被网民“押上审判台”，而我们看到了富海公司在网络时代的无助。

既然事件是通过网络扩散的，那么，问题也只能通过网络解决。既然很多问题都只是正常问题，而只是富海被过度关注了，那么，就必须让公众了解真相。很可惜，富海公司采取的多数措施，都只是使它更加被关注，从而更加难以从公众视线中脱身。

企业不仅仅是生产产品

李　刚　DBA　清华大学HTR企业家研修中心首席管理顾问

富海需要对员工队伍进行知识技术升级，从用工大户升级为技术大户，使集团成为以技术立世的企业。

经营之神松下幸之助先生曾经问松下公司新员工：“松下公司生产什么?”当大部分的新人回答“松下电器”时，幸之助先生予以否定：“松下公司生产的是‘松下人’。”

在数十年前，松下幸之助曾为松下公司制定出250年的企业发展规划，他希望松下能够通过250年的努力，成为受世人尊敬的企业，成为推动人类社会文明发展的世界最优秀公司之一。为实现这一旷世伟业，他首先提出培养“松下人”的战略要求，希望通过培养一支优秀的“松下人”军团来缔造出松下帝国。幸之助先生不仅为自己、为松下公司、更为全体松下员工塑造出宏伟愿景，使每一位松下人树立起人生的梦想，并为实现这一梦想而努力工作。

对比松下公司，案例中的富海集团是一个企业缺乏愿景、员工缺乏梦想的公司。

作为超级代工企业，富海集团二十年如一日利用人力成本优势，将数十万员工定位成一种虚拟的生产机器人，使这些一个个年轻而鲜活的生命，成为其生产线中获利的一种工具，通过人力成本差价谋取利益。这就造成富海集团长期以来，对员工的管理演变为对虚拟机器的管理，其准军事化管理与加班制度就是其管理思想的最后体现。

这种视员工为物体、缺乏人文关怀、不能通过企业愿景为员工创造梦想与未来的管理环境，到2006年以后，终于遭遇到大规模步入职场的“90后”员工的严峻挑战。

就像案例中的乐红、刘军和小兰一样，富海集团近40万“80后”、“90后”员工，是怀着对未来美好生活的憧憬，从大学、深山、农村告别父母千里迢迢进入企业工作，每个人都有着自己的梦想，这是他们生命的动力。

但是，当他们跨入富海集团工作一段时间后发现，自己仅仅是富海集团高速运转生产机器的一部分。整日面对着几近严酷的保安体系、准军事化的生产管理、没有节假日的连续加班、拥挤不堪、人际冷漠的宿舍环境，他们的梦想破灭了。没有休息时间，没有文化生活，没有机会恋爱，没有希望，没有未来，有的仅仅是看不到尽头的加班、加班、加班。于是，在这些年轻的员工群体中，忧郁开始诞生、郁闷开始发芽、厌世情绪像病毒一样地传播与扩散着。

看不到希望、人心已死，生命就失去价值。极度压抑的生命一旦遭遇一丝火花，就会引爆悲剧发生——因保安殴打的刘军、因刘军之死而放弃生命的小兰、因……

这就是富海集团董事长胡敏先生所面对的生命危局。

20多年将富海集团铸造成世界最大代工企业的过程中，胡敏没有为这个企业注入一种与时代同步的企业文化，没有培养出一大批有理想、有抱负、有激情与梦想的员工队伍，更没有通过引进先进的生产技术，使广大员工升级为有知识有技术的产业技术工人。20年后的今天，富海集团仍然采取20年前的生产方式——通过大量农民工的简单装配性生产，为豪华的世界品牌提供着精美而低廉的产品加工服务。连续运行近30年的富海商业模式，使胡敏先生丧失了商业模式的创新能力，特别是对生产豪华品牌产品的“90后”一族员工，他的30%加薪、封闭宿舍阳台、签订不跳楼协议、员工宿舍管理外包等方式，均是一种治标不治本的方法，他没有从公司战略高度分析他和富海集团所面临的战略挑战，也没有从战略竞争角度研究商业模式的创新——特别是对“90后”员工管理模式的创新，这使胡敏及其富海集团在未来付出的代价将远远高于这次“跳楼门”。

鉴于此，我建议胡敏与他的管理团队采取以下策略，挽救那些年轻的生命和庞大多病的富海集团。

首先，重新研究富海集团未来要成为一个怎样的企业，是成为一家受员工爱戴、世人尊敬的公司，还是成为一家缺乏愿景、没有梦想、病毒性文化盛行的企业？在此基础上用公司愿景统领企业的战略再造，用愿景鼓舞每一位富海人。

其次，作为世界制造大国，中国正逐渐丧失人力成本优势。富海集团以往传统的劳动密集型商业模式所构建的竞争优势不复存在。在新的竞争环境下，胡敏先生需要调整富海集团发展战略，用现代商业性理念开展商业模式的创新，由劳动密集型向技术密集型企业转型，构建基于自动化生产业务模式的管理模式。通过对员工队伍的知识技术升级，从用工大户升级为技术大户，使富海集团成为以技术立世的企业。

最后，在全球一体化环境下，未来企业的竞争核心是人。企业不仅仅是生产产品，更重要的是生产出优秀的员工。

胡敏先生应更新企业经营观念，树立现代经营意识，领导富海集团建立起青年员工发展培养制度，使每一位员工能够通过既定通道获得成长与发展，重新帮助广大员工点燃心中理想的火焰，引导“90后”一族踏上正确的人生旅途。只有当员工获得基本的人权尊重，看到发展的希望，才能由一个连续加班碌碌无为的“机器人”变成一名有理想、有抱负、有生命、有激情、能创造的员工。能否建立起优秀员工培养管理机制，建立一支激情四射、年轻有为、有知识技能、有理想追求的员工队伍，将成为考量富海集团管理模式再造的关键指标。

胡敏先生以及所有的企业家需要牢记：企业经营的不是产品而是有生命有创造力的人。一旦失去人，企业就不复存在。

把脉新生代员工

陈　江　管理学博士　海南师范大学经济与管理学院副教授

新生代员工多是在赞扬声中长大的，长期形成了激励的心理依赖，企业自上到下都形成积极主动发现别人的优点、亮点并给予及时鼓励反馈的企业文化，将能很好地满足新生代员工的心理需求。

短短不到半年的时间，富海集团已经连续出现了十几起员工跳楼事件，事发员工多是“80后”、“90后”，准军事化管理与这些新生代间的冲突暴露无遗。富海集团公司目前在生产一线的员工，“90后”已超过60%，若不认真反思，把脉新生代员工的特点，创新管理模式，恐怕类似事件还会持续上演。

新生代的优缺点

新生代员工的优点是非常明显的：他们年轻活泼、有朝气；乐于接受新生事物；思路敏捷，有开拓意识，同时也敢于创新。然而，由于新生代员工绝大部分是独生子女，是在父母的百般呵护的环境中、在父母不断地激励及赞扬声中茁壮成长的，同时，独生子女从小开始家庭里就缺少兄弟姐妹彼此间的竞争，所以他们身上暴露出的缺点也是非常明显的。

一是容易以自我为中心，过于注重自我，不大愿意主动关心他人，也不愿意积极主动地去适应外部环境的变化，更多的希望外部环境来适应他们；

二是由于缺乏历练，吃苦耐劳的精神明显不足；

三是对自己的评价不容易客观，往往过高估计自己，不能很好摆正自己的位置，不能很好正确面对和接受一些现实生活；

四是由于从小习惯了鼓励和赞美，造成抗压能力较差，容易产生挫折感，碰到问题和困难，往往不能以积极主动的态度对待，而容易自暴自弃，甚至做出一些常人都无法想象的极端的事情。

新生代员工的这些性格特点，就决定了他们不能很好地适应纪律严明、强制化约束的准军事化管理。加上其他来源于家庭生活、情感等各方面强大压力，他们往往无法承受，自己也不能很好地进行自我调整，在缺乏人文关怀的封闭式管理企业中，他们又无法从同事、上级和内部其他人员处得到援助支持，他们极易选择做出一些极端的行为。

优化的新生代管理

富海集团要避免类似的不幸事件发生，只能结合新生代员工的特点，优化或创新适合新生代员工的管理模式。我认为优化管理模式的创新方向主要有以下几个方面：

实行轮岗的管理制度

标准化的工作流程，时间一长必然会造成职业倦怠，适当的岗位轮换，员工可以不定期地转换从事不同类型岗位的工作，可以带来更多的新鲜感，工作的心情也会更加顺畅。

塑造“赞赏”企业文化

新生代员工多是在赞扬声中长大的，长期形成了激励的心理依赖，企业自上到下都形成积极主动发现别人的优点、亮点并给予及时鼓励反馈的企业文化，将能很好地满足新生代员工的心理需求，给他们营造一个良好的氛围，让他们身心快乐地投入工作。

引入参与管理

参与管理的引入，一方面可以让新生代员工化消极地服从转变为积极主动地参与，降低他们的抵抗心理，另一方面，每个人都有自己的特长和优势，参与管理能集思广益，充分发挥他们的聪明才智，为企业献计献策，很好激发他们的创造性。

引入员工援助计划（EAP）

从企业层面向需要提供帮助的员工在生活和工作等方面支援和帮助，一方面让新生代员工能感受到企业对他们的人文关怀，另一方面当他们真正出现问题或碰到困难时，能从组织层面保障他们有寻求支援和帮助的渠道，确保他们能顺利渡过难关。

当然，创新管理的方向可能还有很多，但有一点必须要注意，不管采取何种新的管理方式或手段，必须符合新生代员工的特点，才能取得事倍功半的效果。

管理创新打造和谐企业

王　鹏　宁波广博文具公司

社会在变化，管理主体的需求在变化，而我们的管理方式和管理手段却没有改变。

案例中这些失去的年轻生命让人扼腕不已。这样的企业，就是通过僵硬式的管理方式实现了生命的不可承载之轻。这绝不是简单的企业问题，关乎社会、企业、个体的多重影响。

根源问题

中国的发展承接了世界发达国家的初级制造产业的转移，虽然给中国的财富积累带来了机会，但也带来了社会的价值导向的改变。从以前的劳动者最光荣，到追求金钱、崇尚名利，均是当前社会处于转型时期，人们“彷徨、恐慌、焦虑”的普遍心态。

中国的制造企业家，往往关注的是国外的技术引进、国外的资本进入、生产设备的购买，但如何在立足本土化的国情上进行管理创新关注度非常低。笔者观察，在中国的很多制造企业中，大量的基层管理者都没有进行过正规的学习，也是从基层员工中逐步成长起来的。他们可能是能力较强的个人英雄，但要管理好一个团队，照顾好每个成员的心态，可能就有所欠缺。特别是又没有有力的管理方式和方法，粗暴式的态度、侮辱式的言词，造成了基层员工流失率大和长期的精神苦闷。

新生代需求什么

媒体常常说，现在是“第二代农民工”或者是“新生代农民工”。这些人群到底需要什么？我曾经因为工作的关系管理过“85后”、“90后”的一帮新生代员工，包括现在还有一些在我身边工作着。他们很在意工作时的心情和状态，以及现在的工作平台是否有发展和学习的机会，而不是仅仅为了较高的收入，如果直接管理者不能“以身作则”进行启发式和人性化的工作方式，是很难留住员工的。特别是中国已经逐步进入了“老年化社会”，如今“招工难”是每年年初各企业面临的问题，外来务工人员也面临更多的就业机会。外来务工人员在选择工作时，不仅是对劳动收入的单一选择，更会考虑到工作环境、工作对象、工作荣誉等多方面因素。社会在变化，管理主体的需求在变化，而我们的管理方式和管理手段却没有发生变化。

管理者成服务者

那么案例中的企业如何改变这种局面？笔者的观点是进行管理创新。

对基层管理者的培训加强：企业发展离不开人的因素，特别是在相当长的一段时间内，中国的制造企业还是处于制造环节中。制造企业中生产环节更多的是通过几千人或者几万人，乃至几十万人完成的。这些基层管理者中的班组长、车间主任起到承上启下的作用，也是基层务工人员大部分时间接触的领导。对这些基层管理者加强培训，让其掌握更好的管理方式、方法，会更好地提高工作效率。

企业文化的重新建设：一个企业的内部文化会缓和矛盾的劳资关系。但企业文化绝对不是简单的一两句口号或者是游泳池、健身场所这些硬件设施，而是让整个企业员工能够感受到的文化氛围和人文环境。面带微笑的人群、优美的企业环境、能够包容错误的管理制度、畅通的投诉渠道、经常的企业文娱活动，提倡学习的文化氛围等这才是企业文化的具体体现，让员工在工作之外感受到企业的亲和。

加强对务工人员的关注：加强对基层务工人员的关注，不仅仅是工资的提高，更有对其职业规划、人生发展、生理健康、情感需求的多方位关注。从企业的高管则需要改变“官本位”的思想。当管理者变成服务者，当平等尊重取代强硬指示，相信现实生活中众多类似富海的企业会有更和谐的企业内部环境，这些企业也会不断的自我超越和发展！

案例 8：
如何管理创业元老

元　老　之　弊

一起严重的生产事故，将缺乏生产工艺和设备管理知识、不懂技术盲目管理的张勇等一批创业元老们充分曝光：如何管理这些在华泰集团成立初期做出过重大贡献，具有高度责任感和职业忠诚度的元老级员工，成为董事长华英必须面对的重要管理问题。

案例作者：安　妮
学术指导：李　刚
评论专家：李　刚　杨　钢

Gongsijueze

“华总，昨天的生产线停车事故原因已经查明，主要是由于机电车间没有及时对关键设备进行维修，生产线疲劳运行造成设备损坏。”华泰集团总裁办主任马军向总裁华英先生报告道。

“负责生产的李副总有什么意见？”华英问。

“李强副总认为，生产调度主任张勇应对这次事故负主要责任，他擅自修改了生产线定期维修计划，没有按时组织生产线检修。”马军答道。

华英站起来说：“张勇？他可是生产一线的老人，怎么会出现这类问题？”

“是的，如果这几位老的管理人员再不调整的话，李副总以后的工作很难开展。”马军帮助分析道。

“事情估计不会严重到这种地步，请你通知李副总下午两点钟来一下，我向他了解一下具体情况。”华英安排到。

目送马军离开，华英思考着一个问题。

近一段时间，他不断听到来自各方面的反馈信息，从不同角度反映像张勇这样的一批创业元老们，由于对生产工艺和设备技术管理知识的缺乏，与新引进的生产管理技术人员发生冲突，被指责不懂技术盲目管理，影响到生产的正常运行。对于这些传言信息，华英开始不相信，无论是张勇还是游刚，都曾在公司成立初期，在极其恶劣的环境下，艰苦创业，勇挑重担，为企业做出过重大贡献，表现出高度的责任感和职业忠诚度。正是基于他们对企业做出的贡献，才一步步成长到他们目前担任的管理职务；虽然他们文化知识水平有限，但根据他们长时间在生产一线工作的经验，怎么会盲目指挥，甚至影响生产？

但是，这次发生的重大生产事故，使华英认为需要认真对待过去的一些基层信息，慎重处理这件事。

丧失学习能力的元老们

刚刚结束生产业务例会的李强，接到总裁办主任马军的电话，马军在电话里通知他，集团总裁华英约他下午两点钟在总裁办公室见面，沟通一下生产系统管理方面的问题，并希望他对部分老的管理人员的工作情况有所准备。

放下手中的电话，李强打开办公电脑，开始汇集近一个时期生产系统在组织管理方面出现的一系列问题。

作为主管华泰集团生产管理的副总裁，李强是刚刚空降到华泰四个多月的高级经理人；来华泰前他是一家大型国有企业的生产经营副总经理，受朋友之邀加盟在本地区较有影响的民营企业华泰集团。

接手华泰的生产管理工作后，经过对华泰各生产分厂或车间调查了解，发现华泰的生产管理极其薄弱，生产工艺标准、设备运行管理标准和产品检验标准几近空白；生产一线的员工既缺乏标准的操作培训，又不能按设备运行标准定期开展生产设备的保养与维护，造成生产线时常因为某一台设备故障而停车，给企业造成不必要的经济损失，使华泰的生产运行受到严重影响。

以上问题暴露出华泰集团各级生产管理人员专业素质的不足，大部分管理人员是从生产车间的员工中选拔上来的，他们大多数人文化水平低，年龄偏大，缺乏现代生产管理知识。生产运营缺乏最基础的管理数据，标准化管理更是知之甚少，仅是凭借经验维护着生产线的刚性运转，而管理人员们更多时间是在充当救火队员的角色。头痛医头，脚痛医脚。

不错，这些创业元老级管理人员，确实曾经为企业做出过特别贡献，但他们自身条件已经无法跟上企业发展步伐。

“这支队伍需要改造，不然的话，很难摆脱目前的生产困境。”李强整理出一份下午谈话的纲要后，希望下午与总裁华英进行一次深度沟通，争取就生产系统管理队伍目前存在的问题，共同讨论出一个解决方案。虽然，他预料会有一些困难，但他相信如果企业要发展，必须跨出这一步。不仅仅是华泰集团，任何一个企业必须解决好创业元老的问题，企业才能获得更好的发展。

管理队伍建设

14：00，李强在总裁秘书飞雪的陪同下，来到华英的总裁办公室。

“你好，李总，请坐。”华英热情地招呼李强坐下，然后吩咐秘书：“飞雪，请给李总沏一壶极品毛尖。”

“你好，华总！我希望向你汇报一下近期的工作，同时讨论一下生产系统管理队伍存在的问题。”李强一向以简洁率直的工作作风闻名，一见面他就向华英说明自己的期望。

“我们原来的管理基础比较薄弱，这段时间辛苦你了！”华英问候着，亲手给李强斟上茶水。

“马军主任上午已经向我报告了这次生产事故的基本情况，所以我想就这次事故所暴露出的问题，倾听一下你的意见。对于生产系统部分管理人员，特别是一些老同事的意见。”华英道。

“华总，关于这次生产事故我也有责任，我请求集团给我处分。”李强道。

“李总请不要误会，关于事故处理，属于你的职权范围，我一定不会插手的。这次请你来，不是为了追究责任，而是希望与你沟通了解生产系统存在的问题，帮助你改善生产管理工作，”华英坦言道。

“华总，近一时期，我组织有关人员对公司的生产业务进行系统的调查发现，虽然我们企业的生产运行已经有三个年度了，但是生产管理仍然停留在试运行阶段，基本的设备管理标准、生产工艺标准和产品质量控制标准体系都没有建立起来，生产管理处于原始的经验管理阶段，与你对集团公司设定的总体管理目标存在较大距离。”李强简要介绍自己近期的工作后，继续阐述自己的意见。

“这次生产事故以及造成的经济损失本来是可以避免的，正是由于我们现在的粗放式经验化管理，导致了事故的发生。”

“例如，根据生产调度计划，上周机电车间应该对生产线进行停车检修。而生产调度处主任张勇则根据个人工作经验，擅自更改检修计划，以节约维修成本为名，将这次检修任务与下次检修工作合并。而他的老部下、机电车间主任游刚由于工作原则性不强，缺乏工作魄力，对张勇的指示言听计从，放弃了这次例行计划检修，最终造成生产设备疲劳运行，导致事故的发生。”

“以前发生过此类事件吗？”华英问道。

“根据一线生产技术人员反映，过去三年来，经常发生类似事件，只是没有这一次严重。”李强道。

“既然经常发生，张勇他们怎么没有向我报告过？”华英疑惑道。

李强解释说：“问题的根源是，张勇他们至今没有意识到这类事件与设备疲劳运行有关；或者说是他们过去将此类设备事故，均作为正常设备故障处理，而没有认识到或根本不知道，这是由于设备缺乏定期检修维护造成的设备事故。”

“他们已经管理这套生产线三年了，难道他们认识不到这一问题的严重性吗？”华英问道。

“这不是他们是否认识的问题，而是他们缺乏生产线管理的专业技术知识。这与他们过去的工作背景有关。他们这一批生产管理人员，过去基本上是一线生产工人，年纪大、文化知识少、不会使用计算机等现代办公设备开展管理工作、更缺乏学习能力，这些已成为制约他们学习新知识提升管理水平的主要因素。”李强分析道。

“怎么会出现这些问题？你要知道，张勇他们过去曾经凭借着对企业的忠诚，承担过非常艰巨的生产线试车工作，为企业的建设做出重大贡献。”华英质疑道。

“这并不奇怪。在企业建设初期，企业需要的是张勇他们吃苦耐劳艰苦奋斗的创业精神、敢想敢干的工作作风和对企业的忠诚。这对于生产线的试车运行具有不可估量的价值，正是这些造就了张勇他们这批老的管理人员。特别是前两年，生产设备都是新的，不会出现大的设备事故。张勇他们的粗放式经验管理，才能够保障企业最基本的生产要求。”李强为华英分析着。

“但是，为保障生产线的长期生产运行需要，管理人员需要根据每一台设备的运行磨损情况，制订定期的设备维修计划，对逐渐开始老化的生产设备，进行定期维护和检修，使各生产设备处于良好运行状态。这就需要专业化管理素质，这是张勇他们所不具备的。”

“另外，现代企业的生产管理，追求的是专业化、技术化、标准化和精细化管理，考量的是管理人员专业化知识与管理技能；而张勇他们却不具备这些。”

李强最终向华英提出自己的意见：“我承认，他们确实在过去为企业做出过贡献，他们对企业的忠诚也不容怀疑；但是随着企业的发展，他们的知识与能力，已不能满足企业现在以及未来的管理需要，不适合再继续担任目前的管理职务，集团应考虑调他们到更合适的工作岗位上去。”

李强讲到这里，发现华英想打断自己的讲话，就向华英做了一个暂停的手势后继续道：“我知道，对于你来讲，将这些创业元老调离管理岗位，是一项极其艰难的决策。但是他们现在已经与部分知识型管理人员，在工作中时常产生冲突，严重影响到企业的生产运营。”

“各个车间员工对这次事故有什么反应？”华英问到。

“各车间员工反应很大，一是对调度工作失误的张勇，二是对有管理责任的机电车间主任游刚。另外，广大员工对于营销部门出现的违规事件也是议论纷纷，大家在观望着公司如何处理这两次事故的主要责任人。”李强答道。

“李总，如果对张勇他们予以严肃批评，然后能否再给他们一次机会，在你的领导下通过培训学习和专业指导等方式，帮助他们完成专业化提升？”华英提出一个李强曾经预想到的问题。

李强略加思考："这个问题我也多次考虑过，但最后我否决了这一想法。为什么会否决这一设想？坦率地讲，第一，他们有着较强的抵触情绪，不会接受培训；第二，他们难以完成这样的培训任务，因为他们几乎已丧失了学习的能力，我们曾经组织过此类培训，他们的培训效果非常不尽如人意；第三，他们如果继续留在目前的管理岗位，将会给企业造成更大的损失，这是你、我和广大生产系统的员工所难以接受的。"

"好吧，李总，我感谢你提出的这些管理意见。请你和马军主任今天下午17：00时，组织召开一个生产系统班组长与骨干员工座谈会，到时我也安排时间参加，倾听基层员工对这次事故及这几位管理人员的意见，然后我们明天再讨论如何调整问题。"华英道。

送走李强，华英看着自己办公室墙壁上挂着的一幅集团成立两周年的全体管理人员照片，一个个鲜活的感人故事又一一浮现在脑海里。

对于这些曾经在企业创业阶段做出过贡献的老员工，如何根据他们的工作能力，将他们调整到合适的工作岗位，既不挫伤他们的工作积极性，又能够使他们保持以往对企业的忠诚、对新的管理者与员工产生正面影响？

期待变革的员工

17：00，在集团办公大楼的五楼大会议室，已经坐满了来自生产一线的员工，他们中有的是生产车间的骨干员工，有的是企业成立时招聘的第一批老员工，有的是班组长和工段长，也有生产调度室管理人员。由于昨天的事故会影响到这个月的绩效考核，大家的心情比较激动。

在面向主席台的墙面上镶嵌着的"锐意进取、永不言败"八个大字，这是华泰集团的公司理念，也是华泰从无到有、从小到大创业精神的真实写照。

"请大家安静一下，现在我们开会。"马军负责主持这次座谈会，他站在报告台前对着话筒讲道。

会议室安静下来后，马军继续道："今天我们召开一个座谈会，请大家就昨天的生产事故谈一谈每个人的意见；今天集团华总也来参加会议，希望倾听到你们的真实想法，以便公司在以后的工作中进行改善。"

大家将目光转向在主席台就座的华英，会场出现暂时的寂静。

"各位同事，下午好，对于这次生产事故，我深感痛心。为了在以后的工作中不再发生类似事件，希望大家对我们的生产管理工作提出意见或批评，帮助企业改进生产运营管理；无论大家的批评多么激烈和严厉，我们将虚心接受，认真改进公司管理工作，绝不辜负你们的信任。”华英诚恳地表明自己的态度。

“华总你好！”机电车间一位年龄大约有50多岁、头发有些花白的老技师站起发言：“我们大家非常感谢你创办这个企业，使我们有了工作机会。但是，对于目前企业存在的各种管理弊端，我们深感忧虑。就拿这次生产事故来讲，本来是完全可以避免的，就是由于调度部门的个别干部无视设备状况，不听机电车间的劝告，一味地赶产量要进度造成的，这种现象已经不是第一次了。请问，像这样不懂技术的管理人员，为什么还能获得公司重用？”

老技师的发言，在会场内引起一阵议论，使原本心情复杂的员工们，情绪更加高涨。有几位年轻的基层管理人员开始跃跃欲试。

“我来讲几句。”一位来自第二生产车间的青工站起接过话筒：“我们第二车间从试车生产到现在已经两年了，由于产品销售不畅，两年来生产线一直开开停停，造成生产不连续、产品不稳定，职工收入偏低。公司为什么不选派有能力的经理改变这种局面，任其连续两年出现经营亏损？”

一位女生产组长站起发言：“第二车间运行两年来，直到目前为止，没有生产工艺标准，没有产品技术标准，没有产品检测标准，整个生产技术控制在个别人手上。请问华总，公司为什么默许这样的人长期担任二车间领导？”

华英极其重视这些发言，他让马军一一做好记录。

“华总你好，仅有小学文化的调度主任张勇，对这次生产事故负有直接管理责任。我们这些新员工有一个疑问，公司为什么聘任年纪大、文化低、既不懂技术也不懂管理的张勇担任生产调度主任这一重要管理职务，难道像部分老员工所讲的确实因为他是你的亲戚吗？”一位新入职的大学毕业实习生发言道。

“你提的这个问题比较有代表性，特别是在新员工中。说到张勇，你们这些新来员工可能并不完全了解他。你们知道当初他们是在怎样艰苦的环境下工作的吗？你知道张勇曾经为企业做出过何等贡献吗？张勇的职务，是他用自己对企业的忠诚、勤奋劳动的汗水和工作成果换来的，这与他的出身没有关系，希望你们能够更加深入客观地了解他。”华英解释道。

“华总你好，我们知道，张勇主任曾经为第一车间建设做出重要贡献，但是以他的能力，确实无法领导生产调度室的重要工作。对于这些曾经为企业创建做出过贡献又不适合目前管理需要的管理人员，公司计划如何安排他们？”

一位老资格的车间主任问道。

“这也是困扰我的问题。作为企业领导，我希望所有的员工能够跟上企业发展的步伐，不希望有员工掉队；对于一些资格老又无法跟上企业发展步伐的员工，我们希望能够寻找到合适的解决办法，希望广大管理人员与员工提出一些有建设性的意见，帮助公司解决这些问题。”华英道。

“请问华总，根据公司总裁办的调查，营销部门有多名销售人员出现挪用公款的问题。乔东作为营销副总经理，他负有不可推卸的责任。公司准备如何处理这些员工和管理者？你是否会由于乔东以往的工作成绩而予以袒护？”一位年轻的生产组长提到最近在公司影响极坏的恶性事件。

……

员工们的发言越来越多，提出的问题越来越尖锐，其中有许多问题是华英以前没有听到的，他的内心非常痛苦，为这些公司元老们，同时也为企业。

座谈会结束后，华英回到自己办公室，他久久无法使自己平静下来。

一方面是曾经对企业忠心耿耿、为企业做出贡献的公司元老，一方面是对企业未来发展寄予厚望的广大干部员工；正如李强所讲，华英面对这一选择，他非常的痛苦和矛盾。

如果你是华英先生，你将做出怎样的管理决策？

基业长青兵如水

李 刚 DBA 清华大学HTR企业家研修中心首席管理顾问

古人云：铁打的营盘流水的兵。

作为华泰集团的总裁，华英先生应深刻领会这句古语的深刻含义。因为，目前他所面临的管理困惑，就是企业中的水——管理人员的更新。

企业是以人为中心构成的具有生命属性的经济运行体，人是企业最核心的战略性要素，这使企业建立起以人为核心的内部生态环境系统；这一生态系统具有自我调节自我更新的功能，企业在不同历史时期，需要具有不同职业特长的员工，以满足企业发展对不同员工技能需求。在每一个特定时期，企业需引进一些能够符合企业未来发展战略需要的员工，同时应淘汰一些不符合企业发展要求或跟不上企业发展步伐的员工。

案例中张勇等一批华泰集团的创业元老，在企业发展初期，以对企业的忠诚和吃苦勤勉的工作作风，为企业的发展做出重大贡献，这在华泰集团的创业史上，在任何时期都需要肯定和树立的创业形象。但是，就像华泰集团副总裁李强先生所讲，华泰集团现在以及未来的管理，是科学化、规范化、标准化和精细化管理，这要求管理人员具有现代管理知识和技术，显然张勇等元老们是不具备这些条件的。如果华英强行将张勇等元老们继续留在目前的管理岗位，华泰集团就会出现以下三种情况。

第一，由于新引进的知识性管理人员与张勇等人的思维和管理方式不同，造成新老管理人员之间的矛盾更深，最终排挤走新的管理人员。

第二，张勇等人继续坚持经验管理模式，进而给企业造成更大生产损失。

第三，张勇等人的管理行为，将失去生产一线员工的支持，造成生产环境的混乱与低效，并会出现劣币驱逐良币现象，部分优秀员工陆续会选择离职。

相信华英先生一定不愿看到这样的结果。虽然张勇他们为华泰的发展曾经做出过贡献，但这并不意味着企业要给他们一个管理职位，使他们凭借以往的贡献在这些职位上享受余生。

现代企业应建立有效的激励机制，通过立体多样化的激励工具，奖励不同时期为企业做出贡献的员工，特别是创业元老们。唯有如此，企业才能形成一个持续进化的内部生态系统，使员工队伍产生合理的流动，不断吸收新鲜血液，使企业队伍保持激情与竞争力，促进企业持续健康发展，成就长青基业。

华泰集团元老问题的背后，暴露出的是中国本土企业在发展过程中，缺乏科学的人才成长与管理机制，即人才通道管理问题。

人才通道管理，主要是指企业人才的开发、使用、评价、奖励、晋升和隐退管理机制，这对于尚处于人事管理阶段的中国本土企业，是一个新的管理挑战。

要解决目前华泰集团生产系统存在的管理问题，关键是要处理与安置好张勇这一批创业元老们。因此建议华英通过建立激励机制，奖励元老们在特定时期为企业做出贡献。具体方法如下：

首先，对元老们给以荣誉加经济激励，使他们获得应有职业回报，兴高采烈地离开管理岗位。

例如，柳传志先生在20世纪90年代就是以此方式劝退联想的十多位创业元老，为杨元庆郭为等一批年轻人创造出新的工作环境，推动联想一举成长为中国区最大的IT企业集团。

其次，对于部分年轻的元老，应送他们到大学深造，使他们通过学习开阔视野、转化观念，掌握现代管理知识技术，提升职业竞争力。

例如，联想在2005年国际化征途上，对在职业能力方面无法满足企业国际化管理的全球首席运营官刘军等人，企业及时将他们送到哈佛等大学充电，使他们获得新的职业生命。

最后，对于部分责任心强或有一技之长的元老，安排他们担任一些顾问、导师、教练等职位，发挥他们的专业特长，使他们成为技术专家而不是管理专家。

例如，比尔·盖茨在数年前，将微软公司董事长一职让位于鲍尔默先生后，自己担任首席技术官，在技术领域发挥自己的职业特长。而在许多跨国公司的顾问委员会、技术委员会、企业大学等机构，有许多“老人”在那里发挥自己的余热。

私谊与制度的权衡

杨　钢　北京爱维龙管理咨询公司总经理

如果华泰集团不公正处理严重违反制度的张勇、乔东等元老，那么华泰集团很难健康的成长壮大，因为这种现象会使员工认为：所有的规章制度都是可以商量的，所有的规章制度都可以违反，因为违反了不会受到任何处罚。

考虑到张勇等元老在华泰集团发展过程中做出了许多贡献，对华泰集团忠心耿耿，同时也考虑到华英先生的个人感受，笔者认为可以采取以下方法来解决。

方法一：离岗不离职，充电再竞聘

即解除张勇、乔东等创业元老的管理岗位，由公司掏钱送至大学商学院脱产学习两年，期间的生活费由华英先生个人定期支付，待到学成归来后，再竞聘上岗。

这种方法不仅可以解决张勇、乔东等创业元老知识、素养和技能低下的问题，全面提高他们的管理水平和素质技能，还可以将重要的管理岗位腾空，留给优秀的人才，让华泰集团的发展更健康。此外，还解决了张勇、乔东等创业元老的后顾之忧——对创业元老而言最可怕的不是失去工作，而是失去工作的能力和素质。等到他们两年学成之后，那个时候的华泰集团也会更加壮大，相信也会有更多的岗位空缺。而完成了学业的创业元老，相信不管是从知识结构还是思想素质上都有了很大的提高，加上对华泰集团的深刻了解，相信他们可以与那些职业经理人同台竞争。即便届时竞聘失败，因为经过系统的学习培训，他们在职场上也有了更多的选择空间和机会，不会因此而失去就业的能力。

让华英先生以个人身份支付两人的学费和生活费，也是考虑到将公和私分开——掏钱给两人支付学费和生活费是华英先生的个人行为，不是公司行为，不代表华泰集团的公司立场，这样可以堵众人之口，员工也不好就此抱怨了。

不过，考虑到李强副总在此前已经多次尝试过类似的办法但无果，所以华英先生采取这种办法有可能会遭遇阻碍。但是，如果是由华英先生自己向张勇、乔东告知这件事，结果可能会与李强副总出面不一样。

方法二：买断工龄，提供创业基金成为华泰集团的合作伙伴

张勇、乔东两位创业元老见证了华泰集团的发展，应该说他们并非一无是处，只是当华泰集团发展壮大到一定规模的时候，他们已经无法跟上华泰集团发展的脚步，但这并不意味着他们不能够创立一个小型的企业。所以，华英先生还可以采取一次性买断两位元老的工龄，提供一笔创业基金，让他们自行创业，成为华泰集团的供应商或者合作伙伴。

这么做有两个好处：其一，扫清华泰集团发展道路上的障碍，在发展壮大过程中将那些跟不上华泰发展步伐的元老以这种相对体面而且比较人性化的方式请出队伍，为吸引优秀人才创造条件；其二，通过买断工龄，也算是对创业元老过往贡献的一个交代，不会寒了创业元老和其他员工的心，在一定程度上解决了创业元老未来的生存问题。创业元老很了解华泰集团的业务，培养他们成为华泰集团的供应商或者合作伙伴，一方面是提供了一个缓冲的机会，不让他们在还没到退休的年龄就提前退休，另一方面也是实现了温和的处理，于公于私、于己于人都能交代。

退一万步讲，如果张勇、乔东两位如果真的连做供应商或合作伙伴都做不好，那么还有一笔买断工龄的钱，可以保障他们的余生衣食无忧。华英先生不可能照顾创业元老一辈子，公司毕竟不是家，华英先生也不是两位元老的家长——家长尚且管不了子女一辈子，何况是老板？

职场有职场的规则，公司毕竟不是家，每个职场人士都要考虑“时”和“位”的问题！创业元老切不可居功自傲，老板也不必良心不安，在公事和私人上感情还是要分清的好。宽容对于个人是一种美德，但在职场上，宽容往往是纵容的代名词，不仅害人而且害己！

案例 9：
如何管理企业绩效

绩　效　之　惑

绩效管理的轨道一旦出现偏差，企业运行的列车就会出现事故。

案例作者：安　妮
学术指导：李　刚
评论专家：李　刚　陈　江　杨　刚

Gongsijueze

“李老师，我感觉他们希望通过自动化的管理工具设置，解决目前遇到的管理问题，忽略了自身管理意识与管理能力的改进，已经陷入所谓自动化管理的误区无法自拔，这样下去他们会走弯路的。”亚细亚管理咨询公司董事兼副总经理常锦一边驾驶着欧宝轿车一边发表着自己的意见。

“他们一个个盛气凌人，大谈特谈自己的管理经验，却没有搞清楚四大指标的内在关系，这样的管理方式是多么的可怕。”亚细亚管理咨询公司的客户经理王晨小姐表达着自己的感受。

“他们已经步入弯路四年了，四年，多么高昂的学习成本！”亚细亚公司首席咨询师李华回应道。

是的，参加下午项目建议说明会的几位新科公司经理人，在会议后期与结束时的态度与表现，确实令人感到遗憾；他们不顾自己目前具有的管理能力，自以为是地大谈所谓经验与感悟（却没有效能的管理行为），而将我们所提供的管理意见抨击为“十年前、五年前”的管理方法，无疑是向我们旺盛的服务热情上浇了一盆冰水，熄灭了我们为他们服务的欲望，同时也伤害了我们的情感。

作为管理咨询服务商，我们希望帮助每一个中国本土企业与企业家成长，但受时间资源等条件的限制，我们又不可能为每一家企业提供服务，我们只能有条件地选择那些平等友好的企业，尽己所能帮助他们获得成功。

李华扫了一眼车窗外亮起的路灯，脑海中回放着刚才所发生的事情……

焦虑的企业家

二十天前，应新科公司副总裁成功先生的邀请，李华一行三人到新科公司拜访其董事长成青先生。

“欢迎你们来新科公司指导工作。”李华等人在新科公司副总裁成功先生的陪同下，来到宽敞的董事长办公室，成青热情地与李华等人握手。

众人一落座，成青董事长就目前新科公司人力资源管理方面存在几个具有代表性的问题，与李华进行交流。

“李博士，我们公司在人力资源管理方面有许多不足的地方，有些问题一直困扰着我，至今未找到合适的解决方法，希望获得你们的帮助。”成青坦诚地讲道，并分别提出自己最关心、最困惑的三个问题。

首先，在能力与数量等方面，我们管理人员的成长均跟不上企业发展对管理人员的需求；

其次，我们中原市是一个人才洼地，从外部招聘人才比较困难。过去我们也曾招聘了一部分管理人员，但他们在工作一段时间后，由于企业文化差异、新老员工之间的摩擦等因素造成人才流失；

最后，绩效考核是我们感到比较棘手的问题，我们试图采用众多指标考核员工，但发现以我们目前管理人员的管理水平，没有能力做到量化每一个考核指标，导致考核工作难以有效开展下去。

望着这位眼睛中充满焦虑与期待、年近六十的企业家，李华的心情甚是沉重。在他的咨询生涯中，曾多次遇到与成青先生相似的创业型企业家，大多数都存在着相同的管理困惑，这是一个迫切渴望帮助的群体，他们非常需要专家们的帮助，以便突破自己的事业发展瓶颈。

“成董，你所遇到的问题，可以概括为三个层面，即如何解决企业在快速发展过程中人才不足的问题？如何规划管理人员以及员工职业生涯？如何根据企业现有管理能力科学开展绩效管理？”李华总结道。

“是的，你概括得非常准确。”成青感叹道。

李华在接下来帮助成青先生分析以上问题产生的原因、相互之间的关系，以及解决这些问题的方式方法。

三十分钟后，双方通过以上问题的沟通，达成一定合作共知，同时，成青先生希望亚细亚咨询公司能够为新科公司提供绩效管理方面的咨询帮助。

随后，副总裁成功先生安排新科公司人力资源部海兰女士与李华等人进行沟通，海兰女士介绍了新科目前绩效管理的基本情况，提交一份公司级高级经理的绩效考核文件，双方针对这份考核文件的有效性与管理价值进行了讨论，最终达成初步意向。

根据双方约定，我们今天下午来新科公司参加项目建议说明会议，就绩效管理咨询项目进行沟通。

管理沟通

14：20，在新科公司总裁办会议室，李华向在座的数位新科公司经理人员介绍道：

公司抉择

“根据我们双方上次沟通了解到的基本信息，结合海兰女士提供的绩效管理文件，我们初步分析后认为，新科公司目前绩效管理工作存在的问题主要有以下六个方面。”

第一，没有将领导职责、管理职责与业务职责分离，考核工具的设计缺乏有效性；

第二，以评价普通员工方式的事务性指标评价公司领导者，缺乏引导性战略指标；

第三，采用的部分考核指标无法量化，导致企业考核工作步入绩效陷阱；

第四，以个人评价代替组织评价，缺乏绩效评价组织管理；

第五，绩效考核仅为评价认定员工的工作结果，成为核算员工收入的工具；

第六，没有通过考核找出绩效差距，特别是未能根据评价结果展开绩效改进工作。

对李华分析新科公司存在的管理问题，新科公司几位管理人员表示非常认同，这些问题一直困扰着他们。

根据新科公司绩效管理现状，李华用了近一个小时，有针对性地介绍了绩效管理项目的建议方案，特别就新科公司未来的三级绩效指标体系设计做了说明：

“鉴于贵公司目前绩效管理体系和管理工具存在的不足，根据平衡计分卡理论，我们建议由财务指标、客户指标、内部流程指标和学习指标构成贵公司关键绩效指标结构，以确保未来绩效管理的有效性。”

“为什么要建立基于财务指标、客户指标、内部流程指标和学习指标组成的绩效指标体系？”李华采取提问式沟通，与新科的管理人员讨论这个专业化难度比较大的问题。

“因为企业经营首先追求财务收益，这是企业经营的结果，而财务收益是由客户购买企业的产品服务所决定；企业内部的业务流程管理指标，决定着企业向客户提供的产品服务质量；而要健全内部流程管理，使全体员工严格遵守企业流程与管理制度，必须加强员工的学习，使员工通过学习，提升他们的职业化素质与工作创新能力，以此促进他们在工作中执行流程与制度的有效性，进而提高为客户提供的产品与服务质量，增加客户购买率与忠诚度，最终完成企业的财务目标，实现企业经营效益的最大化。”李建华解释道。

“你们如何通过新的绩效管理方案解决我们面临的以上六大问题？”新科公司的绩效主管问道。

“我们的方案建议通过三个方面：第一是建立科学有效的绩效指标体系，

第二是选择新科公司能够应用的考核工具，第三是建立绩效评价的管理组织与管理制度，实现绩效改进管理而不是目前的绩效考核管理。”李建华解释道。

接下来，李华采取教学辅导方式，一步一步地引导着新科公司在座的各位经理人员，建立起人力资源部经理的关键绩效指标框架，希望帮助他们树立起四类平衡关键绩效指标的系统管理意识。

“我们先简单以人力资源部经理的绩效指标设置为例，公司人力资源部经理所领导的人力资源部门，其首要任务是通过人力资源管理工作，确保整个企业完成经营目的，因此选择公司财务指标作为人力资源经理的财务指标。其次，人力资源部门要通过员工招聘与培训工作，为企业各个部门与单位提供专业服务支持，员工招聘到职率与员工培训计划完成率就成为其关键客户指标。再其次，人力资源部要负责管理公司的人力资源成本、控制员工流失率，这两项指标可作为关键内部流程指标。最后，人力资源部门的培训计划完成率（包括人力资源经理的培训）、部门管理创新可作为关键学习指标，这基本上构成人力资源部经理的关键绩效指标族。”

“当然，我们还可以根据其工作侧重点与绩效改进管理要求的不同，再适当调整关键指标族中部分关键绩效指标及其权重。例如，在内部流程指标方面，类似我们目前所讨论的咨询项目这类基础性日常工作，可以设置为阶段性考核指标等。”李华补充道。

“绩效指标一般多长时间调整一次?”人力资源部经理海兰问道。

“一般按季度为单位，主要是根据被考核者的绩效改进管理要求，双方进行沟通后进行调整；但并不是每个职位或部门都必须以季度为调整单位。”李华答道。

幼稚的自大

“人力资源成本控制指标为什么是人力资源部内部流程管理指标，而不是部门考核的财务指标?”新科的绩效主管突然提出一个令李华等人吃惊的幼稚问题。

“一个企业的人力资源成本管理，属于公司人力资源部门管理流程中的主要管理职责之一，企业员工人数与成本总额的管理权归属在人力资源部门，由人力资源部门负责管理，而不是由公司财务部门负责。”李华耐心地进行解释。

“请问对集团公司副总裁如何考核?”海兰经理提出一个比较现实的问题。

“首先，集团副总裁隶属于集团领导团队，对他的日常管理权归属在集团总裁处，对他的绩效考核权归属在集团绩效委员会。其次，作为集团领导团队成员，对集团副总裁主要是考核其领导责任，即他所负责分管的几个部门绩效评价得分，这是他的内部流程指标，其财务指标是集团财务指标，学习指标是他自己学习计划完成率。最后，对于集团副总裁的绩效评价频率，应以季度为单位，而不是贵公司目前采取的以月度为单位。”李华引导着他们离开新科现在的绩效评价模式，希望他们开展新的系统性思考。

“你们所推荐的方法是国外公司十年前、国内公司五年前使用过的。”成功不礼貌地评价道，他完全没有顾及具有三十年企业工作经历的李华的感受。

“我们目前采用的是公司领导每月工作述职方式，向公司总经理汇报其每月具体干了什么工作，然后根据其工作表现而不是依据其所领导部门工作业绩，考核公司领导人。我认为，作为一个副总裁他必须承担有具体工作项目，仅有领导责任是不够。”成功傲慢地介绍自己的管理经验。

“这位副总裁怎么会如此骄横与无知，作为公司领导，无论你做多少工作，都是为下属提供支持与帮助，最终这些工作需要通过下属的工作行为转化为工作成果。其次，如果领导承担过多的业务性工作，专注日常事务性工作，就会失去指导培养下属的时间，更没有时间思考战略管理。”李华对成功的发言非常失望，这使他对这个项目的兴趣大减，开始在脑海里重新评估项目单位与未来的合作者，这是咨询公司选择客户时的一项关键指标。

“另外，你们对人力资源部经理绩效指标的设置太简单，我们海兰经理就可以将人力资源部经理的考核指标列出三五十项，然后根据工作需要我们可以选择其中任何一项进行考核。”

看来成功完全没有领会李华的设计思路，将李华的简要假设，草率并自以为是地理解成未来项目的管理解决方案，这让李华感到非常不愉快，他默默地评价着眼前这个曾经留学海外的工学博士、在新科公司拥有特殊身份的副总裁——这个咨询项目未来的负责人，为新科项目打出负分，这就意味着他可能开始考虑放弃这个咨询项目了；因为客户企业项目负责人的管理意识与能力，从某种程度上决定着咨询项目的成败。

自信的成功没有注意到，微笑着坐在那里一言不发的李华态度的转变，他依然继续着自己的发言：

“你们的方案，将使我们又回到四年前，因为四年前京华管理咨询公司提供给我们的，就是一个相似的方案，但在绩效指标设置方面缺乏有效性。”

李华思考着：“一套存在有重大设计缺陷的绩效考核表，在长达四年的管理应用中没有进行质的改进，本身已说明企业自身管理能力急待改善。他仅仅看到绩效管理理论方面的相同性，没有理解或分辨出两种方案的不同点，已充分证明他在绩效管理意识方面存在的不足，这将会严重影响未来咨询项目的实施推进，同时给新科造成不必要的损失。”

最后，成功武断地评价着：“你们的方案在理论上是正确的，包括京华公司、南方纵横公司，但实际上无法解决我们的问题，你们与我们的要求还有距离。”

闻听此言，李华决定结束这场已经非常不愉快的商务洽谈，离开这个充满自负气氛的会议室；他可以接受不认同，但不能接受别人的无礼。另外在成功无礼地发表着那些轻狂而幼稚言论时，他已经完成对这个项目的评估，决定放弃这个咨询项目。

自狂失去机会

就在李华即将站起身的一刹那，新科公司董事长成青先生步入会议室。成青听说李华等人来到企业，他希望与李华就企业人才库建设沟通一下，看能否得到一些帮助。

已经做出放弃决定的李华，出于对这个慈祥的创业者的尊敬，礼节性地与成青进行缺乏实质性内容的交流，未向他提供有价值的信息，虽然成青一再询问。

虽然成青在离开会议室前再三向成功等人强调：“我们需要专家们的帮助，无论是在哪一方面。我们过去学习的许多管理是有问题的，是不正确的，跨国公司不会告诉我们，而这些专家能够给我们提供帮助，任何一个咨询公司都能够给我们提供帮助，我们需要他们。你们要谦虚，要尊重他们，看看他们有哪些专业优势可以帮到我们。”

看着成青非常失望地离开会议室时，李华心里产生一股歉意，对这个渴望着获得帮助改善管理的老企业家的歉意，他思考着自己刚刚做出的决定以及眼前这个渴望帮助的长者。

但是，在成青先生离开会议室后，成功还是极不礼貌地用一句话结束了双方的会谈："你们与我们的要求存在距离，目前我们暂时无法进行合作。"

成功将李华心里刚刚燃起的一点火苗又浇灭了，幼稚与自信使成功与新科公司失去了最后获得帮助的机会。

"一个仅有中小型规模的企业，不顾自己的管理水平，希望参照数千亿美元规模、具有一百多年历史的 GE 公司管理模式，就像一个一米高儿童穿上一套两米高武士使用的铠甲，其心情可以理解，其行为却将使企业付出高昂的试错成本。"望着夜空中几颗闪烁的明星，李华在心里默默地为成青先生和新科公司祈祷，同时也为那些在管理隧道中匍匐前行的本土企业家们祈祷，祈祷着他们能够早一天站起来。

存在严重缺陷的绩效管理系统被连续使用四年，新科公司无疑为此付出了昂贵的学习成本。

如果你是成青先生，你如何改变这一管理局面？

考核领导者的命题

李　刚　DBA　清华大学HTR企业家研修中心首席管理顾问

“我工作时间的70%，是为通用电气公司培养管理人才。”

有着伟大CEO称号的前任通用电气董事长杰克·韦尔奇先生，在面对中国商业精英们提问时答道，虽然这一答案令那些精英们感到意外。

世界管理研究数据证明，那些经营业绩卓越的企业，均拥有大批优秀员工，这不仅得益于他们有一个伟大的领导人，更得益于这一领导人为他们创建的制度化人力管理系统，特别是其中的绩效管理。

据不完全统计，世界500强企业的领导人，花在人力资源管理上的时间，远远大于他们花在业务上的时间，这与中国同行们多忙于业务有着本质上的不同。因为他们深谙领导者最重要的工作之一，就是发现与培养人才，然后通过建设一个制度环境，使这些人才发挥他们的才华，为企业创造价值。

作为人力管理制度化建设的核心部分——绩效管理不仅为员工设定了工作目标，同时为评价员工的工作绩效设定了科学方法，更为重要的是通过绩效管理，指导与帮助绩效差的员工或部门实现绩效改进，以提升企业总体经营绩效。

机会的遗失

如果说新科公司董事长成青先生与李华的第一次会谈是积极务实的，他对亚细亚咨询公司的实力，会有正确的判断；否则，作为掌控着一个规模数亿美元企业集团的领导人，他不会轻易提出合作意向。虽然他被人力管理问题困扰了多年，虽然他迫切希望获得专家的帮助，但在邀请管理咨询公司的过程中，他却出现一个致命的失误——将如此重要的工作委托给副总裁成功先生，而不是亲自听取亚细亚管理咨询公司的项目建议报告，管理这个具有重要价值的咨询项目，使得他与亚细亚公司擦肩而过，让新科继续为以往的错误付出代价（显然这一代价是可以避免的）。

美国通用汽车前任董事长小阿尔弗雷德·D. 斯隆先生曾经说过，管理者的第一责任，就是选拔合格的管理人员，然后将他放在合适的职位上，使他用自己的才华为公司创造价值。

被董事长委以重任的新科副总裁成功先生，个性过于张扬，缺乏高级管理人员应有的成熟与内敛，这大概与他的特殊身份和留学经历有关。他的幼稚化聪明，显示出其职业修养方面的不足。如他引以为自豪的述职管理法，并不是所谓新鲜的管理方法，而是非常成熟、有着近百年历史、至今仍被广泛应用的基础管理工具。再如他在对刚刚诞生数年、被国内外许多优秀企业广泛引进的现代管理工具——平衡计分卡缺乏了解，却称其为落后的管理技术而不屑一顾。他与他领导的人力管理团队过于自信的表现，暴露出新科在人力管理方面的问题——管理人员能力与企业发展速度不匹配，新老员工之间的文化冲突，缺乏对绩效评价的科学方法工具，而这也是困扰董事长成青先生的问题。

成青先生在项目还未开始时，就错失了这次合作，失去一次改进公司管理的机会。

发展的瓶颈

作为中国区内陆的一家民营企业，新科公司遭遇到众多民营企业共同的问题：企业自有的管理人员，在能力与数量两方面，都跟不上企业发展的需求。这涉及一个战略命题——企业人力资源规划，即企业需要根据发展战略，制订人力资源规划，包括管理人才的需求，然后为内部员工特别是现有管理人员制定职业发展规划，再通过管理培训与在职锻炼等方式，有计划地提升管理人员素质，以保障企业发展的人才需要。另外，为了补充内部管理人才不足，应适当对外招聘一部分管理人才作为新鲜血液，使企业形成合理的人才流动。

但在外部优秀人才引进方面，地处三级城市的新科公司，面临着许多本土企业同样的问题——如何解决新老员工之间的文化冲突，如何通过制度化安排留住优秀人才？

作为一个具有近20年成长历史的企业，新科公司已培育起自己的企业文化，这种文化具有很强特征。如果引进管理人才，首先要考虑通过什么方式，让新员工接受新科的企业文化。

首先根据人力开发理论和优秀企业的管理实践经验证明，从外部招聘新的管理人员，适合先配置在助理或副经理的储备性职位上工作，一方面通过其上级指导他们工作，另一方面培育这些新员工的企业文化，使他们逐渐认同与接受公司文化与管理风格；其次，企业通过新员工在储备性职位上的工作表现，逐渐了解确认他们的职业能力、职业品德与敬业精神，以确定对其新职位的任命与使用；最后，可以淘汰那些名不副实的新员工。

这将涉及一个人力管理的关键问题——绩效管理，即以什么方式管理员工绩效。

正如成青董事长所忧虑的一样，绩效考核在新科公司是比较棘手的管理难题，他们试图采用众多指标考核员工，但发现以自己目前的管理水平，没有能力做到量化每一个考核指标，导致考核工作难以有效开展下去。

这就是中国本土企业在绩效管理方面存在的共性问题。我们一方面希望引进世界最先进的管理工具来解决企业遇到的问题，另一方面却发现由于自身管理能力有限，引进的先进工具无法达到预期管理效果——甚至会产生负作用。

例如，如果考核指标不能量化，企业就无法真实考量员工的工作绩效，考核就会流于形式，不能有效管理员工绩效。由于我们中国本土企业特别是民营企业管理水平较低，无法做到将员工每一个工作日的工作信息详细记录在案，这就造成在周期性考核员工时，发现缺乏能够量化员工业绩的数据。新科公司就是希望采取许多指标来考核员工——这称为全指标管理（正如成功所讲的为人力资源部经理设置三五十项考核指标），但实施后却发现这种管理工具，已超出他们现有管理能力，无法做到对每一个指标的量化考核，甚至考核沦为一种管理负担。

这进一步证明，本土企业现阶段在管理能力提升方面遭遇到的共同问题：企业严重缺乏使用现代管理工具的系统能力，而不是缺乏先进管理工具的引进。

绩效之本

在建设制度化管理体系过程中，新科公司与许多本土企业共同步入一个管理误区：为考核而开展绩效管理，完全背离了绩效的管理核心——人力开发与绩效改进。

那些希望改进经营绩效的本土企业领导们，需要科学认识绩效管理的四大管理目标，如图9-1所示。

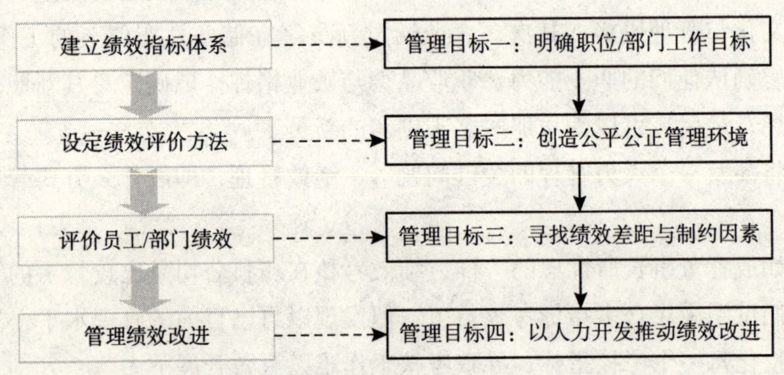

图9-1　绩效管理的四大管理目标示意图

目标一：通过绩效指标体系的建设，使企业的每一职位、每一部门和每一业务单位明确工作目标；

目标二：通过建立绩效评价方法，为广大员工创建一个公平、公正的制度化管理环境；

目标三：通过开展绩效评价管理，帮助每一员工或部门寻找绩效差距以及造成差距的制约因素。

目标四：通过员工或部门团队的能力开发，推动绩效改进，以确保优秀人才不被埋没或流失，劣质员工失去存在的空间。

在绩效管理方面，无论是新科公司，还是其他本土企业，应根据企业现在的实际管理能力，结合每一个被考核对象，将考核的重点集中在几个能够量化管理的关键考核指标上——即首先考虑设置单一的但可以量化的关键指标，而不是首先考虑指标的完整性；即企业可将管理能力提升分为四个阶段，根据企业目前的管理能力，先侧重于建立起单一性考核指标体系，以实现考核的有效性。然后再根据企业整体管理能力的逐步提升，逐渐分阶段地增加绩效指标数量，最终实现系统化绩效指标的管理（参见图9-2，Frank管理能力与考核指标的匹配矩阵示意图）。

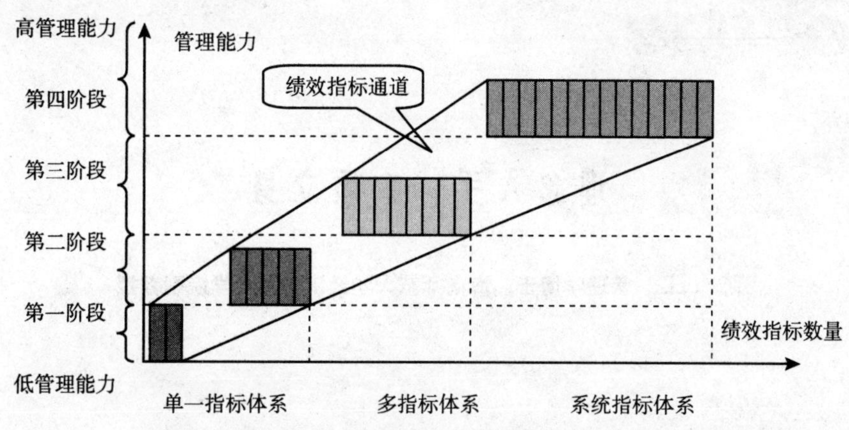

图 9-2 Frank 管理能力与绩效指标匹配矩阵示意图

而绩效管理的目的，则是通过绩效评价发现员工的绩效差距，以及员工在实现绩效目标能力上的差距，即发现员工在工作能力与工作方式等方面的不足，然后再通过对工作能力培训和工作方式的改进，最终达到对工作绩效的改进提升，这就是绩效管理最根本的目的——绩效改进管理，从而实现两大提升——人力提升与绩效提升，而新科公司副总裁成功先生对此显然缺乏深刻认识。

因此，一个企业的人力管理提升，需要企业领导者的亲历亲为，不可委托他人，特别是人力管理的系统化制度建设；因为这是一场管理变革，将涉及许多人的利益。无数企业的管理实践证明，依靠既有的管理人员和组织，根本无法推动一场企业管理的变革的成功。

对于迫切希望突破企业人力管理瓶颈的新科公司董事长成青先生来讲，目前他需要通过以下三方面，解决困扰自己多年的管理问题，实现新科公司人力管理的战略提升。

首先，系统性思考新科公司是否需要开展人力管理变革？

其次，如果成青先生肯定企业需要变革，他就必须亲自领导策划与实施这次变革的组织机构，直接领导管理变革过程中的各种决策。

最后，成青先生可以在外部专业管理机构的帮助下，直接领导与推进变革计划的实施，而不是将具体工作委托其他管理人员。另外，新科公司管理能力目前尚处于第二阶段，应注意绩效指标设置的匹配性。

理念入手，本质立身

陈　江　管理学博士、海南师范大学经济与管理学院副教授

从理念上统一认识，进行系统思考，并掌握工具的本质，才能适时、有效、合理地使用各种组织变革工具。

理念先行，系统思考

企业任何一项大的组织变革，包括绩效管理在内，都是一个系统工程，涉及面很广，在行动之前必须从理念上统一认识，并系统地思考，才能确保其顺利进行。

其一，企业领导者要充分认识到，绩效管理导入项目是一把手工程，如果没有一把手的支持和推动，变革将会不了了之。所以，企业一把手要自始至终参与进来，并在关键环节进行决策和推动。

其二，企业要通过各种方法、途径统一中高层管理者对绩效管理的认识。其中，在项目启动前，借助外脑对中高层管理者进行与绩效管理相关的专题培训很有必要。绩效管理的导入要靠中高层管理人员来推动与执行，若没有统一认识，项目很难进行。所以，理念先行，统一认识，不可缺少。在案例中，董事长成青和副总经理成功对绩效管理的认识有很大分歧，绩效管理的实施效果可想而知。

其三，在项目启动前，企业领导者要物色好几个人，人选条件主要有三：

一是潜质好，悟性高，快速学习能力强；二是忠于企业，今后还能长期留在企业干；三是愿意今后主要负责绩效管理项目的实施。让这些人参与到项目组中来，与管理咨询公司共同推动绩效管理方案的制订，让其在干中学，并系统掌握项目的整套方法工具，从而确保咨询顾问退场后企业能根据情况变化自己灵活调整策略。案例中人力资源部门负责人和相关人员对绩效管理最基本的方法工具都没有理解和掌握，绩效管理怎么会有效果?!

其四：绩效管理的导入，涉及每个人的切身利益，由于思维惯性和未来预期的不确定性，员工会有逆反心理。所以，企业要采取各种方式，通过不同渠道，进行绩效管理导入方面的宣传，打消员工的顾虑，然后再正式导入绩效管理，这样才能保证方案的顺利实施。

本质立身　适时有效

目前，绩效管理的方法工具比较多，大家熟悉的主要包括平衡计分卡、360 度考核、KPI（关键绩效指标考核）等。企业的高层管理者虽然不被要求对这些方法工具掌握到如何操作的层面，但是起码要理解其本质特征。只有掌握各种绩效管理方法工具的本质，才能适时、有效、合理地应用它们。

平衡计分卡、360 度考核、KPI 是从不同视角来命名的、本质上要达到同样目的的工具。卡普兰·诺顿提出的平衡计分卡，是从绩效考核指标的提炼来看的，包括财务、客户、内部运营、学习与成长四个维度，相互之间有很强的递进关系。考核指标在四个方面的平衡有利于促进企业的长期发展，但是，这种平衡落实到部门层面即可，岗位的考核指标更多来源于岗位职责。360 度考核是从考核主体来命名的，但是不同岗位的人员是否都需要 360 度考核呢？答案是否定的。但 360 度给了我们很大启发，就是对各种岗位的考核可以根据性质的不同区别考核主体。而 KPI 是从指标的特点来看的，绩效考核中指标不需要面面俱到，可根据不同阶段的发展重点，有针对性地选择部分关键绩效指标。只有从本质上理解这些方法工具，在应用时才不会混淆。

从情景案例来看，新科公司虽然之前请了几家咨询公司协助推进绩效管理项目，但副总裁和 HR 部门经理等承担企业推动绩效管理项目实施的人员对绩效管理的方法工具还没有从本质上认识和了解，可以想象，由他们推动绩效管理的效果会如何。因为绩效管理是一个动态的过程，需要根据市场的变化以及企业不同阶段发展重点的不同进行动态调整，如果没有从本质上理解方法工具，操作起来必然会有很大的麻烦。

所以，要确保绩效管理项目的顺利导入，合理利用方法工具，提升管理水平，促进绩效提高，企业高层领导和负责推动项目实施的负责人必须要掌握绩效管理的各种方法工具的本质。

用对人才能做对事

杨　钢　爱德龙管理咨询公司总经理

老板可以不懂管理，不懂业务，但不能不识人！

通过案例叙述，我们发现，如果从更深层面来理解，新科面临的问题其实是新科公司自身原因所致：副总裁成功刚愎自用，阳奉阴违，绩效考核部门负责人业务素质低下，成青任命他们为咨询项目的负责人，无异于与虎谋皮。

作为新科公司的创始人和最高领导，成青董事长对新科公司面临的问题看得很透彻，否则也不会多次邀请管理咨询公司介入。然而，四年时间，接触了多家咨询公司，其人力资源管理水平仍然没有获得提高，这显然不只是咨询公司的能力与经验所致。如果想从根本上解决新科的问题，可以有上中下三种对策：

上策：自己担任项目负责人，强力推行变革

作为新科创始人，董事长无疑有着最高的权利和威信，在推行人力资源变革的时候不容易出现明显的阻碍和不同的声音，此其一；对新科公司成长过程中所存在的问题，没有人会比董事长更清楚，这对企业与咨询公司在合作之前达成一致非常关键，此其二；推行变革时不容易导致“党争”和分帮分派，企业里只有一种声音，思想也容易统一，此其三。

古今中外有太多的案例表明，由最高领导主导的变革（自上而下）最容易获得成功，如商鞅变法、明治维新，而自下而上的变革几乎没有成功案例，如戊戌变法。因此，作为新科公司的董事长，如果决心推动人力资源变革以提升企业的人力资源管理水平，由自己来担当项目的最高负责人无疑最适合。更为重要的是，在变革的过程中能影响甚至同化那些不理解、不支持的管理者，也起到了在项目运作过程中扭转领导干部思想意识、提高业务水平的作用。

中策：更换项目合作人

许多民营企业都存在这样一种观念，那就是“我们公司有 X 个博士、X 个硕士”，似乎不这样就不足以显示公司的吸引力，其实这是一种错误的人才观。成功副总裁之所以如此刚愎自用，阳奉阴违，某种程度上也是老板爱才、惜才的表现，然而成功是工学博士，并不懂人力资源管理，而且还可能为了一己私利去阻碍咨询公司的介入。

此外，在场景回顾中我们看到，新科公司的绩效考核主管竟然能提出“人力资源成本控制指标为什么是人力资源部内部流程管理指标而不是部门考核的财务指标”这样一个低级问题，足见其管理人员的素质，更可以折射出公司领导用人失察。

退一万步讲，即便新科公司与亚细亚咨询公司签约合作，这个项目也很难顺利推进下去。而人员的学习培训是一项长期的系统工程，但成青董事长和新科公司显然没有那么多时间和投入来对管理人员进行业务培训。

所以，如果想全面提高新科公司的人力资源管理水平乃至其他方面的能力，更换项目合作副总以及人力资源部负责人也是一个备选方案，而且其成本相对较低。

下策：换咨询公司/咨询顾问

咨询顾问的专业能力与行业经验是咨询顾问的立身之本，但还有一项重要的能力很容易被忽略，那就是沟通与说服能力。而且在许多时候，沟通和说服能力是影响项目成败的重要因素。

亚细亚咨询公司的李华没有考虑到新科公司的人员情况，一开始就在正式场合指出对方的不足，这非常容易招致如成功副总裁这种性格的管理者的反感。如果在呈现前期方案的时候口气能委婉一些，如果在正式沟通之前先单独与高管们进行非正式的交流，这种局面很可能就不会出现了。

管理咨询项目是咨询公司与客户的双人舞，缺少任何一方的支持和配合都不可能取得成功，而频繁、高质量的有效沟通是达成双方共识、促进理解和包容的重要方法，所以，如果成青董事长无法担当项目负责人，又不能撤换成功副总裁等项目负责人，但又很希望借助管理咨询公司的力量来提升公司的人力资源管理水平的时候，最好挑选一家沟通能力强、沟通技巧高的咨询公司/咨询顾问。

案例 10：如何管理公司实践

高昂的管理试错

一而再，再而三，不断地调整，不断地适应，周而复始，是回到了原点，还是实现了螺旋式上升？试错的成本，是否有点太高？精灵住错了森林，爱情错得很透明。

案例作者：安　妮
学术指导：李　刚
评论专家：李明辉　唐　果
　　　　　赵中孝　李　刚

Gongsijueze

公司抉择

“两家工厂合并到生产控制中心后，该中心从过去的生产控制转向产品经营，中心由成本中心变为利润中心；而中心总经理何谷先生，作为生产管理型人才，缺乏经营管理技能，难以胜任目前的工作。目前该中心的工作，陷入团队涣散、管理混乱、人心浮动、持续亏损的被动局面。”奥华集团的总裁办主任汪骏分析。

“刚刚调整三个多月，难道我们还要调整产品业务部门的结构与人员吗?”总裁万嘉疑惑地反问。

“如果不调整，产品业务不仅难以扭转亏损，产品质量得不到改进，未来还将直接影响到地产业务的发展，最终威胁到整个集团公司的生存与发展。”汪骏直言道。

“这一年多的不断调整，我们究竟在哪里出错呢?”万嘉自言自语道，思考片刻，他吩咐自己的办公室主任：“这样吧，汪骏，请把从去年年初开始，我们对产品业务部门每次调整的管理文件找出来，我要回顾一下，看看在哪里出了问题，为什么调来调去，仿佛又回到原来的地方，没有取得实质性进展?”

“好的，我立刻去办。”汪骏告辞后向档案室走去。

万嘉起身走到窗前，望着外面的两个生产分厂，一分厂灯火通明传来隆隆的机器声；而在它对面的二分厂，却鸦雀无声，只有几盏路灯静静地矗立在路边。

看着泾渭分明的两个工厂以及库区堆积如山的库存产品，作为集团总裁万嘉，心情极其复杂，脑海里闪现出近 18 个月来发生的一系列管理变化。

作为一家主营新型建材的企业集团，奥华集团主营的是国家发展循环经济的政策支持性节能环保项目，获得了地方政府的大力支持。公司成立已经四年多了，由于人力资源短缺，产品质量、技术工艺、设备管理和市场销售等问题的制约，企业目前处于连续经营性亏损状态。

作为奥华集团投资人与领导者，万嘉先生年轻时从军入伍，转业后在政府部门任职。但是，具有较高理想追求的他，希望能够在经营世界实现自己的人生价值，这才有了离职创业的经历。

没有企业工作经验的万嘉，依靠自己良好的品德、对事业的执著，根据国家经济发展战略，获得投资新型建材项目的机会，设立奥华公司。在创业的同时，自己也积极挤时间到大学学习管理知识。经过几年的实际运作发现，企业的情况与自己的认识理解存在一定距离，在经营管理过程中，各种意想不到的问题层出不穷。

为了扭转不利的经营局面，万嘉在去年年初做出一项重大人事调整决定，但是，令他没有想到的是，这一次管理调整，竟然持续 18 个月之久，而调整的结果与自己的预期目标，距离却越来越远，为此付出的成本更是超出他的想象。

拉开调整序幕

在集团总部俭朴的大会议室，奥华集团新年的第一次行政管理会议在这里召开了。

万嘉首先向到会人员致以新年问候，简单总结了集团去年的经营工作，详细指出目前企业存在的主要问题，然后宣布："为了加强公司生产管理，提高产品质量，集团对部分管理人员的工作做出如下调整。"

免去集团人力资源部汪骏的经理职务，聘任其担任一分厂厂长；免去集团营销部海东的经理职务，聘任其担任二分厂厂长；免去一分厂冉清的厂长职务，聘任其担任集团生产控制部经理，负责两个分厂的生产计划调度、工艺技术和设备管理工作。

这次人事调整力度之大，是奥华集团成立后前所未有的，参会人员在震惊之余，感受到集团领导希望加快生产系统管理的决心，这也是公司全体员工共同关心的问题。

万嘉在会议结束时鼓励大家："各位同事，让我们共同努力，用辛勤工作的汗水，去浇灌奥华这棵小树，使它早日枝繁叶茂，结出胜利的果实。"尽管窗外飞扬着雪花，所有管理人员仍然能够感受到一股暖流在身体中涌动。

新任命的两位分厂厂长，身先士卒，领导各个车间的管理人员，每天奋斗在生产一线。经过三个多月的努力，一分厂生产运行能力达到设计指标，实现了满负荷生产运营。二分厂完成生产线的设备调试任务，开始投料试车，试生产的产品质量达到设计指标。

万嘉为这次调整获得的成果感到满意，在高兴之余，也发现这次调整存在的不足。

三个多月来，集团生产控制部经理冉清，由于文化水平较低，缺乏综合管理生产系统的专业技能，从集团管理层面对两个生产分厂开展管理，有些力不从心，虽然他工作很努力。这样他与两位新厂长之间的合作，出现许多不一致，生产工艺与设备技术管理工作未能展开，严重制约着生产运营质量的改善。

另外，由于海东的调离，集团营销部的工作受到严重影响，产品销售进展缓慢，集团在产品库存与现金流方面，面临压力的较大。

“看来必须为产品销售做出进一步调整。”万嘉思考着。

因销售调整结构

距离上次集团行政管理会议四个多月，半岛地区已经是春暖花开，一片生机盎然；在温暖的春天，万嘉主持召开了第二次集团行政会议。

“年初的管理调整，取得巨大胜利，感谢各位在工作上的努力。现在企业面临最主要的问题是产品销售，一年一度的销售高峰即将到来，为加强营销工作，公司决定进行以下管理调整。”

在集团营销部基础上，成立集团营销中心，由原来分管集团财务工作的副总裁，兼任该中心总监，专职负责分管集团的营销工作，集团财务工作由总裁万嘉负责。

调一分厂厂长汪骏担任营销中心副总监，负责该中心行政管理事务，协助总监开展工作；同时兼任该中心客户部经理，负责销售后的产品维护与客户资源管理。

另外，调二分厂厂长海东担任一分厂长，将二分厂技术副厂长金山提升为分厂厂长。

将集团的生产控制部、人力资源部与总裁办公室三个部门合并改为综合管理部，由冉清负责该部门工作，工作职能由过去的管理控制，转型为管理服务。

对于这次调整，大部分管理人员表示理解与支持，毕竟各部门工作的结果必须通过市场销售，将企业的产品转化成现金实现收益。人们渴望着能够在秋天来临时，看到奥华结出劳动硕果。但是，大家在理解之余，还是有一些担心，冉清能挑起综合管理部这份重担吗？

在此后的工作中，一分厂在海东领导下，针对产品质量不稳定、技术工艺等方面存在的问题，积极组织开展产品革新与技术攻关，连续实现多项技术成果，提升了产品的技术工艺。

二分厂在金山的领导下，实现了阶段性的连续生产，并积极配合营销中心开展产品销售，为营销工作提供大量技术支持，获得客户与营销中心领导的好评。但是，金山擅长产品工艺与产品技术，在生产组织与生产控制管理方面，与实际工作要求存在较大距离；再加上他将大部分时间精力投入营销支持工作，二分厂在生产运营过程中，出现了员工技术培训工作不达标、原材料浪费和产品开发缓慢等问题，甚至出现严重的批次产品质量事故，给企业造成经济损失，使公司品牌形象和重要业务关系遭受重创。

集团各项工作的龙头——营销工作陷入困境，市场销售局面没有打开，企业在产品库存与资金两方面，面临着极大压力。虽然营销中心全体人员付出较大努力，但是，鉴于产品经营半径、产品应用技术瓶颈、新产品的技术应用推广等因素制约，连续四个月，实际销售业绩还不到计划的50%。为此，主管营销工作的副总裁已提出引咎辞职申请。

汪骏自年初调离人力资源部后，集团的人力资源工作，仅限于开展人事档案管理与工资管理，人力资源所涉及的高级人力资源开发、激励制度建设、绩效评价与改善管理等重要工作，陷入停顿状态，造成企业的中高级管理人才严重短缺。

另外，综合管理部组织的绩效考核，仅仅成为对各部门工作计划完成情况的简单打分；冉清由于管理能力缺乏，造成在绩效评价工作过程中，管理过于刚性而柔性不足，激化了各部门对集团管理的情绪对立，工作关系出现矛盾。由于各部门工作缺乏有效监督考评，做出贡献的员工不能及时获得奖励，各部门工作中存在的不足，难以及时改进，致使部分员工产生了思想波动，已经开始影响到工作。

为解决工作中暴露出来的问题，同时为提高新产品开发力度，急需对企业再次进行管理调整。万嘉阅览了上半年经营分析报告后，快速做出管理决定。

为产品开发调整

在一场凉爽的秋雨过后，第三次集团行政管理会议召开了。

与前两次良好会议气氛不同的是，在距离第二次调整四个多月后，参加会议的人员中，大多数管理人员对即将开展的管理变革，从他们冷漠的表情中，万嘉似乎感受到某种情绪。就是在这种难以言表、令人不安的气氛中，开始了今天的会议。

“为了加强新产品研发工作，加大产品营销推广力量，集团决定对公司组织结构进行以下调整。”万嘉严肃地公布了新的改革方案。

设立集团产品研发中心，聘任具有产品技术优势的二分厂厂长金山，担任集团总裁助理兼集团产品研发中心总监，负责集团的新产品开发工作和工艺技术标准化管理工作。

聘任营销中心副总监汪骏，担任集团总裁助理，并负责主持营销中心日常管理工作。

集团设立项目运营中心，由总裁万嘉兼任该中心总监，负责整合社会关系资源，通过业务联合或战略联盟方式，开发大型地产项目，开展新型产品技术的应用推广，促进产品销售。

将两个生产分厂合并为产品生产总厂，下设四个车间；聘任原一分厂厂长海东担任集团总裁助理兼生产总厂总经理，负责生产的总体运营管理，聘任何谷担任生产总厂副总经理，协助海东开展工作。

同时被免去职务的，还有分管营销中心工作的由副总裁兼任的营销中心总监职务，其辞职报告暂时没有批准，调整为协助总裁万嘉开展集团管理工作。

虽然有多数管理人员，对此次调整抱有情绪，但还是接受了现实，服从新的工作分配。但是，对于这次调整能否达到预期目的，各部门主管甚至连万嘉心里都没有底，毕竟很快就要进入寒冬，建材产品的销售季节即将过去，未来将会怎样，很难预测。

三天后的9月15日，美国雷曼兄弟公司宣布破产，世界金融海啸爆发。

为利润实施承包

三个月后的一天早上，万嘉透过车窗，望着寒风中裹衣前行的路人，他的心情也降至冰点。

随着世界经济危机的爆发，房地产市场一片萧瑟。大部分开发商开始收缩战线，停止项目投资，希望能渡过这个艰难的严冬。销售季节的提前结束，使原来的销售战线不堪一击，不仅销售工作难以按计划开展，过去已经预售出去的产品，资金回收也更加困难。这使奥华集团原来就紧张的资金链，发出刺耳的金属声。

由于资金短缺，原计划投资近百万元、建设集团产品研发中心的设想化为泡影，新产品开发计划被终止，金山几个月来几乎无所事事。倒是何谷在生产部门表现出一定管理水平，海东在何谷的配合下，将各生产车间的管理推上一个新阶段。

另外，过去一年来，产品业务一直处于经营性亏损，在目前这个经济萧条时期，需要借助特殊方式，扭转这一业务的持续亏损局面。

万嘉在总部办公大楼前下车，向自己的办公室走去，迎面遇到冉清。

“万总，今天的会议计划不变吧？”冉清问道。

“按原计划召开。”万嘉在自己办公室放下公文包，拿着笔记本与冉清一起向会议室走去。他在会议室座下，扫了一眼已经在座的几位管理人员，发现他们的表情较为凝重。

是的，万嘉与他们一样，在已经过去的一年中，奥华集团出现数百万元的经营赤字，大量产品堆积在库区，部分车间开始有计划的放假休息，公司情况在明年能否好转，大家疑虑重重。为此，万嘉花费近半个月时间，思考设计出一套新的管理方案，今天的会议，就是宣布这一方案，鼓励大家继续努力工作。

“同志们，为更好地开展经营活动，降低管理成本，渡过金融危机，集团决定对两个产品生产厂，实施经营承包，具体方案由冉清经理给大家公布一下。”

将生产总厂进行拆分，设立两个独立经营的法人公司——东方公司与南海公司，由海东担任东方公司总经理、金山担任南海公司总经理，两人承包集团拟定的经营指标，负责各自公司的日常经营管理活动。

“承包经营后，两个产品业务公司，拥有部门经理以下的人事任免权、原材料采购权、生产运营管理权、产品销售权和财务管理权，公司总经理与集团签订承包合同，集团按年度利润指标进行考核，并通过股权激励制度，给予两位承包人所承包公司的利润分红权，以鼓励承包者实现经营利润最大化。”冉清详细解释了承包办法与激励内容。

冉清同时讲道：“为了适应新的外部环境，集团组织结构与人事同时进行调整，具体如下。”

撤销集团产品研发中心与集团营销中心；将营销中心副总监汪骏调至项目运营中心工作，其他人员调往两个产品经营公司，由各公司总经理分别组建职能管理部门开展工作。同时恢复集团生产控制中心，聘任何谷担任生产控制中心总经理，加强对两家独立经营的产品公司的管理指导与支持服务。批准原分管营销工作的副总裁提出的辞职申请。

如此大的变化，令在座人员猝不及防，人们感到极其突然，特别是刚聘任的两位公司总经理。

在会议结束后，万嘉分别找海东与金山进行了个别沟通，详细讨论了承包后两家公司的经营管理工作，并鼓励他们放手大胆地开展工作。

即使有分红股权的激励和集团总裁的积极鼓励与大力支持，海东与金山二人从总裁办公室出来时，仍然无法消除这次会议所产生的消沉情绪。因为他们不知道这次承包能够持续多久，但根据以往的经验，可能不会超过四个月，那么四个月以后怎么办？承包方案与激励股权又将发生什么变化呢？

黄昏时分，天空飘起了今年的第一场雪。下班的员工在飞舞的雪花中，急匆匆地向自己温暖的家奔去，已经知道了企业改革内容的他们，心情就像漫天大雪一样的冰冷。

为战略实施收缩

“你好万总，出事了。”冉清急切地推门进来，向万嘉报告。

“东方与南海两个公司，由于销售情况不好，缺乏资金，已经连续三个月没有给员工发工资了，今天一上班，两个公司的员工就集中起来，要来集团告状。”

“海东与金山呢？”万嘉问道。

“他们还没有到公司。”

万嘉马上给两位总经理分别打电话，通知他们尽快到总裁办公室开会。然后又安排冉清去车间做员工们的思想工作，告诉他们，集团一定会帮助他们解决问题。

临时集团办公会议在一个小时后结束，会议决定由集团财务部先垫付资金，为两个公司发放基本工资，效益工资在完成财务核算后再发放。

虽然危机暂时解除了，但是，由于两个公司没有打开经营局面，后续还会出现类似问题，那么，集团与两位承包人签订的承包协议如何执行？看来希望通过承包，划小业务经营单元，降低经营风险的设想，对于奥华集团这种需要整合大量社会关系资源、以大客户营销模式开展销售的产品并不适合，需要研究新的管理模式，来解决这些问题。

另外，万嘉发现，在公司工作三四年的中层管理人员，目前已经丧失公司成立初期的创业热情，工作效率在下降，工作执行缓慢甚至出现拖延现象。

两天后的下午，在总部会议室召开集团行政管理会议，万嘉针对两天前所发生的事件，对两位公司总经理进行了批评，同时宣布了新的管理调整方案。

撤销集团综合管理部，设立集团总裁办公室，由汪骏兼任总裁办公室主任，负责集团的日常行政事务管理工作。

将东方公司与南海公司进行合并，由集团生产控制中心负责统一管理各个车间生产业务，何谷仍担任该中心总经理，原东方公司总经理海东、南海公司总经理金山担任中心副总经理，在集团领导下，负责集团产品业务的独立经营管理工作。

原来东方与南海两个公司的行政管理与技术管理部门，合并为生产中心经营管理部，聘任冉清担任该部门经理，免去他的集团综合管理部经理职务，负责中心的行政后勤、经营计划、生产调度、产品研发、工艺技术、设备管理、财务管理、原料采购等工作。

两家公司的原产品质量管理部门合并为中心质检部，负责产品质量检测工作。

另外，保持原东方与南海两家公司的营销部门，由海东与金山分别兼任两个营销部经理，将二人过去的公司经营承包，改为产品销售承包。

将集团财务部的预决算、投融资和结构成本管理职能剥离，设立集团投资运营中心，聘任财务部投融资主管林灵担任该中心经理，负责集团整体财务规划、经营预算、投融资和现金流管理。集团财务部的其他财务职能，分解后转移到生产控制中心与项目运营中心，由这两大业务中心负责各自的日常财务管理工作。

万嘉希望通过这次调整，使自己从产品经营事务中解脱出来，集中精力推动项目运营中心对外的重大战略合作，以合作项目带动产品业务发展。

但是，这次会议后，企业内部不断出现流言蜚语，最为频繁的议论是“搞好一个企业需要一个团队，搞垮一个企业只需要一个人”，甚至有人还将这一内容贴在奥华集团内部网上，有许多人参与这一内容的讨论。

自这次管理调整后，万嘉进一步发现，各部门员工的士气愈加消极，工作缺乏主动，管理人员执行指令缓慢，各级管理者相互推诿，不愿承担责任，业务事故频繁发生。

最重要的是，近三个多月过去了，生产控制中心的业务运营，还没有进入正轨，不断出现产品质量事故，客户反应强烈。特别是从目前的销售业绩分析，股权激励政策完全失去效果，负责销售工作的海东与金山，近半年来他们的工作表现与去年相比，完全判若两人。

四年多来，企业累计出现赤字两千多万元，现在已经进入销售旺季两个月了，如果上述问题还不能及时解决，不仅影响到产品销售，更会直接影响到项目运营中心的地产项目质量，进而威胁到整个奥华集团的品牌形象与未来发展。

“何谷确实缺乏领导生产控制中心的能力，当初希望他能够领导生产业务，扭转经营亏损的设想，如今看来很难实现。”万嘉自言自语道。

那么，下一步应如何调整？万嘉望着生产区那几盏路灯，苦苦地思考着。

如果你是万嘉先生，你将如何管理奥华集团？

频繁试错与锤炼思维

李明辉　铭远公司高级咨询顾问

试错是管理者获得能力成长、诞生更高级管理智慧的必然手段。然而，试错要有针对性，错得要有价值。企业资源有限，与其频繁试错，不如锤炼思维。

18个月，5次调整，结果却事与愿违，奥华集团的经历让人扼腕。

然而，奥华式的管理试错却依然在现实中频频上演，结果是越试越错，令企业雪上加霜，甚至积重难返。

上述失误涉及战略、运营、组织管理等各个层面，根源在于企业管理者缺乏本质思维和系统思维的习惯和能力。

所谓本质思维，是指透过问题表象，深入分析，探究根源，并提出有针对性和可行性解决方案的思维模式。它强调对问题实质的把握和解决方案的有效性。系统思维则强调从系统的视角去分析和解决问题，包括以下“三观”：结构观，即明晰系统各要素的构成和相互关系；整体观，即在分析和解决问题时要整体审视和全局把握，不能就事论事；开放观，即明确系统具有输入、输出功能，系统通过同外界的交互获得自身发展。

本质思维和系统思维，就像显微镜和望远镜，一个强调对问题的本质把握和针对性解决，另一个则强调更广泛的系统视角和高度。

奥华的几次决策失误，就在于最高管理者本质思维和系统思维的缺失，在分析问题和解决问题的环节无不如此。

首先，在分析问题环节。当企业遇到生产管理弱、产品质量差的问题时，管理者没有深入系统地分析，到底是分厂领导的管理能力不足？还是技术力量不够、工艺错误、设备老化、质检不严、基层员工缺乏技能培训？抑或是资源配置不足、配套的管理制度缺失？当销售业绩不理想时，也没有系统分析到底是外部市场的原因？是战略不对路？是4P哪一个环节策略失当？还是内部营销管理能力不足、员工技能缺失、配套的激励机制不完备？而是贸然采用走马换将的一贯招式。

其次，在解决问题环节。没有考虑管理人员跨专业调动的可行性和风险，没有考虑通过外部资源解决问题的可能，更没有从全局出发考量解决方案给其他管理职能所造成的负面影响（如人力资源和营销部经理调任分厂厂长造成这两个领域的管理真空）。至于一分为二搞承包，则属于照搬他人过往成功经验，没有认识到这次承包本身并不能有效解决（反而会恶化）外部市场机会与内部资源能力不匹配这一企业根本矛盾，同样属于本质思维和系统思维能力不足的表现。

奥华的诸如市场压力大、组织能力低下、人才捉襟见肘等问题，是企业创业期的常见问题，本身并不可怕。笔者建议如下：

一、建立集体决策机制（如包含独立董事的董事会、公司管理委员会等），形成制度化的决策模型和学习型组织机制，从系统上解决或减小最高管理者思维缺陷的问题。

二、分析生产管理和质量问题产生的根源，下大力气保住现有大客户；同时考虑采取外部融资、内部节流、低价值资产出售、利用现有资源优势开发短平快项目等多种手段，解决企业现金流吃紧的问题。

三、系统研究现有业务的内外部环境，制定系统化的企业中期发展战略。

四、建立相匹配的组织结构与制度流程体系；采用外部招聘与内部选拔相结合的方式组建专业化的中高层管理团队；通过计划预算、绩效管理等系统化手段推动战略实施。

五、强化人力资源管理，重点是中高层管理者和关键岗位的选拔、培养、任用、考核、激励与淘汰机制，着力提升企业高级领导者的能力素质，通过组织能力推动生产、营销、人力资源等子系统走上专业化发展的轨道。

团体决策治疗管理问题

唐　果　太和顾问公司资深人力资源管理咨询师

如果是诸葛孔明再世做出的睿智决策，大家自然欢欣鼓舞，而普通的优秀管理者，要不断做出英明的决策，只能依靠团队的力量。

稍微理解管理的人都能从这个案例中看出点什么，都能对奥华集团总裁的管理行为提出几点批评意见，那就是管理的不连续性、用人不当和组织结构设置不当。

然而，这些批评意见能否解决奥华的管理问题？是否让奥华总裁心里憋得慌？在管理出现问题时进行调整有什么错？而每次调整都是经过深思熟虑的，在当时一定被认为是最佳方案。即便解决了一次用人不当和组织结构设置问题，遇到市场变化时，是否还会犯同样的错误？如何让万嘉总裁每次都能做出正确的决策？

错之根本在于决策组织形式

企业管理就是决策问题。在本案例中，组织结构调整频繁、用人不当均是由于决策不当造成的。

很显然，案例中多次管理决策都是万嘉总裁个人做出的，而非团体决策，决策宣布之后，其他管理者要么“震惊”，要么“理解”与“担心”，要么

"抱有情绪"或感到"极其突然"。中高层管理者尚且如此，何况其他员工？这样的个人决策必然存在以下问题：

首先，决策的信息源不充分，难以保证决策的准确性；

其次，在狭窄的信息源基础上可供选择的决策方案较少，所谓最优决策的选择让人怀疑；

再其次，这样的个人决策使得各级管理者感到很突然，难以形成强大的支持力量和主动改进精神，决策的执行力会打折扣；

最后，这样的个人决策，会形成管理的随意性和不连续性，打消员工的积极性，造成人心涣散。

可见，奥华的错之根本在于决策组织形式的错误。

团体决策的有效性

团体决策的实行取决于主要领导管理观念的转变，改变家长制作风和集权思想，转而依赖管理团队。因此，民主管理和一个有利于各层级信息沟通的渠道是团体决策的先决条件。

可以说，真正的团体决策不仅是大家一起开会讨论，不仅是董事会或管理集团的众人决策，也不是排除个人决策的会议形式，而是一个个人决策、管理团体决策和员工决策相互交叉和动态转换的决策机制。

团体决策的核心在于：尊重、参与和责任

主要领导者必须尊重管理团队和其他员工的思想，尊重他们为企业出谋划策的主动性，尊重他们在本职岗位上的职责和职权；主要领导者必须想办法让员工参与到企业管理中来，通过员工参与，提升决策质量和执行力；同时，各级管理者必须明白他们对决策后果承担的责任，并勇于承担。

为避免决策混乱，企业要建立一套明确的分权制度，以区分哪些决策需要讨论确定，哪些决策需要部门决定。要审视各项规章制度，倡导以团体决策为中心的团队精神，规范决策流程。

对于需要开会讨论决定的决策事宜，预备一些决策工具，如头脑风暴法、一事一议法、团体列名法等，同时，培训一些运筹学决策方法，以提高团体决策的效率。

总之，建立一种团体决策的企业文化，规范团体决策的过程，掌握团体决策的技术，才能符合企业发展的需要。

对奥华的管理建议

基于上述的理由，奥华迫切需要做的是：

首先，以一次会议讨论的形式进行团体决策，检讨以前的错误，集思广益，提出新的解决方案，纠正错误的人事安排和组织结构设置。

其次，在企业内部建立团体决策的流程、分权体系和方法。

最后，以建立团体决策机制为契机，在企业内部建立起团队合作的企业文化。

站得高，才能走得远

赵中孝　铭远咨询公司高级咨询师

高度决定视野，站得高，看得远，才能避开障碍，走得通畅。

领导与决策：做合格的经理人

案例中老板的决策风格太随意，任何一个决策都来自个人的算计。被决策者必须可以发表自己的意见，才能积极去执行决策。显然这里没有被决策者个人表达意见的地方。

解决点：强化领导班子的决策能力，强调团队决策。老板需要对决策过程进行跟踪和对决策质量进行判断，以及在决策形不成一致的时候，推动意见的统一。同时，决策要讲究专业性，不同职能方面的决策，要纳入与决策执行紧密相关的中层人员的意见，甚至更多考虑他们的想法。

战略：确定公司长远战略规划

奥华本身的问题在于缺少目标导向，更倾向基于问题点的解决思路，此为战术而已，在战略上较为含混。而战术是为战略服务的。公司组织调整必须和外部环境配合起来，和企业发展阶段配合起来，组织设计要适应未来发展，也要解决既有问题。但是，万嘉显然太专注于解决问题，头痛医头，脚痛医脚，而没有考虑内外部发展的趋势。

解决点：建立以市场为导向的战略发展目标，例如：未来5年、10年甚至更长远的战略定位及战略规划，以清晰目标。

组织：基于战略规划的组织架构调整

当前组织架构调整更多是战术性调整，缺少对于组织内外环境的综合考虑。优秀人才有时候确实是集中起来使用会产生好的效果，但是往往会在其他环节形成人才真空。案例中就是这种情况，生产好了营销弱，营销好了生产弱，最后决定搞承包，更加稀释了可怜的人才供给。

解决点：战术根于战略，根据长远战略规划为切入点，以各期发展目标为重点，设置组织结构，以求达成不同阶段的战略目标。

流程：战略组织架构下的流程再造

不难发现，在部门调整、人事任免之后，奥华缺少落地措施，部门领导的主观影响远大于组织本身的职能设置，容易出现责任、事务及处理方法的偏差。组织设计不是定完岗位、分完官帽就可以了，需要有完整的配套体系，包括授权、激励、流程等。万嘉显然没有考虑这些东西。

解决点：依据组织结构落实的基础上，梳理内部管控流程，将战略从组织到制度逐渐落地。

用人：识人用人，组织流程制度完善下的人事任免

因人设岗和因岗用人一定要结合起来。案例中明显存在赶鸭子上架的问题，做财务的去搞营销，做人力资源的去搞生产，做研发的去搞生产，明显是因为人才缺失、岗位继任等问题导致的。企业发展规模和人才供给必须匹配，但是万嘉把组织发展大了，却没有想过从外部和内部寻找和发现新的人才。来来回回只见到那几个人在换来换去，甚至把自己的人才，比如把原来的财务副总裁给放弃了。

解决点：内推外选，从公司内部选取匹配性人才到新设置的组织岗位，如若公司内部不足，可考虑对外招聘。

外部环境：环境更替下的战略预警

从企业遇到金融危机出现资金链断裂来看，奥华缺少对于风险环境下的企业能力评估及响应机制，导致环境变化后企业内部响应能力不足。

解决点：建立企业战略预警机制，及时搜集外部相关情报，不管是宏观经济形势变化或是行业、市场变化，都能做到“先发”优势。

连续性的管理是制胜法宝

李　刚　DBA　清华大学 HTR 企业家研修中心首席管理顾问

试错，再试错，不断地试错，万嘉先生用一个个错误决策去弥补上一个错误决策，持续的决策错误使企业财务报表上的红色数字持续上涨。基于良好初衷的万嘉，一直试图通过管理调整，为奥华集团寻找到一条正确的管理道路，最终却发现，自己距离预期目标更远。

万先生所犯的最大失误，就是企业管理行为的不连续，在 15 个月的时间内，他进行了五次大规模的管理调整，其中有四次涉及公司组织结构调整，两次涉及管理模式变革。这种自杀式的管理变革、幼稚的人事管理行为，使他失去了管理人员的信任，也导致广大员工对企业失去信心。

一个缺乏信任与信心的企业，岂能拥有美好未来？

自杀式的组织变革

万嘉的四次组织调整，均源于解决管理难题而非公司战略的变化。频繁的组织结构调整，使广大员工长时间处于无组织状态，每个人每天都在熟悉公司的组织管理环境中渡过。

一个企业的组织结构，是根据公司战略需要，为有效组织实施战略而建立起来的。企业的管理人员和其他经营资源，都需要根据战略任务与组织结构进行配置，如果在战略执行过程中发现存在不足时，可以调整资源配置而不能改变组织结构，更不能随意进行大规模调整。

在这个案例中，万嘉先生对两个生产型公司的大合大分，对集团生产控制部门、营销部门和研发部门的撤销与设立，表现出其领导行为的随意性和组织管理的无序，完全是一种近乎自杀式的行为。

试想连管理生产控制部都不得要领的冉清，又如何能领导重要的综合管理部门？

奥华作为生产型经营型企业，怎么能够放弃专业的生产管理部门？

在集团直接领导下都难以取得决定性业绩的营销工作，如何能够通过承包委托给生产分厂？

又如何能够任命擅长生产管理、没有群众基础的何谷以重任，领导产供销一体化的产品经营业务，而且其中还包括有两位负责承包销售、职务高过自己的集团总裁助理？

上述行为的结果是导致公司组织管理行为的法律性缺失，员工对领导者甚至是公司管理威信的质疑。案例中奥华集团的管理人员对企业管理调整，在态度上逐渐发生了变化。他们从第一次的积极参与、第二次的支持、第三次的质疑、第四次的无奈到第五次的冷漠，集中体现出对公司以及万嘉信心的变化，以至于产生出“搞好一个企业需要一个团队，搞垮一个企业只需要一个人”的大讨论。

稳定的企业组织结构，是有效执行公司战略的基础保障。而万嘉先生开展的连续性组织结构调整，直接摧毁了奥华集团的组织管理能力，这无疑是一种自杀式管理行为。

幼稚的人事行为

万嘉的重大人事决策中，出现过一系列失误，令一位又一位追随者感到失望与寒心。

首先，对冉清的聘任，从案例资料分析，这是一位不称职的分厂长，就是这样一位连分厂长都无法胜任的管理者，竟然长时间担任要害部门经理，从一分厂厂长、集团生产控制部经理、集团综合管理部经理，直到集团生产控制中心经营管理部经理。那些有才华的经理们将如何理解，又如何与他合作共事，甚至接受他的管理。

其次，对于金山的使用，这是一位技术专家，他最擅长的是生产技术、产品工艺与新产品开发，他在管理方面存在的缺陷，决定他仅能够担任技术性的助理或副手职务，而不能独当一面委以重任，更不可令其负责一个公司的经营领导工作。

最后，对于海东的使用，根据案例所提供信息，这是一位有思想有能力肯吃苦会管理的人才，在两个分厂长职位上均有着良好业绩贡献。恰恰是这位比较出色的管理人员，不是要接受冉清的管理，就是被自己的副手何谷领导，徒有总裁助理的虚名，却没有获得高层的重用。

每 3 ~4 个月一次的人事调整，使各级管理人员失去自信，每次调换新的管理职位，他们都会预期在新职位上将仅工作 3 ~4 个月，忐忑不安的他们，谁都无法预测自己四个月后的命运，万嘉又如何能够奢望他们尽职尽责。

优秀人才无法容忍自己与庸人为伍，对不称职者的包容将会驱逐杰出员工。

案例中万嘉的表现，在中国区本土企业家群体中，非常具有代表性。对现代企业管理认识上的幼稚，使他们每天都在重复着昨天的故事——用昨天的经验决策未知的明天，用一个个测试方案去探询明天的成功。

三项管理建议

对于奥华集团与万嘉先生，目前应通过以下三个方面，恢复员工信心，扭转企业亏损。

首先，稳定目前的组织结构。

案例信息显示，奥华已形成项目运营中心、生产控制中心、投资运营中心和总裁办公室的集团组织结构，这是一个相对合理的组织结构，如果公司战略没有大的变化，应在一个时期内保持组织结构的稳定，再根据这一结构不断完善各种经营资源的配置，为企业运营奠定稳定的组织环境。

其次，完善管理人员配置。

万嘉应聘请独立第三方，客观务实地评价目前各部门的主要负责人（因公司战略的执行主要依靠中层），客观分析每位管理人员职业能力的优劣势，再根据评价结果做补充性适当调整。例如，可以考虑在生产控制中心内部，对何谷重新任命为中心的经营部经理，对冉清任命为何谷的副手，再提升海东为该中心总经理，侧重经营与营销工作，而金山的工作重点可调整为负责中心的生产工艺与技术支持。切忌大幅度跨部门的人事变动。在此基础上，加强绩效管理工作与激励制度的建设，以剔除平庸者，还杰出员工们以自信。

最后，建立新的产品营销机制。

应对生产控制中心目前的两个相对独立的营销部门进行合并，取消产品销售的个人承包制，由海东负责建立新的营销队伍与销售激励机制，增加资源配置开展大客户营销，以销售带动产品业务的经营工作。

试错的代价很高，任何企业都应尽可能减少甚至规避试错行为。

第四篇

公司转型与创新

案例 11：如何实现技术领先

先驱还是先烈

要在已经成为红海的啤酒市场竞争中脱颖而出，必须选择一条战略捷径——利用行业技术升级的机会，挑战传统竞争思维。但 PET 技术这一叶新舟，能否承受得住市场的大风大浪？

案例作者：刘建恒　张　婷

学术指导：李　刚

评论专家：梁梓聪　娄向鹏

　　　　　李　刚

Gongsijueze

"企业产品技术升级战略运用得当与否的结果，是成为先驱还是先烈。真正基于消费者的产品技术，往往会成为先驱；但是如果只是出于自己朦胧的感觉去做，恐怕成为先烈的可能性比较大。"

雪剑啤酒有限责任公司 CEO 孟浩凝视窗外，看着坐落在鲜花绿草中的花园式现代化生产车间，以及近百辆装满啤酒陆续开往周边各个省区的大型货车，思考着已经困扰自己数月的一项重要决策。

新技术的诱惑

孟浩先生所领导的雪剑啤酒股份有限公司成立于 1991 年，其前身是以省商业科研所为技术依托的啤酒生产企业。公司所在位置毗邻中国中部亚洲最大的货物编组站，中国区最大的两条纵横铁路线在这里交汇，交通条件得天独厚。

雪剑啤酒年生产能力近 80 万吨，职工 3000 余人，自创建以来，始终坚持"以市场为导向，以质量求生存，以科技求发展"的治厂方针，陆续承担国家下达的多项科技攻关任务，致力于开发高层次的系列产品，将科研成果不断转化为生产力，保证产品的更新换代。与此同时，积极引进先进生产设备和计算机管理系统，实施品牌战略，使雪剑系列啤酒以高科技含量、口味纯正、品质优良等特点，多次荣获国内外大奖，深受广大消费者喜爱，在中国的中南部数省市场中处于领先地位，公司经济效益持续稳定增长。

几缕白发已不知不觉爬上了孟浩的双鬓，窗户玻璃上隐现出他刚毅的脸庞。他抬手看了看表，再过半个小时，也就是上午 9 点，公司将举行一次秘密会议，他与自己得意的两名干将——营销公司经理张涛军、产品研发中心主任高守龙，最后一次共同研究对公司未来发展具有战略意义的技术升级问题。

一直以产品技术为竞争优势的雪剑公司，目前又将面临一次技术变革——PET 包装技术的应用。目前，PET 已经成为国内饮料、乳品、食用油以及医药化工等行业的主流包装形式，国内外 PET 技术及设备供应商一直致力于在中国啤酒行业的推广与应用，国内包括行业领先者翠岛啤酒在内的多家啤酒企业已先行开展了市场测试，甚至个别企业小批量产品已经开始上市。是否抓住这一次技术升级的行业机遇，带领雪剑公司实现差异化快速发展，这是目前一直困扰孟浩的一大难题。

“孟首席”，秘书王莹的一声呼唤，将孟浩从沉思中拉回，他转身看到王莹推开门，迈着年轻人特有的轻盈步伐走进办公室。

“孟首席，您要的关于此次会议所用的文件，我已经上传到你的 CEO 平台上，另外已通知研发中心与营销公司的两位经理准时到会。”王莹报告着。

“好的，谢谢！”孟浩点头示意。

王莹轻轻关上 CEO 办公室门，然后深深呼了口气，她担任孟首席的秘书快三年了，首次见到他的神情如此凝重，根据孟首席这两天的严肃神态，王莹判断公司一定会在近期有重大决策出台。

孟浩翻阅着电脑中的文件，脑海中梳理着这段时间行业发生的大事件。

中国啤酒行业是一个大而不强的行业，啤酒行业存在的一个最大的弊端是品种庞杂。市场化改革使中国迅速走出了短缺经济时代。走到任何一个城市，都可以发现啤酒品种繁多且争奇斗艳。在生产工厂里，品种庞杂得更叫你大吃一惊：少则几十个，多则上百个，光名称就搞得你“丈二和尚摸不着头脑”。

中国加入 WTO 后的几年里，外资更是对国内啤酒市场虎视眈眈，高调牵手，现金收购。越来越多的国外战略投资者将目光瞄准了中国的啤酒产业。例如两月前，全球最大的啤酒企业世博啤酒集团和美国最大的啤酒商 BBA 集团发布联合声明，世博将以每股 70 美元的现金、总计股本价值 520 亿美元收购所有 BBA 公司的流通股，两家公司合并为世博 - BBA 公司。一旦世博 - BBA 在中国区完成业务整合，他们将会给中国啤酒业带来怎样的震撼与冲击？要知道世博与 BBA 旗下的中国区业务，可是分别拥有（或间接拥有）334 万千升和 654 万千升的产量，其整合后的啤酒总产量，将远超国内最大品牌雪飘飘 690 万千升、盛京啤酒 402 万千升的产量。

“中国啤酒产业中，目前外资比例已经上升到 28% 以上，而且在未来几年中，啤酒产业的上游和下游外资比例还将持续增加，中国未来的啤酒市场竞争将更加激烈。”在不久前举行的行业峰会上，一位资深的啤酒产业发展研究专家，面对逆转的行业形势发表上述看法。

人们正热评世博与 BBA 的结合将会怎样影响中国啤酒市场竞争格局之际，全球性金融海啸猛然袭来，一瞬间入冬的声音包裹了全球各行各业。

作为企业领航者的经济学家们，在金融海啸来临前，没有几个发出预警信号。海啸发生后，他们一个个仁者见仁、智者见智的言论，反而让企业家们无所适从，一个不冷不热的笑话开始让企业家们如芒刺背。

话说有一群企业家为躲避金融海啸乘热气球逃生，途中被暴风吹的迷了路，情急之中，看到几个经济学家在一座山上烧烤，急忙大声喊：“我们现在哪里？”

回答的声音很快传来了：“你们在气球上。”

“废话，说的都是实话，没一句有用的话”悬挂在半空中的企业家们怒斥道。

的确，各种扑朔迷离的言论只能等着退潮时才知道谁在裸泳。但求生的路在何方，雪剑啤酒公司与其他企业一样，需要依靠自己的能力做出正确判断。

要想在已经成为红海的啤酒市场竞争中脱颖而出，孟浩必须带领雪剑公司选择一条战略捷径——利用行业技术升级的机会，挑战传统竞争思维。现在问题的核心是 PET 技术这一叶新舟，能否承受得住雪剑，或者能否真正到达充满希望与丰厚利润的蓝海，怕得就是死在沙滩上成为先烈。

电话铃声打断了孟浩的思绪，“孟首席，张经理、高经理已到小会议室等您。”电话中传来王莹甜美的声音。

“好的，我就到。”孟浩答道，一边放电话一边拿上文件包，打开办公室右侧通往隔壁小会议室的门。

试水市场的先行者

“坐吧，关于我们的新产品包装换代项目的可行性研究进展得怎样？”孟浩向自己的两位悍将点头致意，坐下后直奔主题。

顶着一双黑眼圈的营销公司经理张涛军，打开随身携带的超薄型笔记本，然后目光炯炯有神地向自己的老板介绍他们营销部门的研究成果：

“PET 包装企业为了颠覆传统啤酒包装市场，在工业生产技术和家庭产品包装创新上下足了工夫。近一段时期他们所开展的高效公关传播，已使业内逐渐认识到 PET 技术是啤酒市场的推动力。虽然啤酒的玻璃包装技术应用已超过 100 年、金属包装技术也有数十年历史。但是，作为具有革命性的包装技术——PET 已经展示出许多特点：独特性、现代性、经济性。”

“目前 PET 在国际市场上的应用情况怎么样？”孟浩问道。

“1996 年澳大利亚率先推出了塑料瓶装啤酒，至 2001 年，随着家康福等国际啤酒大鳄的跟风，PET 啤酒瓶开始在欧美普遍应用，仅美国该年度的塑料啤酒容器便达 3 亿只，而在英、德等啤酒高消费国家，PET 瓶装啤酒占市场份额均超过一成。目前，韩国是塑料啤酒瓶采用率最高的国家，市场份额高达40%。截至2005年，全世界PET瓶装啤酒产量将会近百亿只。”张涛军讲道。

“有中国区市场最新消息吗?”孟浩问。

“对于寻找市场多样化的中国啤酒生产商而言，PET是理想的选择。PET企业依据啤酒市场的高度活跃性，已采取多种措施帮助几家企业改进生产线，开发出采用PET瓶包装的啤酒。例如，可可啤酒公司PET纯生生产线采用德国某公司的PET瓶灌装技术，并结合可可啤酒的生产工艺，自主研发了全国首家PET瓶装纯生技术，在全国啤酒业第一次实现了大纯生啤酒的PET包装。在上个月的全国糖烟酒订货会上，可可大纯生以其独特的产品优势、别具一格的大包装、顾问式的招商服务，赢得了经销商的芳心。订货会第一天，签约意向经销商就达140多家，分布在全国17个省、直辖市。其中，一个太原的大经销商本来是来考察白酒产品的，在看了可可的PET瓶大纯生产品之后，当即决定签约，并强烈要求做山西、甘肃、宁夏三省的总经销。可可PET瓶大纯生便迎来了开门红。”

“根据你们掌握的信息，目前中国区市场有几家企业已经开始投资PET生产线?”孟浩问道。

“包括雪飘飘公司与可可公司，目前已有四家企业投资PET生产线；特别值得关注的是国内第一品牌——雪飘飘公司已经在做产品的市场测试。”

接下来张涛军详细介绍了各个企业投资PET的进展情况、其他企业与PET技术提供商开始接洽的啤酒企业情况以及跨国啤酒集团在PET方面的技术应用情况。

“推广新产品需要解决的一个最大的问题是消费惯性。习惯了玻璃啤酒瓶的国内市场，是否会接受PET包装产品”孟浩插道。

“以往我们总担心人们近百年来形成的对玻璃瓶装啤酒的消费习惯。岂不知人们对玻璃瓶的笨重已感到厌倦，瓶啤爆炸引发的人身伤害事件也屡见不鲜。消费市场对新型啤酒包装的需求已十分迫切。根据我们所做的消费习惯调查数据发现，有超过50%以上的消费者希望能够像购买大听装饮料一样地购买啤酒，希望有2L、4L与5L装啤酒产品可供选择。而PET塑料啤酒瓶具有重量轻、强度大、韧性好、不易破碎、易于制作各种规格和形状等诸多优势，正好可以满足甚至迎合这一消费潮流。”张涛军一一介绍着他的调研结果。

“嗯，PET瓶包装的确会是未来啤酒包装的趋势，但是这几年大家都在持一种观望态度，第一就是大家都担心客户是否能接受这种新技术包装，第二就是成本过高。现在看来，第一个问题解决的时机的确成熟了。”听完张涛军报告后，孟浩眼中也开始放射出异样的光芒。他把目光转向高守龙。

“守龙，你介绍一下改进 PET 生产技术工艺的研究结果。”

“在高达公司的配合下，我们曾经以高达公司技术人员的名义，实地考察了高达公司 PET 技术与生产线在可可公司的应用情况，同时也考察了两家目前正处于生产线改进阶段的竞品企业。结合 PET 在国外市场的应用推广情况，PET 塑料瓶工艺已经克服了所有的技术难题。中国是世界第二大饮料市场，对啤酒包装的需求将是巨大的。PET 包装机械制造商们已经做好充分准备，随时可以提供具有最新技术的啤酒 PET 塑料瓶装系统。”

作为雪剑公司的研发经理，有着高效严谨美誉和“高高效”绰号的高守龙，简明扼要地介绍了 PET 技术国内外的发展应用情况，特别是对啤酒企业价值链所生产的重大影响。

“我们传统啤酒生产的洗验、灌装杀菌、瓶贴包装三大工艺，经过 PET 技术改造后，将以吹瓶生产替代洗验工艺，使包装瓶供应与灌装工艺实现一体化链接，大幅度提高生产效率，有效降低生产成本。”

“当然，由于 PET 瓶灌装技术相比玻璃瓶要相对复杂一些，啤酒企业如果采用 PET 技术，还需要邀请 PET 啤酒装备企业对现有的送瓶机、灌装与压盖等环节进行改造，这就需要一定的技术改造投资。目前整个行业处于微利时期，并不是每一个啤酒生产企业都能够负担得起，这也是阻碍 PET 技术应用推广的重要因素之一。”

“另外，各个啤酒生产企业所关心的成本问题，过去大家仅将目光集中在单瓶材料供应成本上；我们曾经做了一个啤酒产品供应链的综合成本测算，如果保持目前的瓶装标准，包括 PET 瓶供应成本、运输成本和节约的洗瓶费用，每一瓶啤酒的综合成本高于玻璃瓶 10% ~15%，这是目前各个企业都难以承受的。”

高守龙讲到这里特意停顿了十几秒钟时间，然后继续分析道：

“大家忽略了一个非常重要的问题是，PET 瓶可以突破传统玻璃瓶包装的造型设计和容量设计，创新性开发出不同容量、不同包装造型的系列化产品，这种设计上的便利性，为产品创新创造了有利条件，如果采取 2L 包装供应市场，产品的综合成本基本将与传统玻璃瓶基本持平，即只要开发出 2L 以上大容量产品，不仅具有价格优势，更具有产品包装设计优势。另外，根据国家可持续循环经济战略，我们可以获得各级政府的产业升级补贴与技术研发贷款支持，以弥补小容量产品的部分成本开支。”

高守龙将一份文件递给孟浩：“这是为我公司制订的 PET 技改实施计划方案，关于对我们公司 35% 生产线的技术改造计划、投资预算、项目工期与人员培训等事项，已在文件中一一清楚说明，供公司决策时参考。”

“非常好！不愧是‘高高效’。”孟浩表扬着，同时将鼓励的目光投向张涛军。

“这要感谢我们的朋友高达公司孙董的大力支持。”高守龙言道。

“涛军，这段时间你们也很辛苦。一方面要在激烈的竞争中完成销售任务，另一方面又要组织市场调研。但是，我还是希望你在一周内制订出新包装产品的推广计划书给我。”

时间在三个人的谈话中转瞬过了 2 个半小时。孟浩脸上终于露出点微微的笑容：“你们回去后继续跟踪这个项目，做好 PET 技术实施的准备工作，不可有丝毫懈怠。这次战略调整将是我们公司的一次重大战略转折，有特殊情况必须在第一时间向我汇报。”孟总起身与两位得力干将紧紧握了握手。

第三方力量

“王莹，下午与高达公司董事长孙伟云先生的会面安排好了吗?”回到办公室后，孟浩接通秘书的内线电话。

电话里立刻传来王莹的答复：“孟首席，一切都按计划安排好了，一个小时前孙董的助理安妮刚来电话确认，下午两点半孙董准时到我们公司。”

“嗯，好的，谢谢你。”孟浩挂上电话，坐在软椅上松动了一下脖颈，期待着下午的会谈。

高达包装实业有限公司是中国最大、世界前五的 PET 瓶专业生产企业，具有年产 50 亿只 PET 瓶、40 亿支瓶坯、50 亿张瓶用标签、3000 吨 LDPE、LLDPE 塑料薄膜和收缩膜的生产能力，行业垄断优势相当突出。

PET 技术是高达公司董事长兼 CEO 孙伟云先生在德国留学时，从国外引进的具有世界领先水平的包装材料技术，目前高达公司是中国国内唯一的 PET 啤酒瓶生产厂家，拥有了国内乃至世界先进的 PET 啤酒瓶制造技术。PET 啤酒瓶作为玻璃啤酒瓶和金属罐的全新替代产品，预计将在今年下半年到明年年初对公司贡献较明显的效益，同时，高达已经把 PET 啤酒瓶生产作为未来几年公司发展的主攻方向。

下午14：25分，孙伟云先生与助手安妮到达雪剑公司，他们之前曾经多次来过雪剑公司开展PET技术的推广交流，对这里的环境比较熟悉。在公司一楼大厅门口遇到前来迎接他们的王莹小姐。

"孙董你好，很高兴又见到您，孟首席已在贵宾室恭候大驾。"王莹一边引领着孙伟云先生上电梯，一边与安妮姐妹般的手挽手紧随其后。

当孟浩听到走廊里传来两位女士甜美的谈话声时，起身走到门前，与刚好已走到门口的孙伟云碰了个照面。

"你好孙董，欢迎欢迎！又辛苦你们来一趟，快请坐。"

"你好你好，老孟你太客气了，我们这么好的朋友，你就是不邀请我也要经常过来看看，何况你又安排美丽的王莹小姐盛情邀请。"

言语之间，两个企业领导之间友好的私人情感已显露无遗。

孙伟云环顾一下这个熟悉的会客厅，脑海里回想起在这里与孟浩的多次友好会面；一年多来，高达公司不仅与雪剑公司的研发技术中心建立起友好关系，自己与孟浩的关系也日渐密切，除了商业上的良好技术合作，这个在年龄上是自己长辈的企业家，依靠自己深厚的技术修养，将一个食品科学研究所的实验工厂，培育成为目前的雪剑啤酒股份公司，其高度的事业责任、浓厚的民族情感和四溢的创业激情，深深感染着自己。从孟浩身上，孙伟云强烈感受到中国本土企业家的执著与伟大，正是这种伟大的执著精神，使他们与拥有数十倍资源的跨国巨头企业在市场上勇敢搏杀，屡有斩获。在孟浩那刚毅的脸上，一种笃定的眼神隐藏在他的眼里，再加上其强悍的市场竞争作风，被商界授予"铁血宰相"之称。

因此，在这一年多时间里，与雪剑公司的合作成为孙伟云的一个奢望，他殷切期待着能够与孟浩建立一种战略合作关系，引入国际资本解决雪剑面临的资金压力，用PET包装技术，为雪剑公司打造一艘航母，使优势互补的两家企业共同快速发展。

高达公司的市场战略，并不是要使PET啤酒瓶完全代替玻璃瓶，而要使它成为啤酒包装的一种选择，一旦啤酒企业选择了PET技术，他们就会逐渐品尝到新技术所带来的美好果实。

根据以往所做的基础性工作，以及一年来PET技术在中国市场上产生的行业影响，孙伟云预计这次会谈对于雪剑与高达两家公司来说，都将具有重要的战略意义。

同样，孟浩一边品着毛尖，一边望着这个几乎与自己儿子同龄的青年企业家，仿佛又回到一次次与他在这里把盏论世界的美好时光里。

孙伟云开阔的全球化战略视野、先进的管理理念、对世界尖端行业技术的了解和饱满的工作热情，同样也对孟浩生产巨大的吸引力。孙伟云身上所展露出来的这些特点，在孟浩的其他商业合作伙伴和自己公司下属经理人员中，都难以找到第二个雷同者；在与孙伟云的交往过程中，孟浩每次都能从孙伟云的谈话中获得新的知识与思想，甚至是对实际工作非常有效的管理方法。因此，孟浩与孙伟云之间可谓是惺惺相惜。

“孟首席，我有一些行业最新的信息与你分享。”孙伟云放下茶杯讲道，他知道孟浩对行业变化的关注度，因此选择这一话题拉开了这次会谈的序幕。

“好啊，我非常有兴趣。”孟浩将杯中的茶一饮而尽。

孙伟云就在王莹给自己和孟浩斟上茶后开始了这次重要会谈。

“上个月，我代表中国啤酒设备行业参加了在德国科隆市举行的世界食品包装技术高峰会议，其中加拿大赫拉斯、法国西乐、德国克林等世界塑料包装相关产业巨头均参加了会议，各参会企业家对啤酒包装塑料化的前景进行了探讨，特别研讨了如何在全球推广绿色啤酒包装技术，通过传统啤酒包装技术的升级，建立可持续循环的绿色塑料包装产业，并就一些技术标准达成共识，缔结了世界啤酒包装绿色宣言，这将极大地推进全球啤酒产业的包装技术发展。”

“另外，我回国后，上周又参加了国家塑料制品标准化技术委员会在珠海召开的《聚对苯二甲酸乙二醇酯（PET）啤酒瓶》国家标准审查会议，来自全国各地的20余名专家参加了审查会。该标准已通过专家小组审查，修改报批稿将上报国家标准委审批并颁布实施。根据政府发展和谐社会，打造绿色经济，保持可持续发展的国家经济战略，该标准的出台不仅将规范该产品生产、推动市场应用，还将有力促进啤酒行业的发展。”

“请问，国内有哪几家啤酒企业参加这次会议?”孟浩沉着地问道。

“我们高达是该标准的编写主导，另外北京雁鸣啤酒集团公司、广州青珠啤酒集团公司参加标准的协助制定。”

“感谢你提供的国内外行业信息，我们现在就我们双方合作的具体问题讨论一下。”孟浩单刀直入确立这次会议的主题。

在接下来的四个多小时里，双方就高达公司设备引进、雪剑公司35%生产线改造、生产技术人员培训、高达公司受合作银行委托提供专项设备采购商业贷款以及高达公司承担为雪剑引入国际私募基金投资等事宜进行了详细的讨论。

当万家灯火照亮整个城市时，双方结束了这次重要的会议，孟浩微笑着与孙伟云握手话别，同王莹一起挥手目送着孙、安二人乘坐的 BWM740 驶出公司大门。

何时机会最佳

虽然与高达公司达成了合作意向，但这份协议还需要董事会批准后方能与孙伟云签署。这种新包装技术在短期会给企业造成成本压力，但长远预测将会使企业通过新型包装技术，实现差异化经营，改变目前的市场竞争格局。

回到办公室后，孟浩一边草草吃着王莹刚刚准备的晚餐，一边开始着重思考三个问题：

第一，这次大规模的技术改造，目前的市场阶段是否是最佳时机？

第二，一次性改造 35% 的生产线，是否会影响公司目前的市场销售？

第三，是否要说服董事会，接受这个基于公司长远战略与收益的项目投资计划？

夜已经深了，当王莹整理完今天下午的会议纪要，悄悄离开办公室时，看到孟浩办公室依然通亮。

如果你是孟浩，面对雪剑公司的技术升级战略又将如何抉择？

专家评论之一

风险中的机会

梁梓聪　DBA　盛元博韬咨询机构高级咨询师

充分考虑竞争者的决策偏好，对风险厌恶决策者与风险偏好决策者，需要不同的竞争策略。

一个企业上马新项目通常会考虑两方面的因素：（1）新项目的盈利性；（2）新项目对企业竞争力的提升。案例中雪剑啤酒上马 PET 瓶项目显然属于后者。如果是以盈利为核心的项目，则考虑项目的现金流与 NPV（净现值）就可以了，考虑了风险系数之后如果 NPV 大于零，那么项目就有上马的价值，否则就不值得上马。而以提升竞争力为目的的项目除了现金流与 NPV 之外，需要考虑的情况要多得多，提升竞争力的项目会或多或少改变竞争格局，因此，竞争者会做出不同的反应，既有平衡可能会被打破，因此，了解利益相关者的决策偏好以及自己决策的时候容易犯什么错误，有助于我们更好地决策。

雪剑啤酒与竞争对手的决策偏好分析

我们先不要理会案例中的企业应该考虑到底玻璃瓶好还是 PET 瓶好，先来了解决策分类，这有助于帮助我们应该如何做决策，然后才是考虑做什么样的决策。

决策有三种类型：确定性决策、不确定性决策、风险性决策。

（1）确定性决策：决策者知道有多少个结果，也清楚这些结果发生的概率是多少。

（2）不确定性决策：决策者不知道有多少个结果，也不知道每个结果发生的概率是多少。

（3）风险性决策：决策者知道有多少个结果，但是不知道每个结果发生的概率是多少。

确定性决策可以叫做风险厌恶型决策，而风险性决策和不确定性决策归类为风险偏好型决策。案例中，雪剑啤酒所面临的正是是否应该采取风险厌恶型决策还是风险偏好型决策的问题。

我们做出某个竞争策略，竞争对手可能不反击，也可能反击，竞争对手采取什么样的决策，对我们选择什么样的决策有相当大的影响，所以，我们先搞清楚，我们的决策行为是否会让竞争对手做出反应，如果反应，会是什么类型的决策反应。

例如，我们是蚂蚁，对方是老虎，当蚂蚁攻击老虎的时候，对方是感受不到攻击的，这时候蚂蚁不管多么激动，老虎不会做出反应。就是说，蚂蚁不管做出什么样的决策，都不会影响老虎的决策。

如果我们是野狼，对方是老虎，当我们攻击对方的时候，对方会做出反击，但是，对方的反击会采取风险厌恶型决策，例如，你做出扑击姿势的时候不理会你，等你真的发起进攻并且靠近了才做出必杀的一击，你就立马死掉了，而没有必要跟你绕来绕去搞游击战，这样就是风险厌恶型决策。

如果我们是犀牛，对方是老虎呢？要知道发疯的犀牛力大无穷，老虎如果被犀牛角刺中不死也要重伤，这时候我们攻击对方，对方就不会坐等机会了，可能会不停地做出扑击，会选择机会冒险对我们进行强势攻击，这种攻击具有非常大的风险性，万一扑击失败，就被我们猎杀了，但万一他抓住机会，就能对我们造成严重的威胁，这时候是风险偏好型决策。

比较一组资料数据，雪剑啤酒的产量为 80 万千升，世博中国旗下品牌总产量为 334 万千升，原 BBA 旗下的苏克啤酒和五常啤酒产量分别为 505 万千升和 149 万千升。世博并购 BBA 成功后，其中国区啤酒总产量 988 万升；而中国国内最大的品牌雪飘飘产量 690 万千升，盛京啤酒产量 402 万千升。从市场实力看，雪剑啤酒跟国内三大巨头顶多是野狼跟老虎的竞争关系。

如果单纯从市场实力比较来看，雪剑无论做出什么样的决策都不足以让啤酒三巨头作为参考指标，三巨头之间的竞争是一个层级的竞争，即使雪剑啤酒的策略能引起三巨头的重视，三大巨头也倾向于做出风险厌恶型决策的概率较高，做出风险偏好型决策的概率较低。

下表比较了企业在做出风险厌恶型决策与风险偏好型决策时的差异：

	风险厌恶型决策	风险偏好型决策
决策方式	理性决策	条件理性决策
思维模式	逻辑思维	直觉思维
考虑重点	可获得的收益	可避免的损失
方案追求	最优方案	满意方案

有这样一个例子可以说明人们如何选择决策：

有 300 人不幸患病送往医院，医生经过诊断后说，现在有一种药物 A 和一种药物 B 有一定的效果，在使用这两种药物的时候，有如下方案：

方案（1）的两个选项：

①使用 A 药物 100% 可以肯定能救活 150 人；

②使用 B 药物，有 45% 的可能性 300 人会全部死掉，有 55% 的可能性 300 人全部救活；

如果你是决策者，你会选择那个方案？

方案（2）的两个选项：

①使用 A 药物 100% 肯定会死掉 150 人；

②使用药物 B，有 55% 的可能性 300 人全部救活，有 45% 的可能性 300 人全部死掉；

如果你是决策者，你会选择那个方案？

上述两种方案，大多数人会在医生给出方案（1）的时候选择使用药物 A，如果医生给出的是方案（2），则大多数人倾向于选择使用药物 B。

其实上述两个方案的两个选项在统计学上是没有差异的，然而，在方案（1）中，决策者面临的选择是如果选择 A 药物可以确保 150 人的生命获救，而选择 B 药物他不能确保有人得救，这就是风险厌恶型的决策。

而在方案（2）中决策者面临的是损失，选择 A 则意味着百分百的损失，这时候选择 B 就是风险偏好型决策。

风险决策容易犯的错误

国外越来越多的啤酒企业采用PET啤酒瓶子，而国内的可可啤酒引入PET啤酒瓶子后市场反响相当不错，雪剑啤酒的决策者会很容易受到国外的情况和可可啤酒的情况的影响，这让雪剑啤酒的决策者感觉上马PET会有国外与可可啤酒相同的结果，这种情况我们叫做代表性偏差。

举个例子，读者可能不知道我的年龄，如果我给出的题目是这样的："本文作者梁梓聪是否超过30岁？梁梓聪的实际年龄是多少？"可能大多数读者给出的答案是25~35岁；如果我这样问："本文作者梁梓聪是否超过50岁？梁梓聪的实际年龄是多少？"可能大多数读者给出的答案是45~55岁。这两个问题读者都被我给出的初始问题误导了，作者的实际年龄跟第一个提出的问题是没有任何关联的，这就是启发性偏差了。

启发性偏差包括代表性偏差、锚定效应、易得性偏差。所谓锚定效应，你看到某个商品在大商场价格是1万元，然后在另外一个特价超市看到是5000元，你会觉得这个5000元很便宜了，而忽视了这个产品的内在价值是否真的值5000元，这就是锚定效应。所谓可得性偏差，是人们常常更加容易相信熟悉的信息，例如，啤酒行业的决策者对玻璃瓶与金属包装是熟悉信息，而PET包装是不熟悉的信息，这会让决策者在做出决策的时候倾向于以熟悉的信息作为参考依据。

雪剑啤酒的决策路径建议

产品总是在不断地推陈出新更新换代中，没有什么产品是永恒的。总体来看，PET取代玻璃瓶的趋势是明确的，在趋势明确的前提下，企业上马新项目只是时间与方式的问题。

我们很难给雪剑啤酒提供什么样的决策参考，首先，我们是门外汉，不熟悉啤酒行业的情况，其次，就算我们是啤酒行业的从业人员，也很容易因为启发性偏差让我们提供的意见会有很大的误差。重要的是我们应该告诉雪剑的啤酒决策者应该如何思考，如何做决策，如何在决策的时候避免犯错误，也就是说，我们只能给孟浩先生提供一个决策的路径做参考。

(1) 尽可能减少自身的不确定性决策，要对项目的贝塔风险系数、现金流与 NPV 进行评估，这些项目财务评估指标是一定要做的，没有足够好的现金流与 NPV 的项目，即使能够提升企业的竞争力也是不值得做的。

（2）充分考虑同行业的利益相关者与竞争者的决策偏好是很重要的，面对一个风险厌恶的决策者与风险偏好的决策者我们需要不同的竞争策略。

（3）充分认识自己在决策的过程中常犯哪些错误，尤其要避免由于各种启发性偏差而犯错。

包装的背后是战略

娄向鹏　福来品牌营销顾问公司总经理

包装有时不仅是包装本身的问题，它能够给企业带来差异化的竞争优势。

是不是采用 PET 瓶，让雪剑啤酒有限责任公司 CEO 孟浩颇费思量。

我国的地域特性注定，中小企业仍然有生存空间

啤酒行业以规模和品牌取胜，虽经过多次洗牌，但行业集中度仍然不高。全国大小啤酒厂有 5000 多家，真正的全国性啤酒品牌只有 5 家，分别是青岛、燕京、雪花、珠江、哈尔滨。

一方面，全国品牌越来越显示出强大的品牌感召力和行业整合力，另一方面，由于受储运半径的局限，啤酒的区域性特点尤其明显，行业处在比较分散的状态，中小品牌依然显示出很强的生命力。即便是全国性品牌，在区域市场也是强龙不压地头蛇。整个行业处在行业集中度继续提高与中小品牌地方割据并存的局面。雪剑啤酒年生产能力近 80 万吨，规模不大不小，是区域强势品牌。无论是在区域做强品牌，还是寻机向外扩张，都还是有机会的。

是否采用 PET 瓶，要看这件事在雪剑啤酒的营销战略中处于怎样的地位，对雪剑啤酒现在和将来有哪些影响。

行业趋势：大企业做行业，小企业做差异

看行业看本质。我国啤酒行业无论在工艺技术上还是在产品质量上已经高度同质化，竞争很大程度上是在啤酒之外展开的，企业集团化、产量规模化、品牌集约化、新品系列化是竞争之本。

即使我国一线啤酒企业，产量规模也尚不能与国外大啤酒企业相提并论。许多企业只会拼价格，把利润空间打没了，没有力量投入新品研制、品牌打造和市场扩张。品牌和产品档次越做越低，以盈利少的塑包、捆扎啤酒为主，而前景广盈利高的新产品像纯生啤、小瓶、异型瓶、易拉罐、PET 瓶等无力生产，发展后劲不足。

从国际、国内啤酒业的发展趋势看，要想在竞争中占据主导地位，发展壮大企业规模，抓紧研制并不断开发新产品是整个啤酒行业的当务之急和发展方向。

大企业做行业，他们的竞争主要体现在行业集中与整合的竞争，外资大肆并购，内资以大吃小。资本运作、资源整合是他们做大做强的主旋律。

中小企业的路在哪里？“大企业做行业，小企业做差异”，这个规律在啤酒行业仍然行之有效。

雪剑啤酒尽早采用 PET 瓶包装，就是差异化的策略选择。对于雪剑啤酒来说，是一个借机发展的战略机遇。

站在竞争战略的高度，看 PET 啤酒瓶的问题与出路

包装有时不仅是包装本身的问题，它能够给企业带来差异化的竞争优势。在企业界早有这样的说法，伊利的成功源于率先使用利乐包，光明的成功源于率先使用屋顶包，蒙牛的成功源于率先使用利乐枕。此说法难免有所偏颇，但从中可见包装创新在同质化行业竞争中的重要作用。

PET 啤酒瓶将以其轻便、易加工、安全不爆、环保等优势，部分替代传统的玻璃瓶和易拉罐。在高度同质化的啤酒市场，对包装差异化的 PET 啤酒瓶，要站在竞争战略的高度来看待它。

据资料，国内 PET 啤酒瓶推广已经四五年了，可是用量却少得可怜，在整个啤酒包装市场中的份额不足 0.5%。究竟是什么原因导致 PET 啤酒瓶叫好

不叫座呢?

成本!一只玻璃瓶进价0.8元,同容量的PET瓶为0.9~1.2元,如果单独考虑PET瓶轻便、安全、运输费用低等优势,一只PET瓶贵0.1~0.3元,企业勉强接受。但玻璃瓶绝大部分可循环使用,而PET瓶对生产企业而言每次都要购买新瓶。不仅如此,消费者也在算账。消费者喝完啤酒还可以卖瓶得到0.1元左右的收入,而PET瓶装啤酒则只能当废品扔掉。这样一算,一瓶啤酒对消费者的差价就不是一两角钱的问题,不用说,企业不愿用,消费者不买账。

富有远见的企业家,必须站在竞争的高度,看PET啤酒瓶的问题与出路。

如果我们不把PET瓶包装的啤酒当成低档啤酒,而是放眼家庭装、便携旅游装、异型装,是不是思路大开?是不是高出几角钱根本就不是问题?!

另外,安全是PET瓶的一大亮点,越是高端人群,越是惜命。为什么不把PET瓶啤酒装扮成高端人群独享的拥有精致外衣的名贵啤酒?!

跳出包装看包装,才会发现其中蕴含的营销价值。任何一个营销要素要看你怎么看怎么用,用对了,把PET瓶的价值放大,雪剑啤酒可能成为啤酒行业的伊利、蒙牛,用错了,把企业资源与PET瓶短板对接,企业可能因此一蹶不振,甚至成为VCD行业中的万燕,成为先烈。

时机比机会更重要

李　刚　DBA　清华大学 HTR 企业家研修中心首席管理顾问

抓住行业变革的时机，才能三分天下有其一。

在全国糖烟酒订货会上，可可啤酒公司掀起的 PET 包装啤酒（简称 PET 啤酒）订货热潮表明，PET 啤酒之所以获得经销商们的青睐，主要是其区别于传统产品的特点——大包装啤酒。作为消费者我们应有深刻感受，几乎没有任何一个消费者每次只购买一瓶啤酒，在极多数情况下，没有人一次仅喝一瓶啤酒。即目前的玻璃瓶包装标准是根据生产企业的生产标准制订的，而不是根据消费者的消费习惯。PET 技术最大消费特点是，可以根据消费习惯，设计更贴近消费者满意的产品包装。这有力地证明 PET 啤酒具有旺盛的市场生命力。

其次，正如雪剑营销公司经理张涛军的市场调研分析显示的结果一样，传统玻璃瓶装啤酒其实具有三大缺点：清洗空瓶耗费大量水资源、笨重的体积增加物流成本、易碎性导致消费安全隐患增加，而 PET 技术均能够从根本上解决这三大问题。

另外，玻璃瓶的笨重与易碎性，是消费者已经忍耐许多年的缺点，哪一年没有因为啤酒瓶爆炸造成人员受伤，这一潜在消费性危险，谁都无法预测，更难以预防，作为啤酒消费者，谁也不知哪一天会“鸿运”当头。这就导致广大消费者热切盼望着有更好的替代包装产品出现，而 PET 技术从食品到饮料、再到啤酒，已表明 PET 技术的科学与成熟性。看看目前市场上造型各异的矿泉水包装，我们就能够清晰地预测到啤酒包装的未来。

最后，根据张涛军的介绍，目前在中国区市场不仅已经有四家企业投资了PET技术生产线，更重要的是行业第一品牌企业——雪飘飘公司投资的PET包装啤酒产品已经在做市场测试，这预示着如果以上信息属实，雪飘飘公司将会在半年内成规模化向市场投放PET啤酒产品，届时，将会在整个啤酒行业掀起一场PET革命，彻底改变啤酒行业的包装技术与包装设计思想。雪飘飘不仅可以借助包装技术升级改变国内啤酒市场竞争格局，提高自己的市场占有率，同时也将促进啤酒行业包装设计水平的提升。

基于以上信息表明，PET技术目前是处于市场培养期末端，已经接近快速成长期，孟浩先生此刻不应该再犹豫，需特别敏锐地把握住这一行业发展战略时机，与高达公司的孙伟云建立战略联盟，采取快速突击策略，以高达公司包装技术与设备为杠杆，撬动PET技术生产线，提升雪剑公司的产品包装技术工艺；然后再利用孙伟云的海外资源，通过国际私募投资基金，引进战略资本，增加企业资本规模，通过在PET啤酒市场的战略布局，谋划雪剑公司在PET啤酒市场的话语权。

我们可以做一个战略假设，如果雪剑公司通过与高达公司合作，借助国际资本抢滩PET技术，快速形成百万吨级别PET包装啤酒产能，以PET啤酒挤压与抢占目前普通的玻璃包装啤酒市场，以往平衡的市场竞争格局必定会被打破，雪剑公司的历史发展轨迹将会为此而改变；否则的话，以雪剑公司目前区区80万吨传统包装技术的产品规模，对抗雪飘飘们数百万吨PET技术产品，其未来市场的天平无疑会向PET技术阵营倾斜。

案例12：企业如何转型

转型之痛

——生存与发展的痛苦抉择

凭借皮鞋制造生产起家的张进，在将精力转向矿山业务后，历尽波折，眼见柳暗花明，却迎面遭遇金融海啸的冲击，冶金市场急转直下，而原有的皮鞋业务由于被抽调流动资金用于矿山业务，也出现资金链吃紧、拖欠供应商货款的局面。转型未成反受累，是坚持还是妥协？

案例作者：安　妮
学术指导：李　刚
评论专家：张　戟　李　刚

Gongsijueze

“你把大部分流动资金抽走了，集团目前的资金极度匮乏，严重影响到皮鞋业务生产运营，再这样下去，集团将面临倒闭的危险；你必须回来主持这次集团会议，研究下一阶段的经营工作。”霸王集团鞋业公司总经理王兰在电话中急切地恳求着。

“太太，这些情况我都知道，我这里的情况也很糟糕，需要处理。资金问题还是要在温州想办法。我明天晚上就回去，参加后天的会议，你们把需要讨论的问题集中一下。”

张进先生放下电话，吩咐自己的秘书李丽：“李秘书，请马上通知张朴与于华两位副总，明天下午随我一同回集团开会，同时给我们预订明天下午回温州的机票。”

危机四伏

望着窗外被十多天春雨浸透的青翠山峦，阳春三月里的张进先生，近日的心情比这连日阴雨天气更糟。

五年前应地方政府邀请，自己倾尽所有可调动资金，远赴广西投资桂西有色矿产开发业务。在经历多重坎坷磨难之后，矿山去年终于开始投产。眼看着曙光已经冉冉升起，却迎面遭遇金融海啸，世界经济巨幅下挫，冶金市场急转直下，几乎一夜之间，客户取消订货合同，产品失去销售市场。更有甚者，部分客户破产，原来积累的多笔应收货款，一时间成为坏账，造成矿业公司资金紧张，矿产开采业务陷入瘫痪，前途迷雾茫茫，自己为此付出的两亿多元投资，不知何日才能收回。

与此同时，自己20年前创业起家的业务——皮鞋制造生产，由于自己将精力全部投向矿山业务，现有业务团队缺乏经营创新，导致经营不善，出现逆市下滑，业务量已经由最高峰的八条生产线，下降到不足两条线。

业务量的下降，造成部分优秀生产技工离开霸王集团。自己持续从皮鞋业务中抽调流动资金投向矿山业务，导致皮鞋业务资金链吃紧，拖欠供应商货款越来越多。春节过后，已经陆续有供应商上门讨要货款，影响到霸王集团的形象与业务运营，如果处理不当，将会酿成供应商集体上门讨债导致企业破产。

面对这一局面，作为霸王集团董事长的张进，深感问题严重。特别是进入21世纪后这十年来，市场竞争形势发生变化，经营压力骤然增加许多，企业经营愈加艰难，一贯对自己充满信心的他，在事业跌入低谷后，首次出现自信危机。

“明天晚上一定要拜访一下邹老师，请他给予帮助。”张进自言自语道，每当自己有问题时，总是向他请教，此时他想起远隔千里之遥的导师——温州民营经济研究专家邹成刚先生。

“太太，你帮助联系一下邹老师，我们明天晚上19：00请他老兄吃个饭，同时向他请教。”张进拨通王兰的电话。

“好的，马上安排。”确信老公明天下午到家，王兰多日紧张的情绪有所缓和。

辉煌过去

次日晚20：30，在温州一家高级休闲会所，王兰饭后送邹太太回家，张进陪同邹成刚喝茶。

已年过花甲的邹成刚，望着眼前疲惫不堪的张进，这个年龄与自己相差无几的企业家，曾经获得过全国鞋王称号的霸王集团领导人，过去他那些辉煌的事迹在脑海里回放着。

20年前，仅是一个制鞋匠的张进，在温州制鞋行业低谷时期，开始自己的创业生涯。两年后，他凭借创新与质量，成为全国鞋业评比第一名，获得鞋王的称号。张进为很好地宣传这一称号，竟然用近40张牛皮制作出一个数吨重的特大号皮鞋，用汽车运载着周游各个重要销售市场。经过这一特殊事件的营销宣传，产品质量获得市场认可，霸王皮鞋销量大幅增加。

通过这次宣传，张进似乎获得了成功经营企业的秘诀。他随后注册了霸王集团公司，成为当地第一家民营企业集团。并在20世纪末，每隔1～2年就策划出一个轰动性的事件，展开一系列事件营销活动。例如，曾经获得四项吉尼斯世界纪录的最大或者最小的皮鞋、为中国篮球队订制皮鞋、聘请身材最高的运动员担任形象代言人等。一次次将霸王公司展示给新闻媒体，使霸王皮鞋一次次暴露在镁光灯下，进而推动霸王集团产品销量实现上升。

与张进的事件营销不同，同一时期温州其他几家皮鞋企业——纳康与紫蜻蜓等，却在集中资源搞产品研发、个性化生产和品牌工程建设，通过培育最基础的企业能力，建设企业战略竞争力，为未来激烈的市场竞争储备能量。这些基础竞争力的构建，使它们在跨进21世纪后、市场供需关系发生转变后，产品利润越来越低时，仍然能够保持良好市场竞争优势，继续获得稳健发展，最终不仅成为中国市场的王者，而且进入欧美等高档产品市场。例如，纳康皮鞋被国际奥委会授权为北京奥运会专用产品，借助奥运会向世界展示中国名牌皮鞋的魅力。

而张进领导的霸王集团，却由于过于重视事件营销，缺乏在基础管理方面的投入，产品创新严重不足，长期沿袭家族管理，家长文化影响至企业各个方面，造成竞争力下降；企业在生产规模、经营效益、发展潜力等方面，近些年日渐衰落。与同时期创业的纳康等几大品牌相比，霸王已经没有优势可言。

"邹兄，最近身体好吗?"

张进的问候将邹成刚唤醒。

"目前到各企业去的时间多了，身体能够得到活动，各个部件运转正常。你怎么样？看你显得比较疲劳，要多注意啊！"邹成刚关心地问。

"谢谢！最近企业经营遇到一些困难，压力大一些。"

张进继续道："邹兄，霸王近几年的情况你是知道的。目前我已将主要精力转移到桂北矿山，那里的矿藏储量比较可观。特别是去年又勘探出一个金矿，矿石品位很高，拥有极高的开采价值与投资回报，目前正在与一些投资人洽谈合作开发或投资开发事宜。"

"很好啊。这几年你在矿山业务上投进不少资金和精力，如果能够成规模开采，霸王集团就可以完成战略业务转型。"

"问题是目前霸王资金比较紧张，一方面制鞋业务需要发展，另一方面矿产开发又需要较多的投资。就目前的情况看，随着国家4万亿元的救市投资，冶金市场近期将出现恢复，矿产需求增加，将会拉动矿山业务。要渡过眼下这3~5个月的困难时期，大概需要2000万~3000万元资金。所以，还希望老兄能够帮忙，找几个对矿山开发有兴趣的企业老板，大家合作开发桂西金矿。"张进说出这次拜访老师的本意。

"阿进，我非常希望能够帮你。"邹成刚慢慢品一口铁观音，亲切地说道。

"你是知道的，阿进，与你一样，近几年我们这里有许多制造业的老板，将自己在制造业赚的钱拿去炒矿，大家为此投入的资金数以亿计。但是，直到目前为止，近80%投资是有去无回，人们现在是谈矿色变，大家已将投资目标又转移到股市与房地产方面，甚至购买一些铜铝等有色金属，储存起来等着通胀升值。虽然我们温州民间资本较多，想找到对矿产开发感兴趣的投资者却有一定难度。”

张进给邹成刚倒上茶后说道：“老兄，与其他一些矿山不同，桂西矿山是一个老矿，我接手也已三年多了，到去年年初已完成移交与开采手续，拥有完善的生产设备与良好的生产技术队伍。另外新探明的金矿更具有广阔发展空间，这些都是其他矿山无法比拟的。只要渡过眼前这几个月，我们就能够产生良好经济效益。”

张进强调着桂西矿产的优势，试图说服邹成刚假以援手。

邹成刚望着这个与自己有20多年私交的兄弟，无奈地说：“好吧，我试着找一找，尽力帮助你。”

“另外，阿进，你要注意改变自己的管理方式，加强公司的内部管理，特别是要学会使用职业经理人，发挥他们在专业管理方面的优势。现在及未来的企业经营，需要职业化和专业化，纳康、紫蜻蜓等兄弟企业这几年的变化和经验，非常值得你参考借鉴。”邹成刚关心地说。

“好的，我请你明天参加霸王集团的经营会议，你给我们的管理人员多讲讲，鼓舞一下士气。”张进获得邹成刚的答复后，心情有所好转。

匆忙转型

8：30，霸王集团第二季度经营会议在温州霸王路88号的霸王集团总部小会议室召开。邹成刚环视一下今天参加会议的人员，为张进感到惋惜。

参加今天霸王集团经营会议的有张进与他太太——集团总经理兼鞋业公司副董事长王兰、协助王兰工作的集团副总经理兼鞋业公司总经理海涛、集团财务副总经理安娜、负责矿业公司销售工作的集团副总张朴与他的太太——矿业公司财务副总经理于华。

在十年前，应张进的不断请求，自己陆续向霸王集团推荐过十多位曾在大型企业甚至上市公司工作的高级经理人才，时至今日，那些优秀的职业经理不是被其他几大企业挖走、被张进家族成员排挤走，就是辞职另谋高就，没有一位能够留下来。在今天参会的人员中，除海涛是霸王公司自己培养的高级经理，其他人员都是家族成员或有关联的人员。

而纳康、紫蜻蜓等企业老板，亲自带领高层管理人员到大学参加现代企业管理的学习，通过自身管理意识、管理方法的改变，领导企业完成从家族式经营向以职业经理人为核心的职业化经营管理转型，企业文化也从创业时期的老板文化，进化为商业激励分享利润文化，公司创业者已经退隐到董事会与监事会，公司业务运营基本上是由更年轻的一代职业化管理人员在负责。相比之下，张进既不到大学学习现代管理知识，又无法改变自己传统的管理文化，更难以大胆任用职业经理；目前霸王的经营管理与企业文化还停留在创业时期以老板为核心的家族经营时期，难以与主流社会同步发展，这样的企业怎么能奢望其健康发展而不出问题？

“第一季度鞋业销售呈现下滑态势，业务量同比下降29%，出口业务下滑87%，现金流减少36%。专家预测市场恢复预期要到第二季度末或第三季度初。春节过后，仅保持一条线满负荷生产，另一条生产线开工率不足70%，目前全厂只有200名员工在岗。”王兰简单介绍了鞋业经营情况。

已跟随张进20年的集团副总经理海涛补充道：“受国际市场影响，今年的国际出口业务继续出现萎缩，我们应加强对国内市场的投入，增加国内市场销售人员和营销资源，通过提高国内销售弥补国际业务的不足。”

海涛接着详细介绍了本地其他几大企业的本土经营策略，希望能够获得董事长的关注与支持，提高鞋业投资比重，改善集团经营形势；作为霸王集团的创业元老，他为霸王这些年的衰退感到痛心。

“集团在五年前就已决定战略转型，逐渐缩小制鞋业务规模；我们在国内市场又没有品牌优势，现在投资无疑是临时抱佛脚，根本于事无补。”张朴发表自己的意见，他不希望集团再向制鞋业务投资，应集中资源确保桂西的矿山业务。

“现在的问题是，矿产开发是受多重因素制约的；我们已经在这一业务上投资超过2亿元，集团为这个项目负债1亿多元，造成集团财务成本上升，资金极度匮乏，而矿产开发业务在短期内又无法确定能够产生预期收益。建议集团领导能够重新考虑向传统主业投资，改善我们不利的财务状况。”主管集团财务的安娜发表意见。

安娜的发言引起邹成刚关注，这个毕业于财经大学的科班生、老板娘王兰的表妹，却能够客观地表达自己的意见，与张进的儿子张朴唱反调，真可谓勇气可嘉。

安娜继续侃侃而谈：“另外，这几年我们在矿产业务上的经验证明，当初离开具有优势与熟悉的制鞋行业，转向完全不熟悉、缺乏经营能力与管理经验的矿产开发业务，这一战略决策本身就值得商榷。”

“当初选择矿产开发，不是事出有因吗！”张朴道。

邹成刚明白张朴所说的事出有因，是指六年前霸王集团发生的一起走私案。

2001 年以后，鞋业市场的供需关系发生转变，市场供大于求，市场竞争加剧，产品利润大幅减少。为了增加收益，六年前霸王集团与其他几大企业共同向南方一个供应商低价采购一批来料加工的进口牛皮。正是这批进口加工业务后来出现问题；几家企业将这批牛皮加工成皮鞋后没有出口，而是直接在国内市场上销售，被海关查处并定性为牛皮走私案件。张进为了逃避执法机关的拘捕，逃到澳大利亚避难。

后来还是邹成刚四处游说当地政府，希望政府支持民营经济发展，对张进在经济上采取处罚、法律上适当保护。最终执法机关对这一案件给予经济处罚免于起诉，从而帮助张进化解了一场生存性危机。

这一事件对张进的打击很大。他从澳大利亚回国后，曾有一段时间闭门深思，最终在次年做出一项影响霸王集团未来发展轨迹的重大战略决定：霸王逐步退出利润日益减少的制鞋行业，进入当时投资最热门行业——具有高风险高回报的矿产开发领域。

“关于这个问题就不要再讨论了，我宣布几件事。”张进终止了安娜与张朴的争论。

“鉴于集团战略需要，海涛调任矿业公司总经理，协助我管理矿产开发业务。海涛目前在鞋业公司的工作由安娜接手。由安娜负责协助王兰做好制鞋业务的经营管理，加快销售资金的回款工作，争取保障这一业务的稳定；同时积极开展融资工作，保证集团资金链的安全；今天我把邹老师邀请过来，他已经答应帮助我们融资，安娜要积极配合。”

海涛对调自己到桂西去并不感到突然，这几年矿业公司的总经理像走马灯式地频繁更换，没有一个任期超过半年，不是因为与董事长配合不利，就是与负责销售的张朴有矛盾，或者管理权限受到制约无法展开工作。

今年春节时，张进与海涛讨论矿业公司总经理的候补人选，上一任总经理刚刚在节前辞职，当时张进就有调海涛到桂西工作的想法，只是由于去年下半年以来，国际市场出现剧烈震荡，公司的制鞋业务面临巨大挑战，海涛负责这一业务，一时间无法脱身。目前制鞋业务基本稳定，而矿业公司总经理一职却空缺两个多月，没有找到合适人选。

对于矿业公司的业务经营，海涛也没有把握，毕竟隔行如隔山，自己在制鞋行业打拼了20年，而对矿产开发却是一无所知。与以往那些专业的矿业公司管理人员相比，自己唯一的优势是来自老板的信任，自己很难预期未来将面临怎样的挑战。

安娜发言道："张董，虽然目前国家信贷政策放宽，但主要是对国有企业；对民营企业的信贷政策没有改变，以我们目前的财务状况，很难再获得银行放贷，下一步的融资对象需要调整为民间信贷。但是，民间信贷的成本会很高。"

"非常时期就采取非常之法，成本高也要贷，你注意适度控制一下财务风险。"张进指示着，同时将目光转向邹成刚。

"下面请邹老师讲话，指导我们的工作。"

进退两难

中午与邹成刚一起吃完饭后，张进请王兰送邹回民营经济研究院，自己回到办公室，与安娜讨论资金计划。

"安娜，目前集团的资金还能支撑多长时间?"这是他最关心的问题。

"张董，以目前的资金情况，我们最多还能支撑四个月——这不包括向矿业公司的投资；如果没有新的资金进入，我们将面临公司创建以来最为严重的经营危机。"安娜谨慎回复。

"安娜，虽然我们仅是远房亲戚，但是，我对你是格外信任。从你进公司参与集团领导工作后，这四年多来我的所有决策都与你沟通过。上午在会议中，我知道你有些话不方便讲，现在我想请你放开顾虑讲一下自己的意见，我会认真倾听的。"

安娜为张董的真诚所感动，她向自己的领导介绍了自己近一个时期思考的一个战略调整方案。

"张董，目前集团总资产为2.34亿元，包括在矿业公司的1亿元资产。总负债不到1.1亿元，其中银行贷款1.03亿元，应付原材料款项为600多万元。造成目前资金困难的主要因素，是前几年对矿业公司的投资，其中有近3000万元资金是抽调我们制鞋业务的流动资金。而我们目前对矿业公司的投资已经累计达到2.2亿元，其结果是连续四年经营亏损。矿业公司就像一个无底的黑洞，在吞噬着集团的生命。"

安娜望着张进那布满血丝的眼睛，继续讲道："要解决公司目前的财务危机，想依靠矿业公司的利润收益，是远水难解近渴的。在目前条件下采取民间融资，不仅财务风险较高，以我们过去的融资经验，短时间内很难解决问题。所以我们需要通过扩大制鞋业务规模，实现利润收益。对此，有三套方案可供选择。一是通过将我们其他两个已经停产闲置的生产工厂资产售出，换回公司急需的资金，发展目前制鞋业务。”

张进急切地问道：“以目前的行情，两个生产厂资产大约能卖多少？”

“两个工厂的账面资产价值接近4000万元人民币，根据目前的行情，大概能卖到2000万元以上。”安娜答道。

“这个价格有些低，介绍一下你的第二套方案。”张进失望地说。

“方案二是暂停矿山业务，将矿业公司账面上的1000万元资金调回，集中资金确保制鞋业务，实现资金快速周转，改善现金流质量。待集团公司财务状况获得好转后，再启动矿产开发开采业务。”

安娜望着董事长，看他没有表态的意思，就继续介绍第三套方案。

“方案三是将其他两个闲置的生产基地租赁出去，每月大概能够获得150万元的租金，再用这些租金收入支持集团的制鞋业务，扩大皮鞋生产业务的规模，改善现金流质量。”

介绍完自己方案的安娜，期待着张进的表态。

“谢谢你安娜，我知道你一定为这些方案，耗费了不少心血。这样，我考虑一下你的方案，请你再考虑是否还有其他方法，然后我们再沟通讨论如何？”张进提议道。

“好的，张董，我先回去工作，你若有事可以随时通知我。”

望着安娜离去的身影，张进多么希望霸王集团多有几位这样的人才，能客观科学的处理公司经营事务。想到这里，过去曾经在霸王集团工作的一个个高级管理人才的身影，浮现在张进的脑海里，他们中间不乏有许多人才是非常优秀的。如目前在纳康、紫蜻蜓等几大制鞋企业担任董事、总裁与副总裁一类重要职务的人员，都曾经是邹成刚推荐给自己在霸王集团工作过，但是，他们一个个是怎样离开的，自己却没有清晰的印象，如果他们还在霸王集团，大概自己也不会沦落到如此地步。看来确实像成刚讲的那样，自己的管理作风存在致命缺陷，需要调整！

安娜的几套解决方案，其核心目的，就是暂时放弃只消耗资金无法产生利润的矿产开发业务，集中资金确保能够产生经营利润的制鞋业务，进而确保集团公司的安全。其指导思想是正确的，但这一决策又与霸王集团五年前的转型战略发生冲突；如果认可此设想，无疑是否定了集团五年前的战略决策，同时也是否定自己。

那么，应该如何调整霸王集团的经营策略，渡过这次经济危机？张进独自一人在办公室里苦苦思索着。

如果你是张进，你会怎样领导霸王集团险中求生？

洞察矛盾　把握方向

张　戟　上海战戟营销咨询有限公司首席顾问

战略的选择，是基于经营矛盾的深刻洞察，是企业经营哲学的本质体现。

本案例所描述的情景案例，实际上包含了企业经营过程中的许多综合性问题，但其中最关键的还是霸王集团的战略选择和战略执行。

霸王集团之所以面临这样的困境，根源就在于其没有解决好企业的战略选择，以及没有做好与战略相匹配的核心能力构建。从企业实践的角度来看，战略选择就是解决矛盾。企业在经营过程中总是会表现出一系列的矛盾，而这些矛盾往往无所谓对也无所谓错，关键在于看待这些矛盾的态度，要解决这些矛盾，其本质上体现了企业的经营哲学思想，企业的战略选择出现了问题，也就意味着企业的经营哲学出现了问题。

战略选择的5对矛盾

就本案例主角霸王集团来讲，其战略选择主要体现于以下5对矛盾。

1. 长期与短期的矛盾

应该说，张进还是希望企业能够获得长期发展的，在鞋业市场的供需关系发生转变、市场竞争加剧的态势下，张进希望通过转型进入收益更高的行业，以解决企业利润日益减少的问题，这本身是一种着眼于长期的积极想法。

然而，是否只有转型跨行发展才是唯一可行的道路？整个鞋业都在面临着同样的市场环境，为什么如纳康、紫蜻蜓等鞋企反而异军突起呢？这其实就反映了不同企业老板的经营哲学思想，有的企业家着眼于在主业进行调整以渡过困境，有的企业家则着眼于另外的行业机会，哪一种思想更好很难讲，但这往往就是决定企业未来命运的关键所在。

2. 专业化与多元化的矛盾

当张进决定进入矿产开采行业之后，就意味着霸王集团已经走入了一条多元化发展之路，并且这个多元化与其原有的主业相距甚远，可谓风马牛不相及。就这个决策本身而言，其实也很难讲对错，因为专业化与多元化都有成功的案例，如多元化发展的复星集团和杉杉集团，都取得了很好的发展。那么问题可能在哪里呢？

在对待专业化和多元化的态度上，其背后的关键在于企业是否具有相同或者相似的核心能力，这种核心能力可以使企业在实施跨行业多元化发展中有效地实现能力延伸，比如复星集团郭广昌所言："复星集团的核心能力就是'发现'，对市场机会的发现，以及对所有战略资源的有效整合，推动了复星集团对多元化的成功。"霸王集团是否也具有同样的核心能力？其在制鞋行业积累的核心能力是否可以运用于矿产开采行业中呢？张进在做出进军矿产开采业时，应该对此是缺乏深入思考的。

3. 机会导向与战略导向的矛盾

专业化和多元化本身并无对错，关键在于企业必须清晰地判断什么情况下应该实施专业化，什么情况下又应该实施多元化，这种判断的标准其实就来源于企业家的一种思想或者性格倾向：机会导向还是战略导向。

所谓机会导向，意味着企业家具有非常敏锐的市场洞察力，性格果敢，反应快速，一旦发现市场机会就迅速行动；而战略导向，则表明企业家对于企业的发展有着清晰的方向感，这种方向感或基于一种理念，或基于一种核心能力，或基于一种现实基础，其对市场机会往往会在这样的价值观下进行充分评估论证，符合之后才会展开行动。前者的优点在于反应快速，容易抓住一瞬即逝的市场机会，但其弱点也是致命的，既可能"暴富"，也可能"暴毙"；而后者的优点是决策相对准确，不容易犯致命的错误，但反应速度较慢，有可能丧失难得的市场机会。从这对矛盾上看，张进显然属于机会导向者，其在霸王集团经历了一次“走私”风波之后就断然决定进入当时的热门投资行业——矿产开采业，这表现出的就是典型的机会导向。

4. 利润与现金流的矛盾

那么，张进为什么会形成机会导向的倾向呢？实际上，这就涉及了企业家的追求和价值观。我们可以看到张进最看重的就是企业利润，这也是影响其经营决策的核心所在，其对利润的看重，已经成为判断企业发展的根本标准。霸王集团进入矿产开采业，不就是看重这个行业“高风险、高收益”的特征吗？

所谓“富贵险中求”，过于逐利往往会使企业陷入困境。在 2009 年全球面临的金融危机中，许多中国企业都倒下了，并非这些企业经营不善或者不能挣钱，而是过快发展或盲目发展消耗了大量的现金流，从而使企业在关键时刻却陷入“失血”境地，经营陷入困境甚至一夜之间倒闭！霸王集团又何尝不是如此呢？

这对矛盾与霸王集团的多元化发展困境密切相关，企业实施多元化发展的前提一定是主业已经获得了坚实的市场基础和顺畅的现金流，如此方能更好地支持企业实施多元化，而霸王集团却是在原有鞋业面临困境时实施转型，鞋业本来就需要充足的现金流来应对激烈的市场竞争，而此时却因矿业需求而被抽走了大量的流动资金，一旦突遇金融危机，就造成了目前这种进退两难的困境。

5. 经营模式与人力资源的矛盾

那么，霸王集团为什么缺乏现金流呢？要反思这个问题，就要回到当初张进对鞋业公司的经营模式了，从案例中可以看出，张进当初对鞋业公司的经营主要依赖于其个人的能力，但是随着市场环境的不断发展，张进的经营模式显然落后了，霸王鞋业由于过于重视事件营销，缺乏在基础管理方面的投入，导致产品创新严重不足，同时其又长期沿袭家族管理，缺乏留住人才的企业环境，没有打造出一支专业而稳定的职业化管理团队，仅仅依靠家族成员和个别亲信，要对企业进行持续高效地经营，实在是难上加难啊！

另外，张进在拓展矿产开采业务时，采取的是自主经营而非投资的方式，霸王集团本身就缺乏经营矿产业务的核心能力，又没有采取合作经营的方式，把所有的问题都自己扛，才造成矿业公司连续四年经营效果不理想，拉长了投资回报周期，一遭遇金融危机就难免陷入困境。

转型的建议

基于以上对霸王集团5对矛盾的分析，我们可以对霸王集团的转型做出这样的建议：

（1）霸王集团必须及时抽回矿业公司的资金，同时按照安娜的建议盘活鞋业公司的生产场地和固定设备，最大化地换回流动资金来支持鞋业公司的发展。

（2）调整鞋业公司的业务结构，降低外销市场的比重，加强国内市场的地位。

（3）尽快调整鞋业公司的经营模式，根据国内鞋业市场的特性实施特许加盟的品牌专卖店发展模式，利用霸王鞋业已有的品牌影响力，制订高返利的销售政策吸引代理商加盟，从而利用代理商的资源来实现对市场的拓展。

（4）维持海涛鞋业公司总经理的职位，以利用其专业能力以及熟悉程度强化鞋业公司经营模式的转型，同时让安娜协助参与鞋业公司的转型和销售政策制定，以最大化地利用资金。

（5）对于矿业公司而言，可以维持现有销售，同时通过多方途径寻求合作投资伙伴，逐步将矿业公司由自主经营型转为投资型，将精力倾向于鞋业公司主业。

（6）霸王集团目前还没有陷入绝境，还有改变命运的机会和实力，在这种状况下务实比虚名更有意义，只有战胜自己才能赢得转机。

说到底，霸王集团要彻底走出困境的根本，还是在于张进必须从根本上改变他自己，改变他的经营哲学思想，从机会导向转向战略导向，在确保现金流的基础之上提高利润，同时还必须构建起基于组织而非个人的决策和管理机制，如果不是这样，那么霸王集团将始终面临着这些经营矛盾而难以解决，即便可以暂时性地渡过这一难关，也难免以后重蹈覆辙，难以逃脱衰败的命运！

管理视野制约民营企业发展

李　刚　DBA　清华大学 HTR 企业家研修中心首席管理顾问

思想决定心态，心态决定战略，战略决定发展。企业领导人可以没有渊博的知识和卓越的能力，但不能没有开阔的思想和管理视野。

这一案例，提出一个新的管理命题——管理视野。在企业经营过程中，企业领导人拥有的管理视野，决定着他的战略思维与经营思想，直接左右着企业核心价值与发展战略。致使张进先生陷入经营危局的，是他狭隘的管理视野。这也是多数中国本土民营企业家目前面临的战略成长瓶颈。

如果说张进先生获得鞋王称号的成功，是基于他在 20 世纪 90 年代，满足了当时消费者对产品质量的需求以及随后利用事件营销满足市场对品牌影响力的需求。当人类进入 21 世纪，企业经营需要企业家关注品牌美誉度、产品创新、内部管理创新、企业文化创新和用人机制创新时，张进仍然停留在自己创造的吉尼斯纪录光环中，难以自拔与突破自我，其过时的管理视野限制了他的战略思考与霸王集团的战略发展。

产品创新到事件营销

张进先生在创业之初，是凭借产品创新与质量创新，打破人们对温州“纸皮鞋”的认识，获得了中国第一项鞋王称号。

但是，作为制造业生存的基础，霸王集团的产品创新优势，随着一只超级“鞋王”的诞生，被事件营销所替代；在以后许多年里，霸王集团的竞争优势转移到事件营销能力上；正是由于20世纪最后几年连续事件营销的成功，麻醉了张进先生的竞争意识，影响了其客观洞察市场变化的能力，阻碍了霸王集团的产品创新与管理创新。待进入21世纪市场竞争环境发生重大变化，企业经营利润大幅度减少，张进先生意识到经营危机时，昔日的鞋王已经被淘汰出第一企业集团，沦落为一家二流制鞋企业。

自负限制人才引进

霸王集团初期连续的成功经历，使张进先生培育出极度自负的管理作风。虽然随着企业规模的扩大，他曾经委托自己的好友邹成刚先生推荐一些优秀管理人才来霸王集团工作；但是，他过于自负强悍的管理作风，使他对这些家族以外的管理者少有信任。缺乏信任未获得一定授权的职业经理人，在霸王集团缺乏管理威信，这将使他们时常与张进的家族成员发生矛盾与摩擦，进而受到排挤，最终影响到他们在张进心目中的地位，失去在霸王集团的生存空间。

如此复杂的管理环境，对职业经理人才的发展是非常不利的，其结果往往以双方分手而告终。

对于如何创造适合职业经理人才工作的制度环境，张进先生显然缺乏战略性思考，更勿奢谈他与这些职业经理们，就公司发展战略、企业文化优化改良和建立制度化激励机制等高端管理问题的交流与沟通。以至于他在数年后，都没有清晰地回忆起众多职业经理人员离他而去的原因。

弃长逐短的战略转型

与社会主流意识渐行渐远的张进，并未因为经营利润日益减少而从自己或公司的管理行为中剖析原因，却是选择一种与基业长青相悖的另一种危险游戏——走私原材料，企图通过走私获得产品经营利润的改善，并几乎葬送整个霸王集团——如果不是邹成刚的多方努力援救。

但是，张进没有从这次震撼性打击中总结经验，又一次做出一项在未来将会断送霸王集团命运的战略决策，向具有高不确定、高市场风险、高政策风险、高经营风险、高管理风险的“五高”行业——矿产开发领域战略转型。

在传统皮鞋制造业沉浸 15 年的张进先生，第一不熟悉矿产开发业务经营，第二没有矿业经营管理团队和技术人才，第三缺乏对高度一体化国际市场和国家管控政策的了解，第四在千里之外缺乏社会关系基础，仅凭借追逐暴利的个人胆略，盲目投资最终形成骑虎之势，进退两难，导致主业荒废，霸王集团陷入危险之地。

保生存再求发展

对于霸王集团财务副总经理安娜的解困方案，张进之所以没有立即表态，主要因素如下。

首先，张进即使知道安娜各个方案的指导思想与方案本身可行，他自己却缺乏自我否定的勇气。

其次，管理意识尚停留在产品经营时代的张进，对资产重组缺乏认识，很难科学认识这些方案背后的价值。

最后，已经倾注大量资金和心血的矿业公司业务，寄托着张进先生对美好未来的希望，不到生死关头，他无法做到壮士断臂。

但是，如果数月后霸王集团倒闭，张进先生将会梦断桂西，难有机会供其再一次选择。

张进先生目前的核心问题，是应先接受安娜女士的方案，确保霸王集团的生存安全，这是霸王集团一切未来的战略支撑。

案例13：企业如何持续发展

持　续　之　重

——是经营豆浆产业还是生产豆浆机

凭借豆浆机产品，历经15年市场风雨，阳光电器终于迎来彩霞满天，成为中国第一豆浆机品牌，这使齐志阳深感欣慰。但是，辉煌业绩的背后，阳光电器的成长隐患开始显露，小家电市场已逐渐步入红海，如何持续发展成为难题，是继续坚守既定的小家电战略，还是通过战略转型进入豆浆行业，构建一条豆浆产业链？

案例作者：安　妮　李　刚
学术指导：李　刚
评论专家：刘春雄　喻　祥
　　　　　李　刚

Gongsijueze

齐志阳站起身离开办公桌走到落地窗前，看着成群结队的员工或开着轿车驶进公司大门，或从公司通勤大巴走下来，或步行着匆匆向车间与办公楼走去。

初春明媚的阳光撒在办公室木地板和一丛翠绿的紫竹上面，使优雅的办公室勃勃生机。齐志阳此刻的心情就像办公室的气氛，洋溢着成功后的喜悦。15年的艰苦创业，终于换来第一个战略性阶段的成功，凭借豆浆机产品，使阳光电器成为中国第一豆浆机品牌，这使齐志阳深感欣慰。毕竟在技术壁垒极低的小家电行业，每年诞生着数百家企业，同时也有上百家公司倒闭；而自己领导的阳光电器一路坎坷前行，经历15年市场风雨后，终于迎来彩霞满天。他获悉公司股价昨天又持续上升，市值已超过中国家电第一品牌海星的上市业务，达到近150亿元人民币。

但是，辉煌业绩的背后，阳光电器的成长隐患开始显露，如何使企业保持长远稳定的持续发展，成为近一年来困扰他的核心问题。

“你好董事长，汪副总到了。”对讲器中传来秘书张敏的声音。

“谢谢，请汪总进来。”齐志阳道。

战略测试

“齐董，早上好！”阳光电器创业元老、负责公司营销业务的高级副总裁汪凯在董事长秘书张敏小姐的引领下来到办公室向齐志阳问好。

“早上好，汪凯！”齐志阳上前握着汪凯的手，另一只手在汪凯的肩膀上用力拍拍，然后关心地问道：“巡查了一个月市场，辛苦了，你身体还好吧？”

“谢谢，身体没问题，但市场有些新的情况。”汪凯答道。

“好啊，快请坐下，我非常希望知道市场的情况，你详细介绍一下。”齐志阳拉着汪凯在乳白色沙发上坐下。张敏小姐给二位领导沏好一壶绿茶后离开办公室，随手将门轻轻关上。

“我这次对中国区三个级别的市场分别进行巡视，特别是我们近一年多来推广的‘幸福豆坊’项目。发现豆坊在一二级市场比较受消费者欢迎，在三级市场反映一般。这主要是三级市场的消费观念有待培育。”

汪凯喝一口茶继续道：“我们在这一年通过豆坊终端销售绿色环保的高品质黄豆1200多公斤，这已经证明我们去年的市场分析预期是正确的。如果我们能够通过延伸公司业务，以优质黄豆加豆浆机，重新构架公司产品线，将在三个方面获得战略竞争优势。”

“哪三方面的优势？”齐志阳问。

“一是能够根据长尾理论，有效开发老客户附加价值，提高公司获利水平。二是通过面向广大消费市场销售优质黄豆，进入广阔的豆浆原料市场，开发竞争品牌的客户市场，与其他竞争品牌形成竞争合作关系，强化阳光品牌在豆浆市场的领先优势，提升‘阳光’在豆浆行业的战略影响力。三是通过进入豆浆原料市场，保障豆浆行业的安全，进而保障豆浆机市场的安全，避免‘三鹿门’对乳制品行业毁灭性打击的类似事件发生，确保公司主业安全。”汪凯介绍道。

“这将意味着我们要从豆浆加工设备生产商，转型为家庭豆浆服务提供商——即向消费者提供豆浆原料、豆浆加工设备和加工配方工艺指导服务。”齐志阳言道。

思考片刻他向汪凯提出一战略性命题：“问题是其他品牌也可以向客户提供黄豆，我们如何才能形成核心优势，提高这一市场壁垒？”

这个问题汪凯曾经思考过，他陈述着自己的想法：“这一年我们仅仅是将大豆作为营销工具促销豆浆机，同时利用大豆业务塑造与推广‘幸福豆坊’概念，并没有塑造‘阳光牌’大豆。”

“既然‘阳光’已经成为豆浆机行业领先型品牌，我们可以利用这个行业品牌优势向豆浆原料进行品牌延伸，培育‘阳光’牌高品质大豆，使其成为消费者选择大豆消费的首选品牌。”

齐志阳点点头，表示认同汪凯的观点，然后问道：“高品质大豆应该具有哪些标准？我们是面向国际市场采购，还是面向国内市场采购，国内外大豆供给市场的竞争态势怎样？”

“这些我尚未做更为系统的研究。”汪凯坦率地答道。

“这些问题都需要搞清楚，以便我们研究未来的公司发展战略。”齐志阳道。“我们将在后天召开一年一度的公司战略研讨会议，就这些问题进行系统深入的讨论，你也多做一些准备。”

汪凯起身微笑着与齐志阳握手告别。

齐志阳在办公桌前坐下，望着办公室墙壁上的一幅“将阳光电器打造成为世界级小家电品牌”的题字——这是一位国家领导人视察阳光电器时留下的墨宝，既是领导对阳光的期望，也是齐志阳早年给自己设立的公司战略目标，更是阳光电器十多年奋斗的目标。

在公司去年的年度发展战略研讨会上，根据公司战略副总裁苏健的提议，通过用大豆促销豆浆机的策略，测试市场对豆浆机企业销售大豆的接受度和市场反应，其目的是希望探索阳光电器向豆浆行业转型的可能性。

但是，如果向豆浆产业转移，将意味阳光电器需要根据豆浆行业发展需要，重新设立企业战略目标，放弃既定的“世界级小家电品牌”战略目标，这对齐志阳来讲，将是一次艰难的战略抉择，也是近一年来困扰他的核心问题。

“我们一个企业的行为能够影响豆浆行业健康发展吗？究竟能够产生多大的影响？”

电话铃声打断了齐志阳的思绪，他拿起听筒，传来公司财务副总裁李珊小姐的声音：“你好齐董，明天下午我需要向你做公司年度财务汇报，预计需要两个小时，你明天下午几时方便？”

齐志阳答到：“你好，姗姗，定在明天下午15：00到17：00，谢谢。”

成长危机

次日下午15：00，在阳光电器董事长办公室，清秀干练、一派职业经理作风的财务副总裁李珊，借助投影仪向齐志阳汇报公司的年度财报。

“齐董，我们上年度实现营业收入44亿元人民币，同比增长122%，实现净利润为5.4亿元人民币，同比增长72%。”

“截至去年年末，我们公司的业务结构是：豆浆机业务收入为30.1亿元，占总营收的70%；第二大业务电磁炉的营收为9.6亿元，占总营收的22.3%，同比增长了66%；榨汁机与料理机业务收入为2亿元，已进入中国区行业前三名；大豆与其他业务收入为0.3亿元。”

接着李姗详细地用财务分析图表向齐志阳分别汇报了公司财务结构、收入结构、各业务成本变化和市场份额变化等情况。

“综观去年经营数据，有以下三个方面非常值得我们高度关注。”李姗总结道。

这引起齐志阳的注意：“哪三个方面？”

“第一个方面是去年我们总营业成本同比增长了146%，高于销售收入增长率 22.4 个百分点。这说明豆浆机市场竞争更加激烈。根据市场部门的信息，仅去年一年就新增加 800 家豆浆机生产企业，出现 100 多个豆浆机品牌。

另一方面，各项业务经营成本均出现大幅上升，同时市场份额却呈现出下降趋势。其中豆浆机的市场份额下降到 80%。

听李珊讲到这里，齐志阳插言道："找到市场份额下降的原因吗?"

"主要是由于一些著名的家电巨头进入该行业造成的，如国际著名小家电品牌飞而浦和国内家电巨头美丽电器。它们携带着雄厚资本杀入豆浆机行业(美丽公司仅一期投资就高达 3 亿元人民币)，企图利用他们在品牌、资本、人才和管理等方面的优势，采取战略性亏损的竞争方式掠夺市场份额，给我们造成极大被动。"

"最后一个方面是什么?"齐志阳问道。

"最后是由于基础管理薄弱造成我们战略反应迟钝。"李姗答道。

齐志阳非常重视这个问题，他将目光从屏幕转向李姗问道："能否详细介绍一下这个问题?"

"好的。"李姗打开一个新的分析文件，向齐志阳介绍公司存在的重要管理问题。

"根据我们所掌握的信息分析发现，与营业收入上千亿元人民币的家电巨头美丽集团对比，我们的基础管理存在巨大差距，主要是三种因素造成的。首先是组织模式，我们采取的是在各省、自治区、直辖市设立营销分公司或办事处管理各地经销商的模式，市场形势好，产品能够快速销售，市场形势不好，就会增加各地的产品库存，造成成本上升。"

"美丽模式有何不同?"齐志阳问道。

"美丽集团是与各地的大经销商合作，共同出资在本地建立具有独立法人资格的销售公司；这些销售公司的总经理与经营管理团队由美丽集团统一任命，主要公司领导持有公司股权。公司运营管理与财务控制机制统一按美丽集团的模式执行，这样避免了市场环境波动造成的库存成本隐患。"

"其次是考核管理机制，我们的分公司主要考核销售指标，这造成各分公司以完成销售任务为核心管理目标，至于为完成销售指标而增加的营销成本与库存成本，我们缺乏积极有效的管理措施加以控制，进而推高企业整体运营成本，侵蚀一部分企业利润。"

"最后是激励管理机制。由于美丽各地的销售公司主要领导持有公司股份，公司利润增长直接与其年度收益挂钩，他们能够及时捕捉市场机会，对市场变化快速反应，积极推动市场建设，带动公司整体发展。而我们由于是按销售额提取效益工资，销售人员缺乏主动竞争意识，对于市场出现新的商业机会视而不见，导致企业失去市场增长带来的无限商机”。

“能够举出一个具体例子吗?” 齐志阳关切地问道。

“去年三聚氰胺事件使奶业市场遭受重创，消费者放弃奶产品转向相对安全的豆浆，促使国内豆浆机市场出现爆发性增长。作为中国区豆浆机市场第一品牌，由于战略反应能力与管理水平的制约，未能抓住战略性发展机会、根据市场反馈信息及时调整经营资源参与竞争，导致许多销售终端因为产品供应不及时而缺货。而美丽与飞而浦等企业，则由于具有快速市场反应能力，及时调配资源保障产品的供应，在各销售终端组织高频次促销活动，仅两个季度就掠夺近 14% 的市场份额。

这一事件充分证明，我们在组织模式、绩效考核和激励机制等基础管理方面，与国际一流企业之间存在的差距很大，需要尽快提高。”

听完李姗的专业分析，齐志阳问道：“是否可以这样理解你的意见：与国内外著名家电巨头相比，我们在企业规模与管理水平等方面均难以匹敌。要把阳光电器建设成世界级的小家电品牌企业，将面临极大的困难。”

“我个人也难以接受这一结论，但市场是残酷的，我们很难实现过去既定的战略目标，需要进行战略创新，积极探索和研究新的战略发展方向。”李姗沉着地说道。

“好吧，既然涉及战略创新，我抽时间与苏健副总裁沟通一下，请你把有关数据再汇总整理一份报告，提供给我们的公司年度战略会议参考。”齐志阳吩咐道。

李姗离开后，齐志阳考虑应在公司年度战略会议召开前与苏健进行一次详细讨论，听听自己这位高参的观点。他拨通苏健的电话，听到苏健优雅细腻而亲切的声音：“你好，我是苏健。”

齐志阳问候道：“苏健，你好，我是志阳。明天就要召开年度战略计划会议了，你准备的怎样?”

“已经准备好了，我与博韬咨询公司几位专家现正讨论相关的问题。如果你晚上有时间，我们一起用晚餐，我有几个问题需要再与你交换一下意见。”苏健亲切地说。

“好的，我们晚上六点半在齐鲁半岛餐厅见。”齐志阳道。

持续瓶颈

苏健在 17：30 结束了与博韬咨询华东分公司几位管理专家的课题分析会议，驱车赶往齐鲁半岛餐厅。

适逢下班高峰，这个省会级城市与中国区许多城市一样出现交通拥堵，苏健亦步亦趋地驾驶着自己宽大的越野车 JEEP 指挥官在车流中缓慢移动着。眼前这一情景多么像阳光电器的企业成长态势，在经历一个时期的高速发展期后，基础建设不足导致企业出现成长减速，如果不及时进行战略性调整，不仅将失去市场机会，而且现有市场优势也将被竞争对手蚕食。

阳光电器的基础管理不足，在一年前已经显现出来，作为负责公司战略的主管领导，他曾经多次向公司董事会提出方案，建议借助外部管理咨询机构的专业管理资源，帮助企业再造集团管理系统，抛弃阳光电器目前这套仅适合 20 亿 ~40 亿元的组织结构与管理机制，建立一套能够使企业运营 50 亿 ~100 亿元的新型组织模式和管理机制，保障企业未来三年的持续发展。

遗憾的是他的建议没有被董事会采纳，多数董事认为，阳光已经历 15 年的发展，事实证明目前的组织管理体系是科学有效的，没有必要进行改进，更没有必要花大量资金聘请管理咨询机构——那些根本不了解阳光电器的所谓专家，部分董事甚至搬出一著名国际咨询公司在中国区的多个失败案例加以证明。

苏健为这些目光短浅的董事们深感遗憾，作为公司的创业者，他们更多的自信来自以往的成功——从无到有创造了 40 亿元规模的阳光电器。但是，他们既不了解将一个 40 亿元规模的企业发展到上百亿元规模的战略路径，也不清楚在发展过程中将遭遇哪些战略性风险，对于驾驭一个百亿元规模企业所需要的管控模式更是近似于无知，仅是盲目乐观地认为按照以往的管理方式就可以进入百亿公司俱乐部，即使当这些公司元老们设立的公司战略目标——成为世界级著名小家电品牌已经在市场上遭遇到飞而浦与美丽电器的重创，他们仍然没有清醒。

鉴于以上形势，苏健很清楚，如果此时自己再提出公司战略再造——将阳光电器塑造成为一个经营豆浆加工设备和豆浆原料的豆浆服务商，必然遭到董事会的反对。因此，他采取另外一种妥协的策略，以市场促销方案的方式，提出在各地市场销售终端以搭配销售大豆的方式，促销豆浆机，进而对市场进行火力侦察，检测战略转型的可行性。

虽然，这一年的大豆促销进行得比较顺利，但如果向董事会提出公司未来进入大豆销售市场，建立大豆业务体系，苏健预期将会遇到较大阻力，因为这将会对公司既定战略提出挑战。

“成为世界级著名小家电品牌，根据目前的研究结论，这将是一个无法实现的战略目标，我们需要根据市场形势进行务实的战略调整与创新。”每次涉及这个问题时，苏健仿佛都难以跨越与突破，这不仅需要说服董事长齐志阳本人，更要说服一批公司元老。

Jeep指挥官停在齐鲁半岛餐厅门前，下车后苏健将车交给餐厅的服务生，由服务生将他的爱车开到停车场予以保管和清洁，他在另一位服务生的引领下走进餐厅，来到阳光电器固定的包厢，看到自己的老板已经在座位上品茶。

艰难选择

“抱歉齐董，我来晚了”

“你很准时，是我早到了十分钟，快过来喝点茶放松一下。”齐志阳热情地招呼道。

齐志阳给苏健斟上茶说：“这几天与专家们讨论的怎么样?”

苏健喝一口茶后，放下象牙瓷茶杯，舒缓地答道：“连续一周，我与博韬咨询公司的三位专家一起，就我们公司未来发展的战略定位与战略路径进行了系统分析讨论，今天已有了基本研究结果。”

“你先简要介绍一下研究结果。”齐志阳道。

“专家们提出两种战略思路，一是放弃公司既定的小家电战略而进入豆浆产业链，成为豆浆市场的设备、原料和营养配方技术供应商；二是坚持既定的小家电战略，实施基础管理系统再造与产品结构再造，强化小家电业务的战略竞争力。

“这就是说需要我们在两个战略之间进行选择?”齐志阳问到。

“是这样的。咨询公司的专家们仅对两种战略的利弊提出详细的分析报告和战略选择建议，至于选择哪一种战略，需要我们自己决定，这是他们咨询服务的职业准则。”苏健道。

“如果继续坚持小家电战略，我们会面临哪些风险?”齐志阳问。

“首先是公司基础管理再造面临的风险。管理系统再造大约需要一年半到两年方可完成，这期间将会面临以下三个方面的问题。一是管理系统再造将影响公司业务运营的速度，使现有业务受到一定影响；二是系统再造将会涉及管理人员的权力与利益分配，对现有管理队伍造成冲击，再造期间必然导致部分管理人员流失；三是基础管理系统再造本身需要投资，再加上以上两项因素的影响，将使公司整体运营管理成本上升。”

苏健端起茶杯喝了一口茶，接着说：“其次是现有产品结构面临的风险，目前豆浆机业务占70%以上，其他业务不到30%，如果未来豆浆机市场趋于饱和——根据预测最多2~3年，公司业务将面临巨大的持续发展风险。最后，是豆浆行业安全风险带来的经营风险。作为豆浆产业链上的一个加工设备供应商，我们无法保障豆浆食品的安全，如果类似‘三鹿门’事件出现在豆浆行业，首先被消费者抛弃的将是我们设备供应商，作为阳光电器主业的豆浆机业务将面临灾难性打击。”

苏健讲完后，齐志阳默默地喝着茶没有讲话。

苏健吩咐服务生上菜，他陪着齐志阳沉默而缓慢地用着晚餐，两个人似乎都在思考着什么。

餐后，齐志阳终于开口问道：“假如我们将公司业务转型为豆浆产业，将会有什么风险?”

苏健给老板和自己的茶杯分别斟满茶水，放下茶壶道：“进入豆浆行业，将面临以下三方面的风险。

首先是大豆产品风险。根据我们今年推广的“幸福豆坊”健康生活要求，制作豆浆的首选原料，应选国内非转基因大豆。但是，目前国际转基因大豆的价格低于国内非转基因大豆的价格——市场预测这一价格趋势在未来会更高，国际大豆对国内市场的价格冲击，已使国内大豆种植业举步维艰。虽然非转基因大豆蛋白质含量、高油脂含量低、更加健康，但随着价格差距的不断加大，消费者是否会接受高价格的本土非转基因大豆产品，存在重大不确定性风险。毕竟大豆是极其普通的生活食品类产品，而国内消费者多数为价格敏感型客户。如果我们放弃大规模的价格敏感型客户市场，而选择部分非价格敏感性客户市场，将难以实现规模化经营。

其次是业务模式风险。我们目前的小家电业务主要采取代理分销的业务模式，由各地分销商代理进入家电卖场销售渠道进行产品销售。而大豆产品主要是通过粮食批发市场进入以农贸产品市场和大型商业超市等流通渠道进行销售，这两种业务体系的运作方式存在差异。鉴于大豆这类产品的毛利率较低，无法支撑我们现有的小家电渠道运营成本。如果采取传统粮食批发渠道运作大豆业务，我们不仅失去借助现有小家电渠道的战略协同优势，批发渠道的物流资源与大豆库存都需要进行巨大投资——我们在这方面几乎没有任何经验和市场优势。”

“我打断一下。”齐志阳听到这里突然发言道：“苏健，对于大豆销售模式，你们研究报告中有比较好的思路吗?”

“有的。假如我们计划进入大豆产品领域，要实现规模化销售，可以通过抓两头弃中间的模式。”苏健答道，看到老板感兴趣的目光，他介绍说：“所谓抓两头弃中间模式，就是控制大豆的采购权与销售权，将中间的物流运营业务，以外包的模式转给第三方专业物流公司，建立批发与分销零售两级销售网，覆盖传统农贸市场和大型商超市场，这样方可有效控制业务风险。”

看看老板频频点头，苏健继续道：“最后的风险是行业市场风险。如果我们进入大豆市场领域，就需要对公司现有业务结构进行调整，逐步削减非豆浆机类业务，将资源集中投放到豆浆机与大豆产品业务方面。但是对于偌大的中国区豆浆市场，我们能够拥有多少市场份额与话语权，即使拥有一定市场影响力，我们又能否保障大豆的产品安全性，这些问题均具有不确定风险。”

转眼时间已经过了23：00，齐志阳对苏健的研究报告给予了高度肯定，他希望苏健在明天的年度战略会议上详细报告这一战略研究成果，特别是努力争取与会董事们的接受与支持。

第二天18：30，齐志阳结束了一天的公司战略研讨会，身心疲惫地回到自己办公室，吩咐秘书张敏给自己倒了一杯浓咖啡，然后坐在宽大柔软的沙发上休息片刻。

果然不出自己所料，在今天的战略讨论会议上，大多数董事与高级经理人员仍然选择与他们既定思维相一致的小家电战略，放弃了苏健提出的向豆浆产业转型的战略建议案。虽然自己在近三个月时间里，分别与多位董事进行过公司战略转型的沟通，现在看来自己的观点看法并没有被他们所接受。

在已经逐渐成为红海的小家电市场，阳光电器是继续坚守既定的小家电战略，还是通过战略转型进入豆浆行业，通过“豆浆机＋大豆”模式，构建一个能够持续发展的豆浆产业，为消费者提供健康安全的豆浆生活？齐志阳被这些问题苦苦地困惑着。

如果你是齐志阳，你如何领导阳光电器选择可持续发展的公司战略？

战略成功了，企业就一定能活下来吗？

刘春雄　销售与市场高级研究员、郑州大学管理工程系副教授

真正的战略并不是进行所谓的 SWOT 分析，而是为了确保行业位置，不管难度有多大，不管利弊如何，都必须去做。

在我看来，阳光豆浆的两个战略抉择都是“伪战略”，只不过是缺乏行业观察和战略远见的战略游戏。

我的判断很简单：即使阳光豆浆的两个战略同时实现了，它就一定能在小家电或家电行业拥有一席之地吗？它就一定能够活下来吗？

多数战略规划都会陷入类似“SWOT 游戏”，在几个战略路径之间进行利弊分析，最后的结论必然是每个方案都“有利有弊”，决策者只好在利弊之间玩平衡，或者干脆就是一个“拼魄力”的赌博游戏。

战略决策的底线

战略决策必须对一个至关重要的问题做出回答：如果战略实现了，企业又能如何？

举个例子：假设 20 年前有一家生产微波炉的小家电企业，其目标是进入国内微波炉前三甲，这样的战略是否可行？

事实上，在20年前，这是一个很有雄心和魄力的战略目标。可是，国内目前只有2家微波炉生产企业，没有第三家微波炉企业的生存空间。

没有人知道中国未来的豆浆机行业有几家能够活下来。

没有人知道中国未来的小家电行业有几家能够活下来。

没有人知道中国未来的家电行业有几家能够活下来。

如果企业不能在未来的豆浆行业、小家电行业、家电行业拥有一席之地，即使战略成功了，又有何意义？

战略成功并不一定能够确保企业最后活下来，这是很多中国企业在制定战略时没有搞明白的一个道理。

战略成功了，但企业完蛋了。这样的案例并不鲜见。

企业做战略决策时，最低要求是：战略成功了，企业至少能够活下来。

对两个战略路径的质疑

对阳光豆浆的两个战略路径，我提出两个问题：

第一，当阳光豆浆的多品类小家电战略实现的时候，它能够确保行业一定有它的位置吗？

我的答案是：未来的家电行业，没有纯粹的小家电企业的生存空间。原因很简单，世界上并没有纯粹的小家电企业，只有综合家电企业。

第二，当阳光豆浆的豆浆产业战略实现的时候，它能够抵御其他家电企业对豆浆产业的侵蚀吗？

我的答案仍然是否定的。当阳光豆浆做长产业链时，它只是让对手进入该行业的门槛提高和时间延长而已，并不能确保自己在该行业接近垄断的行业地位。

真正的战略

最后，我要提出一个最重要的问题：什么是真正的战略。

战略不是规划未来，战略是根据未来规划现在。

如果未来单一品类的小家电企业无法活下来，那么，所谓的豆浆产业战略不过是伪战略而已。

正因为如此，制定战略必须“以终为始”，即先研究行业结局是什么，然后研究战略路径是什么。

真正的战略并不是进行所谓的 SWOT 分析，而是为了确保行业位置，什么工作必须做，什么工作不得不做。不管难度有多大，不管利弊如何，都必须去做。

在我看来，豆浆机只是阳光豆浆进入家电行业的第一个产品，它的战略路径必须而且只能是：单一品类小家电→多品类小家电→综合家电。

目前，中国还有单一品类小家电的生存空间，未来将基本没有单一品类小家电的生存空间。所以走向多品类小家电是阳光豆浆不得不做的选择。不管这种选择有多难，都要走下去。因为现在至少还有进入其他小家电的机会，未来可能不再有这样的机会。

综合家电企业进入小家电也是必需的选择，美的就是典型。美的凭借它在家电行业的综合实力，将对单一品类家电企业逐个“解决”。

小贴士：豆浆机只是阳光豆浆进入家电行业的第一个产品，它的战略路径必须而且只能是：单一品类小家电→多品类小家电→综合家电。

用结构思维做战略抉择

喻　祥　上海容纳咨询公司首席顾问

从结构化的角度理解企业的战略，决策者的任务是抓住核心战略要素，由此明确企业的核心战略，其他战略要素作为核心战略的支撑，形成企业可执行的战略系统。

案例中企业的决策者有一些乱了，导致心乱如麻的原因并不复杂，并非企业真的面临无从抉择的困境，而是没有找到战略抉择的方法。

战略结构的诠释

对于一个已经形成规模的企业，决策者应从战略结构的角度去思考企业整体战略。那么，什么是企业战略结构？我们可以从两个维度对此予以解释：一是企业发展的战略要素，如业务选择、组织变革、人力资源、流程重组、产品组合、渠道模式、品牌传播等。二是企业发展的阶段，即在不同的发展阶段，这些战略要素对企业发展影响的大小存在差异。

例如，经过数十年的发展，娃哈哈形成了以产品战略为核心的企业战略结构，即娃哈哈在形成强大的渠道分销能力和品牌传播能力之后，决定娃哈哈持续发展的是产品组合的不断创新。而时间倒退 15 ~ 20 年，渠道战略对娃哈哈发展影响最为关键，是其战略核心。在尚未形成足够强大渠道分销能力之前，再优秀的产品组合和品牌传播都难以找到足够的落脚点。

因此，从结构化的角度理解企业的战略，决策者的任务是抓住核心战略要素，由此明确企业的核心战略，其他战略要素为核心战略支撑，并由此形成企业可执行的战略系统。

如何抉择

明确以上战略结构建立方法后，案例中的企业决策者首先应解决的是业务战略的选择问题，即做豆浆产业还是坚持小家电的“二选一”命题。无论是坚持小家电业务战略还是选择做豆浆产业的业务战略，管理战略都必将成为关键支撑战略要素。两者之间的差异在于：选择小家电业务战略，管理战略的关键是运营能力的升级；选择豆浆产业业务战略，管理战略的关键是组织的重组。决策者应从战略结构的角度，明确它们之间的关系。

业务战略选择是首先要解决的问题，这也是企业发展到一定规模时，为寻求更大成长空间所面临的选择。

那么，如何选择？企业面对的两个行业无疑都存在着不错的前景和空间。相对于很多成熟的行业，小家电依旧存在很大的利润空间。选择豆浆产业链的发展方向，具备一定创新性，从产业链整合角度看，可谓是一个蓝海市场。值得注意的是：从产业链的单一环节上分析，其实未必是“蓝海市场”，而这是在未来运营过程中不可回避的。豆浆机市场已经开始进入红海，大豆行业更是红海一片。所以，豆浆产业链的业务方向，其“蓝海市场”可能是一个伪命题，甚至存在巨大风险。

在行业存在良好前景的情况下，关键应正确考量自身能力的成长空间和对未来风险的把握这两个因素。对于多数企业，做出以上战略选择，有如下规律：第一是不熟不做；第二是与原有业务关联的紧密性。不熟不做是控制风险和促进自身成长空间的最好保证，与原有业务关联紧密是能力升级的最佳方向。基于如此思考，企业选择在小家电领域继续发展，显然比选择豆浆产业发展更加具备现实意义。这并非保守的做法，而是更加理性的选择，选择后者，案例中的企业需要熟悉和建立的东西太多，而且于整个小家电领域而言，通过“幸福豆坊”模式支撑企业发展，其空间也相对更小。

小贴士：豆浆机市场已经开始进入红海，大豆行业更是红海一片。所以，豆浆产业链的业务方向，其“蓝海市场”可能是一个伪命题，甚至存在巨大风险。

重新定位转变市场角色

李　刚　DBA　清华大学HTR企业家研修中心首席管理顾问

小家电作为家电市场的细分产品，一直在家电市场扮演着跑龙套的角色。竞争对手极易获得后发优势而实现超越。

世界家电发展史表明，到目前为止，没有一家家电企业是依靠小家电产品立足于世界家电行业的。小家电作为家电市场的细分产品，一直在家电市场扮演着跑龙套的角色。即使在世界著名品牌飞利浦的业务结构中，小家电业务也仅占较小比例。

再如中国本土著名品牌格兰仕，曾经一度摘取世界微波炉的王冠，但最终发现，仅靠一个微波炉产品无法实现其远大抱负。随即该公司在20世纪末大量投资进入空调业务领域，使企业一步踏入百亿俱乐部，并成就今天的格兰仕家电王国。

另外，小家电产品技术更新速度之快，加剧了行业的经营风险。行业内各企业普遍缺乏高技术含量的核心产品，更多是在大众通用技术基础上依靠改进性技术、产品造型设计、新材料应用和细分市场的应用技术获得市场领先——例如飞利浦。极低的市场进入门槛，使小家电市场成为一个战火纷争的行业，行业的高利润一方面吸引着一批批新企业的进入，另一方面更有一批批老企业不断被淘汰出局。

细分市场的这些特征，也使得竞争对手极易获得后发优势实现超越。如阳光电器的豆浆机业务，就是通过对家庭多功能料理机技术在豆浆加工设备这一细分市场的应用改进方面获得后发优势。但这一后发优势目前正在被飞利浦和美的等家电巨头所剥夺，并在三年内将完全丧失，就像格兰仕在与美的电器的竞争过程中失去微波炉领域的优势一样。

“豆浆机换代了！”这是美的在市场上发起新一轮攻击时所播出的电视广告。

以营销战略为驱动的美的公司，正凭借着渠道与品牌优势，依靠其惯有的攻击性营销策略，在中国区市场上攻城略地，不断给阳光电器施加压力，使其逐渐丧失既有市场优势。

但是，美的公司不会为抢夺豆浆机市场而贩卖大豆，因为作为一家家电企业，这与其公司战略不符。美的选择经营豆浆机，仅是因为豆浆机是生活家电产品的一分子，可以利用这个产品丰富自己的产品线，提升企业整个产品线的竞争力。

与美的对豆浆机产品的定位不同，豆浆机却是阳光电器的主营业务，是其过去十多年积累的品牌形象和生存之本。但其“成为著名的世界级小家电品牌”的公司愿景，由于公司创业元老们战略视野的局限性，使其成为一个乌托邦式的理想目标，召唤着董事与部分高级经理人员，并使他们在这一战略中迷失了方向。

阳光电器目前的企业优势是小家电规模化制造、拥有的豆浆机市场份额以及对中国家庭豆浆市场的品牌影响力。对于齐志阳和阳光电器来讲，其未来将面临两种战略选择，一是发挥小家电规模化制造优势和在细分市场的地位，与某一大型家电企业（如长虹或 TCL）建立战略合作伙伴关系，甚至通过资本合作，转变为产品业务型公司，成为大家电企业系统化产品链的有效补充，然后再根据战略联盟的市场规划，有计划地开发新的小家电产品，逐渐完善产品结构，降低对豆浆机业务的依赖性。这样阳光电器可获得企业基础管理系统改造的时间，接受战略副总裁苏健的建议，学习华为在 20 世纪末聘请 IBM 管理顾问改善基础管理系统的策略，对自己的组织结构与业务流程管理体系进行再造，以提升企业的战略反应速度与经营业绩。

二是坚持目前在家庭豆浆加工设备上的品牌优势，调整公司战略向家庭豆浆市场领域进军。利用目前的豆浆机销售网络，逐渐扩大投资开发家庭大豆市场，培养“幸福豆坊”这一大豆品牌，以绿色环保的大豆品牌为战略性产品，通过“豆浆机 + 大豆”的产品结构构建，争取在 3 ~ 5 年的时间，使企业获得家庭豆浆市场的战略竞争优势。

公司抉择

鉴于大豆市场运作模式的不同，阳光电器应建立大豆业务事业部，独立经营“幸福豆坊”品牌大豆业务，通过对大豆种植资源、第三方物流资源和国家惠农政策资源的战略性整合，在市场上与豆浆机业务部门形成战略协同，以确保在家庭豆浆业务领域的先发竞争优势。

无论选择上述哪一种发展战略，齐志阳与他的伙伴们均需要重新思考，转变企业的市场角色。因为，仅靠豆浆机是无法保障阳光电器长期稳健持续发展，更难以实现他们的创业梦想。

小贴士：美的选择经营豆浆机，是利用这个产品丰富自己的产品线，而豆浆机却是阳光电器的主营业务，是其过去十多年积累的品牌形象和生存之本。

案例14：
如何创新商业模式

红海利润之困

成为行业领先品牌是否就可以高枕无忧？

对于技术含量相对低一些的快销品行业，由于行业进入门槛低，一旦市场进入高成长期，一些中小企业就会利用成本优势蚕食这些培育市场的领先者。

于是，很多快销品经营企业的领导都无法避免这样的经历：开始做市场时，希望自己的产品能在渠道销售顺畅、能进大卖场，但当产品畅销、进了大卖场时，又不得不面临——冲货砸价的混乱局面及卖场各部门的摧残。

企业发展到一定阶段，就算是领先者有时也要遭遇利润的天花板。

案例作者：安　妮　王　玉
学术指导：李　刚
评论专家：金焕民　李　刚　喻　祥

Gongsijueze

“老公，喝过早茶吗?”三园食品股份公司董事兼财务总监詹琳在电话中问候着。

“刚刚结束，将领导送走，你吃过吗?”詹琳的老公、三园食品股份公司董事长程明一边经过幽静的走廊走到自己的608房间一边与太太通话。

“早上与孩子一起吃的，我也刚到办公室。”詹琳在电话中继续道：“你现在讲话方便吗?”

听到方便时詹琳讲道：“财务部已完成去年的年度财报编制工作，我们去年销售增长率还不到5%，没有完成预定指标。”

程明打开房门进去后反手带上：“这在我的预料之中，利润指标以及增长指标怎样?”

“这两项指标完成了，还略有超额。我担心的是下周要召开的年度董事会，两位老人家是否能满意你接班后第一年的这份业绩单。”詹琳电话中忧虑道。

“好吧，这次巡查南方市场收获很大，今天到华南研发生产基地检查一下建设进展情况，明天就回中原了。程希与张涛他们几位按计划今明两天都该回去了，后天我们组织召开一次经营讨论会，沟通一下各地市场竞争态势，再讨论下一步发展战略，以便向董事会报告。”程明安慰着电话里的詹琳。

“好吧，你多注意身体，我和孩子明天到机场接你!”

程明放下电话，望着白云宾馆对面环市路上川流不息的车流，感到目前冷冻食品市场竞争就像这拥挤不堪的车流，任凭自己一年的勤政努力，还是无法实现预期目标，深感压力巨大。

去日本渡假的父母亲过几天就要回国了，应该与他们二老通个电话问候一下，顺便确定他们回国的日程。

想到这里，程明拨通了父亲的电话。

年报隐忧

次日下午16：00，广州至郑州的航班上，程明望着逐渐变小的广州白云国际机场，思绪被拉回到去年七月。

上市后经过一年多运行奠定了良好发展基础的三园食品股份公司，其创始人、程明的父亲程海先生，于去年七月份做出一个对三园食品公司未来有着深远影响的战略性决定——由公司总经理、大儿子程明接替自己担任公司董事长职务，将三园食品的经营管理权移交给下一代，自己仅保留公司董事，结束十多年的创业生涯，陪太太到处走走，旅游渡假安享晚年生活。

程明担任公司董事长后，弟弟程希、原公司副总经理接替程明的总经理职务，同时程明提升原公司销售部经理张涛担任销售副总经理、原市场部经理于进担任公司市场总监、原财务部经理詹琳担任公司财务总监、原技术部经理苏言担任研发技术中心总监，组成三园食品股份公司新的经营管理团队。

新团队上任后向公司董事会呈报的年度经营计划表明：新年度经营销售增长率为15%，利润增长率为10%，分别比上年指标有所提高。

“当时公司上下对完成这些指标是多么充满自信。”程明望着舷窗外湛蓝的天空感叹道。基于三园公司当时拥有市场占有率24%的领先地位和良好的品牌影响力，管理团队普遍认为在原有基础上销售与利润两项指标一定能实现近20%的增长。

但是，由于在华南与西南市场投资建设的两个大型研发生产基地，占用了三园过多的流动资金，使市场销售推广资源投入不足，严重影响了部分新产品的市场推广工作，进而导致市场销售没有完成年度总目标。

一个多小时的航程很快过去了，空中客车在中原国际机场缓缓降落，程明在到达厅出口看到前来接机的詹琳和孩子，一家三口人亲热地拥抱后一起上车向市区驶去。

詹琳开着车扭头深情地望了程明一眼道：“昨天给老人家通电话了吗？”

“老人们心情很好，周末下午回国，到时我们一起去接他们。”程明答到。

“程希与张涛他们都回来了，根据你的计划，总经办已经分别通知他们明天下午参加经营讨论会。”

“你知道他们视察的市场如何？”程明问到。

詹琳道：“和你这边的情况基本一样，普遍反映市场竞争更趋激烈，一些山寨版企业的产品均采取价格竞争，对我们这样的品牌企业冲击很大。”

詹琳停顿一下，将车开过一个红绿灯路口后继续道：“去年如果不是你及时指示程希他们通过调整渠道结构、加大对三四级市场代理商的销售政策支持，一方面提升农村市场销售规模，一方面借助经销商的资源降低公司营销费用，改善经营利润率的话，可能我们连一项经营指标都难以完成。”

“问题是今年如何在市场销售方面也能够实现关键性突破，彻底脱离或改变现在这种无序竞争环境？”程明自言自语着。

“如果不加大对新业务的投入，改变经营结构，仅依靠以往传统的产品经营模式，是很难有根本性改变的。”詹琳直言。

“我知道你是说应从商业模式方面进行战略性创新——特别是你原来负责创建的好知味快餐店业务，问题是我刚刚接班一年，公司业绩又是这样，还不知能否说服两位老人和其他董事的同意?”程明将自己的苦衷告诉太太。

“我建议你明天先在战略讨论会上试探性地吹吹风。”詹琳一边将 BMW X6 停在车库前一边建议。

红海搏击

“程董，您好，开会时间到了，总经理他们在小会议室等您。”董事长秘书李姗姗抱着会议文件进来提醒程明。

“谢谢，我们过去吧。”程明道，然后在李姗姗的陪同下向会议室走去。

在即将到达小会议室时，李姗姗抢先两步上前将会议室门打开，待程明进去后，自己随后进去将门关上，将会议议程和财务年报等会议文件分发给参加会议的经理人员，然后在董事长身后的一张记录台前坐下，无声地开始在电脑上做会议记录。

在公司相对俭朴的小会议室，分别坐着总经理程希、销售副总经理张涛、市场总监于进、财务总监詹琳和研发技术总监苏言。程明慢慢地逐一望了一下每一位参会的部下，除自己太太詹琳外，其他四位部下与自己一样都略显疲惫，他们也是刚从各地市场视察回来。

“各位辛苦了，本应该让你们再休息两天的，但是竞争对手们不让。另外，下周公司董事会要召开年度会议，我们需要确定新年度经营战略计划，因此只好再辛苦大家拉。”程明讲道。

“下面先请詹总监给我们介绍一下去年的经营情况，然后大家再一起讨论。”

詹琳在大家的掌声中开始介绍去年的经营情况和财务数据。

“首先告诉大家一个好消息和一个坏消息。”詹琳以其特有的风格一开口就吸引了参会者的注意。

“好消息是经过在座各位与全体员工的共同努力，我们去年超额完成年度利润指标，实现净利润近 9000 万元，利润增长率接近 12%”。詹琳讲到这里停顿一下环视与会人员，看到大家脸上浮现出笑容，这正是她事先预料到的，然后继续自己的发言。

“坏消息是虽然我们完成利润指标，但是我们实现的销售额仅为计划指标的1/3，销售增长不到5%，市场占有率提升1.8个百分点，仅达到26.7%，与我们30%的预期年度目标相差3.3个百分点。”

这次詹琳也同样看到自己预料的情景——除老公程明外，其他与会者依然沉浸在刚才的喜悦中，没有认识到问题的严重性。

“根据财务报表数据显示，我们今年之所以能在未完成销售指标的情况下完成了利润指标，是因为我们通过渠道变革和市场结构调整，加强了在3、4级市场的销售，降低了渠道费用。如果单凭以往1、2级商超等大卖场渠道实现的销售，其高昂的渠道费用、有限的销售增长率、持续的产品价格竞争，将会蒸发掉我们大部分利润。”作为公司董事兼财务总监，詹琳希望各位能够从表面的喜悦中清醒过来。

“与前年相比，我们基本保持住公司的利润增长；而在销售增长方面我们下降了6.2个百分点。如果我们在新年度不能从根本上扭转销售增长的下滑局面，根据目前的市场发展趋势，三园公司将进入负增长时期，届时我们一定会陷入利润大幅度下降的不利局面，而我们大家也将失去现有的职位。”

看着大家由红变白的脸色，詹琳知道自己的目的已经达到：“希望各位能够结合本职工作，研究一下如何从根本上改变目前的经营现状，谢谢!”

程明望着与会者，希望先缓和一下会议气氛：“大家先介绍一下视察的各地市场情况，然后我们再讨论新年度的战略计划。”然后将目光投向销售副总经理张涛。

张涛见程明望着自己，就发言道：“我先介绍一下北方市场情况。”

“大家知道，我们的主要销售集中在具有地理优势和消费习惯优势的中部、北方市场。由于冷冻食品行业进入门槛很低，目前这一市场遭受来自山寨版小企业的大规模侵袭，在低端市场夺去我们一定的销售量，而低端产品市场一直是我们实现销售增长的重要支柱。”

张涛望着大家：“由于近两年我们面对销量增速较快的二三线市场、启动了万村千店的下乡计划，优化调整了渠道结构，使经销商渠道实现了销售增长——目前这一新渠道的销售占比突破销售额50%。”

“另外，目前市场上支持销量的主要是以前的老产品，产品过于老化，竞争力下降。而去年我们推出的为数不多的新产品，却由于市场推广资源不足，导致消费者认知度偏低，没有形成销售规模，希望公司今年一方面加快新产品的投放数量调整产品结构，另一方面保障营销费用加强新产品推广力度。”作为公司元老之一，张涛联想到当年三园产品刚刚推向市场时的一枝独秀、供不应求场景，再想到目前市场竞争惨烈，不由得感慨万分，在提出个人意见后结束了发言。

程希知道张涛的苦衷也是自己的隐忧。由于公司在去年投入大量资源在华南与西南市场开发建设两个研发生产基地，影响到公司营销资源配置，导致多项新产品研发项目被暂停——虽然三园拥有全行业唯一一家博士后工作站和国家级研发技术中心。而一些投入市场的新产品由于缺乏营销推广资源，没有达到预期营销目标，成为夹生性产品，目前在市场面临着竞争产品的围攻。

“我来说几句。”刚准备发言的程希被直爽的研发总监苏言抢了先。

平时工作勤恳、朴实认真的苏言从市场上回来后，心里一直比较郁闷。刚刚听到张涛谈到产品老化，新产品缺乏竞争力时，他终于找到了将埋藏在心中一年的话讲出来的机会。

“我曾经在去年的战略讨论会上讲过，如果公司压缩研发资源，将会给企业造成极其严重的不良影响。因为我们是一家依靠新产品技术发展的企业，中国的第一个冷冻汤圆、第一个冷冻粽子、第一个冷冻面点都是我们公司开发出来的，甚至冷冻食品的国家技术标准都是由我们公司起草的。”苏言一发言就显得比较激动。

李姗姗给苏言的杯子中添了一些水，苏言看了一下说：“谢谢。”

然后继续他的发言：“去年公司不仅没有保障年初确定的研发资金计划，甚至还压缩了新产品的市场推广费用，使我们投入大量资源开发出的产品没有能够实现预期销售，更没有能为公司创造预期的高额利润，反而成为竞争对手攻击的目标。我希望大家能够反思去年的战略，不要再伤害广大科研人员的自尊心和劳动成果，我讲完了，有不对之处请各位领导批评。”

望着激动的苏言，作为公司总经理的程希觉得自己应为部下讲几句话。

商业模式创新

想到这里，程希挺挺身望着程明说道：“我讲几句。首先，我向董事长道歉，我们管理团队没有完成董事会下达的经营指标，主要责任在我，请董事会给予处罚。”

“其次，我向在座的其他几位团队成员表示感谢，如果没有你们的努力工作，可能我们连一项指标都难以完成。”

苏言与张涛听到总经理的发言有些惊讶。

“下面我介绍一下对目前市场的一些分析。我们今年之所以没有完成销售指标，主要是整个行业形势发生了较大变化。一方面，速冻食品行业目前陷入大面积价格竞争的胶着状态，导致包括想念、海湾、霸王等品牌企业纷纷调低终端价格，加大促销力度以应对行业竞争。”

“另一方面，由于整个速冻食品行业步入微利时代，产品同质化程度越来越高，渠道压力较大。目前我们的一级经销商还有部分利润，二级、三级经销商的利润很低，因为产品价格已经透明了。更糟糕的是还有很多小企业在通过价格战搅局，对我们形成恶性竞争，低价产品充斥整个市场。现在不少经销商想要厂方出台政策支持才肯进货。而大卖场的销量虽然可观，但销售费用率过高。我们一包4.5元的速冻饺子，利润只有0.2元左右。另外现在进大型超市商场的代价非常高，进场费、促销费、人员费、店庆司庆费、广告版面费等，有的城市甚至多达20多项，造成企业运营成本大量上升。不仅如此，更大的威胁是大型连锁卖场也陆续推出自有品牌产品，直接与我们展开竞争，而商场方面比我们这些生产企业更加贴近消费者，更能把握消费者的喜好；这一点恰恰是我们的‘短板’。”

“第三个方面，随着中国区通胀预期加大，食品原辅材料价格持续走高，整个行业盈利能力开始普遍下降，未来我们将面临更大的竞争和盈利方面的压力。虽然我们去年重点开发了经销商渠道业务，但目前公司依靠产品销售获利这种单一的差价赢利模式，已经不能从根本上解决行业性问题，这需要公司从整体战略的高度进行赢利模式甚至商业模式的再造，以打破或颠覆行业现有传统规则。”

詹琳听到此急忙问道：“在这方面你有什么建议?”

“还是请于进给大家介绍一下他们市场部门的想法”，程希将发言的机会让给一直沉默着的于进——他的市场参谋。

“好吧，我给各位领导介绍一下目前行业传统商业模式存在的战略隐患。”市场总监于进优雅地侃侃而谈。

“根据著名商业模式管理专家黎明博士的创新理论，目前中国冷冻食品行业企业均采取的是通过销售产品获利的差价赢利模式，这种赢利模式适合技术含量高的行业。对于技术含量相对低一些的冷冻食品业，由于行业进入门槛低，一旦市场进入高成长期——就像现在这样，一些中小企业会利用成本优势蚕食我们这些市场培育的领先者，在各个市场我们将逐渐丧失我们的领先优势。”于进停顿一下端起茶杯。

“那么有什么方法可以应对?”程明问道。

于进喝口茶放下杯子道：“突破产品边界，实现产业化经营，再造结构化的赢利模式。”

“请详细介绍一下如何实现产业化经营与再造结构化的赢利模式?”程明道。

“我们现在经营的产品属于饮食产业链的中部，在我们的左边是面粉、蔬菜与各种生肉原料生产供应商，在我们的右边是家庭消费者和集团消费者；如果按传统思维模式，要提升销售，我们必须加强现有家庭消费市场推广力度，同时在我们一直薄弱的集团消费市场投入资源进行重点开发。”

“但是我们的竞争对手一样可以沿着这条路径与我们展开竞争。更何况集团客户市场还需要一个培育的过程。”张涛质疑道。

“不错，张总的担心非常准确。”于进肯定道。

“如果我们沿着传统思维这条路径去培育集团客户市场，不久我们就会发现我们会重新面临和今天一样的问题。这就是我刚才提到的为什么要突破产品边界，实现产业化经营的核心。”于进解释道。

“五年前我们投资的好知味快餐店业务，虽然五年来该业务发展缓慢（主要是没有列为核心业务、缺乏资源配置），但由于其充分利用了我们公司现有的冷冻产品资源，使其服务品质得到保障，获得市场消费者的高度认同与接受，业务发展稳定，经营利润远远超出我们的预期达到58%。如果我们能够投入一定的资源加快好知味的特许连锁业务开发，扩大好知味快餐业务规模，将为我们的冷冻食品创造一个新的垄断性销售市场。届时还可以通过两大业务的战略协同，相互促进新产品的推广和公司品牌建设。进而构建基于多种利润结构的新商业模式，使企业实现战略突破。”

“但是建设连锁快餐店需要投入相当一大笔资金，才能实现规模化经营。”程明指出其中的问题点。

“我们可通过股权增发方式在资本市场融资发展快餐连锁业务，因为资本市场比较看好中国的快餐业务。”于进建议着。

听到这里，张涛与苏言陷入深思。程明望了一眼詹琳，詹琳同时也在用明亮的眼神看着他。

“好吧，今天的会议收获很多，会后程总负责组织一下，以于进为主将今天的意见形成书面计划与大家进行深度沟通讨论，然后我们再研究产业化经营的可行性，散会。”

决策困惑

会议结束后，程明回到办公室与远在日本的父亲通了电话，将程希和于进他们的产业化经营思路向父亲做了介绍。程海在电话中说：“这次我们在日本旅游，特意考察了日本冷冻食品市场的情况，目前日本冷冻食品的集团大客户市场规模占比高达70%，而三园的集团客户销售占比还不到5%，如果能将中国的集团客户市场开发出来，就可以使三园增加30个亿的销售，这将超过我们目前销售规模两倍以上，这才是未来几年三园的经营重点，请不要偏离经营核心。”

“父亲，你不觉得程希和于进他们提出的产业化经营思想值得借鉴吗?”程明试探地问道。

程海在电话中说：“由于华南与西南的两大基地建设是我在任时定下的投资项目，仅仅是在你接班后负责实施，从而在资金方面对公司主营业务造成一些影响，这些都在我预期之中的。你接班后第一年能够完成利润指标已经表现非常好了，不要再为没有完成销售指标担心，公司的市场占有率还是有所提高的，这证明我们的整体优势在提升吗。我与你母亲都会支持你的，其他股东那里我也会为你做一些解释性的工作。你要继续坚持我们过去的产品经营战略，不要轻易进入一个陌生领域，那是非常危险的。千万要牢记我们是一家民营企业，一定要稳健……”

晚上回到家里，程明将父亲电话中的意见告诉了太太，詹琳说在会议结束后于进也找到她交换意见，并说张涛与苏言二人不太赞同产业化经营。

“他们是担心产业化经营挤占他们的预算资金，去年的情况重演。”程明一言道破天机。

“如果父亲坚持自己的意见，我们是否要执行他的既定方案?”詹琳问道。

程明答道：“虽然父亲没有说产业化经营不行，但他已经非常明确地指出我们应专注目前的主营业务。”

晚饭后，詹琳到书房与公司其他三家股东单位的领导在电话中沟通着下周董事会的有关事宜；程明知道太太会与他们讨论关于产业化经营的问题——太太在他们三家股东单位都有股权投资，以争取这些外部董事们对自己的支持，毕竟他们三家拥有超过 54% 的公司股权，如果三家联合起来，这股力量就会超过父母亲。何况如果再加上自己与弟弟程希的股权，就是一股完全可以左右公司前途的势力。

程明独自坐在小花园的藤椅上，忧郁地思考着公司目前的经营态势以及下一步的策略……

如果你是程明，你该如何决策，是产业化经营还是谨遵父命坚守主业？

功夫在“利”外

金焕民　郑州轻工业学院营销研究与训练中心

大中小企业都能生存的竞争格局，要么是大企业从产品上没有与中小企业区别开来，要么是没有掀起行业整合的行动。

程海对产业的忠实守候和专注让人钦佩。在中国，能够开启一个产业并始终稳居老大、始终坚守本业的企业并不多，而他却做到了。我常常想，也许在他的心目中，重要的不仅仅是他的企业，还包括这个行业。

这是他成功的原因，或许，也是他被动的原因。

行业之困

速冻行业是一个崭新而古老的行业。新在生产工艺，老在产品形态。

一个行业的健康、持续发展，来自两个关键支撑：一个是市场拓展空间，一个是产品价值提升空间。同样是来自传统，双汇何以迅速成为巨无霸？我想，一是迅速、大规模的替代，一是产品价值的大幅度、持续提升。

速冻行业与三园却没有做到。

首先，这个行业的主流产品汤圆、粽子、饺子，都属于小众产品，市场容量本来就有限。而且，对这些产品，从消费偏好的角度看，又都极具个性。能够抓住的顾客主要是懒的（不愿意做）、笨的（不会做）、忙的（没有时间做）、要求不高的（对口味要求比较大众的）。简单说，对于另外一个更大的消费群体——中老年消费者和有特殊偏好者，要么从价格上，要么从产品特色上都还一时难以满足。

这就是贵为行业老大，营业额却相对较低的根本原因。行业老大区区十几亿元销量，几千万元利润的企业到处都是。这样的行业，要么是行业空间狭小，要么是处于初创期，竞争不充分。这两个因素在速冻行业客观上都存在，我认为更主要的是前者。

其次，持续进行产品升级的努力，产品价值却提升有限。行业的主流产品都不属于典型的营销品：一方面，消费者对这些产品熟得不能再熟，即使不存在竞争，其价格也是“透明”的。另一方面，其产品的整体属性并非卓越，而是方便。这就使得其附加值提升的空间狭小并且困难重重。

从这个方面看，真正的竞争对手甚至不是同行，而是强大的消费惯性。

背景资料提到新产品问题，我们能够得到的结论是，新产品没少推出，却解决不了什么问题。我想，对于三园来说，所谓的新产品，主要应该是升级产品，也就是高附加值产品吧，并非真正取得创新的产品。

再次，由于受冷链的限制，仍然难以对目标顾客进行全方位的覆盖。这也在一定程度上限制了行业拓展速度以及行业规模。

在这种情况下，对行业的守候与专注，三园就一时难以得到相应的回报。

老大之困

大小企业都能生存的竞争格局，要么是大企业从产品上没有与中小企业区别开来，要么是没有掀起行业整合的行动。

速冻行业可能是恰恰如此。

区别不开就无法展开行业整合。而没有行业整合能力的行业老大，是没有前途的。

我与大小型速冻企业都有一定程度的接触。大企业指责中小企业低价竞争，中小企业抱怨大企业拉不开价差；大企业指责中小企业低质低价，小企业唯一的信心却反倒是质量不比大企业差。

背景资料上多次提到中小企业的价格战。实际上，小企业哪有实力打什么价格战？所有的价格战都是大企业挑起的，而速冻行业，只有价格竞争，根本上就不存在什么价格战——大企业没有能力也没有意愿发动以行业整合为目标的价格战。

一方面，由于产品结构相对单一，速冻行业的大企业比中小企业更打不起价格战；另一方面，狭小的市场空间，获得的收益不足以补偿所付出的代价，也不支持价格战。

背景资料已经从多个角度证明了规模不经济。

事实上，多年积累下来的品牌与声誉，除了让三园成为行业老大（规模最大，产品附加值相对较高）外，并没有让三园从战略上获得更多好处。没有什么企业能够威胁三园的安全，尽管效益下降但生存和小康都不是问题，并且仍然是行业中的佼佼者。

三园缺的是什么呢？

是持续增长的空间；

是变得更加优秀的机会；

甚至是维护老大地位的底气。

以十几亿元的规模，想长期保持速冻行业老大地位，那是断然不可能的。

曙光所在

上面说了那么多，我得出的结论是：在现有营销框架内，想解决三园的问题，是困难的。

在现有营销框架内，三园已经做得很好，甚至可以说达到了极限。在这种情况下，任何战术性措施都不足以解决问题。或者说，三园目前面临的不是如何有效提升业绩的问题，而是如何为业绩提升，创造空间的问题。

第一，将业务上升到事业高度，重新定义自己的业务。

如果说现有的业务就是三园事业的全部，那么，三园的事业肯定是做不大的。速冻业的现有主导产品都不足以托起一个超级企业，三园做了这么多年，并且贵为行业龙头，才实现区区十几亿元的销售额。况且企业不仅没有呈现出爆发之势，相反，2009 年销售同比才增长了不到 5%。而且最大的问题还可能是，作为一个全国性规模的企业，三园在大多数市场，并不具有垄断性优势。它只是加在一起大，在每个具体的市场，销量并不大。在未来的竞争中，这种状况肯定会使三园在多数市场上，面对区域品牌和非品牌的竞争，进退两难。这是所有全国性市场上小众产品品牌都会面临的问题。

速冻行业本来是一个覆盖范围极其宽广的行业，但由于目前的主导产品集中在汤园、饺子、棕子和部分面点上，客观上，就多少有点画地为牢的局限。

如果将速冻定义为“速成”产品呢?

社会发展的结果，一方面人们对于食品的要求越来越丰富，越来越高；另一方面，懒的、笨的、没有时间的人也越来越多，这就为那些下锅即成的产品提供了巨大的市场空间。这些产品，要么强调美味，要么强调方便。前者追求价值，后者追求销量。就像徐福记，每个品种销量都不算太大，但众多品种加在一起，就形成了整体的规模或局部的规模。

第二，创新渠道系统，提高渠道效率，向渠道要效益、要发展。

全国规模的市场，对企业最大的考验是渠道效率。三园已经意识到，渠道的“权利”在上升，那么，对企业来说，已经不是如何对渠道进行精耕细作，也不是如何控制，而是如何有效地利用。

面对渠道的革命性变化，多数企业并没有形成革命性对策。速冻行业从一开始就受制于渠道，没有哪个行业像速冻行业那样，在渠道面前如此无奈。

无论如何创新，速冻行业都无法改变这个基本属性：核心技术有限的劳动密集型产业。这种产业最核心的竞争力是渠道效率与效益，而不是其他。甚至从长远看，品牌都是次要的。

因此，如何与现代渠道建立战略联盟，可能是一个十分重要的战略课题。

第三，企划能力、研发能力和推广能力建设，是决定公司发展的另外一种关键问题。

如何有效推动更大范围的传统和现代食品“速冻化”，是速冻业迅速发展、迅速扩展行业空间的首要问题。而围绕这个问题，三大能力缺一不可。它们分别是企划能力、研发能力和市场推广能力。不解决这些问题，我们已经看到，企业将不知道研发什么，如何研发，即使是研发出来了，也不知道如何成功推广。

第四，如何积极推动业务多元化问题。

作为一个经验曲线，中国各行各业的龙头企业很少能够依靠创业产业获得长期、持续增长。三园的主要竞争对手近年的利益也主要来自其他产业。

创业产业能够为企业提供的是市场、现金流、声誉和人力资源，企业有能力通过这些拓展第二甚至第三层面的业务，才能获得持续、长期增长的业务基础。

任何产业的发展，都具有周期性。企业很难依托单一产业实现持续、长期增长。产品需要组合，业务也需要组合。

这也是规律。

除非产业处于高速增长期并且这个增长期能够长期期待，否则，就必须考虑这个规律。这根本就不是一个坚持不坚持、有没有恒心和耐心的问题。

模式创新颠覆传统

李 刚 DBA 清华大学HTR企业家研修中心首席管理顾问

建议程明运用自行车管理方式完成三园的战略突破：高调集中资源做传统业务，这是自行车的前轮；低调引进未来新业务集团，这是自行车的后轮。

程明目前面临两大问题：一是如何领导三园公司走出利润困境，二是如何平衡公司责任和对父亲的孝心。

作为冷冻食品行业第一品牌，三园采取销售产品获利的差价利润模式引领行业发展十多年，目前所面临的经营困境恰恰是它获得成功的差价赢利模式，正所谓成也萧何败也萧何。

程明及其团队需要进行系统性战略思考——如何对使用十多年的商业模式进行创新？

任何一个企业在成为行业领先品牌之后，必须思考和解决一个战略问题——如何保持行业领先优势？

如果说三园以往的战略优势是技术研发，那么在冷冻市场成熟以后，产品技术的同质化已经使三园逐渐丧失了产品技术优势。如果说是规模优势，根据行业四大巨头拥有60%以上的市场占有率计算，其与行业第二、第三名的规模差距非常有限，特别是同处一城的想念公司具有更大的生产资源。

那么有哪些战略路径可供三园和程明选择？

一是通过加快新产品推广步伐，实现产品技术优势领先。

过去三园曾经以这种方式获得过成功，但那是在一个尚未成熟的培育阶段市场。程明上任后面临的是一个非常成熟的技术含量有限的市场，这条路径现在无解——虽然三园曾是行业技术标准的起草人之一，拥有其他企业无法比拟的技术优势。

二是传统的规模化成本优势。即通过提高生产规模降低成本，实现产品成本领先。

其父程海在任时确立的两大生产基地建设计划就是选择这一战略路径。但是在技术含量与行业进入门槛较低的冷冻食品行业，希望通过规模化经营创造成本优势的构思很难实现。

三是进入新市场提升市场占有率。

无论去年程明他们是通过万村千店的下乡计划，还是父亲程海目前让他坚持的开发集团大客户市场策略均是选择这一条道路。但是，正如张涛所讲的那样，这一选择对于三园公司来讲，仅能够实现战术性领先——满足阶段性销售增长需求，却无法构建起公司的战略性领先优势，确保三园 5 ~ 10 年的健康发展。

四是通过一体化战略实现产业延伸，提高竞争门槛，强化企业的领先优势。

于进提出的产业化经营战略就是选择这条路径。即通过商业模式创新，突破冷冻食品业务边界，构建基于冷冻食品资源为核心的特许连锁快餐业务，在冷冻食品生产业务优势基础上实现战略性业务延伸，进入餐饮服务领域再造一个更为广阔的新业务集团，使冷冻食品研发市场业务集团与冷冻食品快餐连锁业务集团之间形成战略协调，提高竞争门槛。

因连锁快餐业务形态与冷冻食品生产业务形态有较大差异，被程海视为与三园公司现有业务不同、充满经营风险而封杀。这是由于以往的成功使程海陷入传统惯性思维，无法看到企业环境发生的本质性变化。他代表的是过去那个成功的创业时代，缺乏的却是在一个充满激烈竞争的成熟市场、引领企业创新的战略视野、开展公司变革的领导魄力。

其实基于冷冻食品为主的快餐连锁业务形态比三园现有业务形态要简单得多。其仅需要完成四大标准化建设——配餐标准化、服务标准化、管理标准化和培训标准化，就可以实现快速扩张，颠覆冷冻食品行业既有的游戏规则，再造领先优势，持续引领行业发展，这应该是三园未来的优选战略。

目前在三园公司，程希是商业模式创新的倡导者，于进是程希的参谋长，詹琳是积极的创新者——从她当年鼓动并主管好知味业务、踊跃入资股东企业再反投三园等行为就证明了这一点。程明在詹琳的影响下对这一战略模式思考颇深，仅是碍于其父程海的意见而难以决断。

作为公司领导者，程明需要在公司发展与尊重父亲之间寻求平衡。

建议程明运用自行车管理方式完成三园的战略突破。

首先，高调集中资源攻击集团客户市场，继续提高冷冻食品生产业务规模和市场占有率，保障传统业务的领先优势。这是自行车的前轮——传统业务集团。

其次，低调引进新的合作者组建快餐连锁业务事业部门，实施逐渐推进的策略，为培育第二业务集团开展试验练兵活动，以开发出快餐连锁管理的四大标准管理体系，为明、后年的商业模式创新积累原始经验和技术数据，做好战略准备。这是自行车的后轮——未来新业务集团。

如果集团客户市场策略获得成功，将使三园在战术上实现业务规模1~2倍的增长；

如果连锁快餐业务策略获得成功，将使三园在战略上实现商业模式再造，颠覆行业现有规则，成为跨行业的产业化经营巨头。

三园决策的两个层面

喻　祥　上海容纳咨询机构首席顾问

三园不但需要进行原有营销模式之下的利润优化，更需要建立新的业务模式以战略性地实施利润优化的战略，这将是三园盈利模式的创新。

随着行业越来越成熟，整合行业进入微利时代，企业获利能力越来越低，是行业和企业发展的必然规律。三园食品正面临这样的困境，决策层对未来企业保持增长面临着两个选择方向：一是通过新品研发的加强，集中资源进行销售投入，以此扩大规模并优化利润率；二是通过产业化经营模式的优化，利用产品资源建立快餐连锁模式，以此优化盈利模式。

策略层面与战略层面的差异

本质上说，第一个方向是营销策略层面的决策，第二个方向是业务战略层面的决策。第一个决策方向更加稳健，是对原有单一业务的优化，但也相对保守。第二个决策方向更为大胆，是业务多元的创新，快餐连锁和原有的产品销售业务是两个截然不同的业务模式，却更具挑战性。

两个决策方向并不存在着孰优孰劣，更重要的是三园期望从哪个层面去解决目前的利润之困。通过新品策略进行盈利能力优化的决策，根本上依旧停留在企业战术层面，因为新品很快会被跟进，并迅速进入成熟期，盈利能力也必将迅速降低，这些产品还将继续面临窘境。通过开创并发展快餐连锁业务，关系到三园的业务发展战略，虽然挑战巨大，一旦成功将从根本上改变三园的业务模式和盈利模式，保持更佳的盈利能力。

所以，第一个决策方向容易成功，也仅仅是短期的成功，三园将面临着产品研发能力不断升级的考验。第二个决策方向存在一定的风险，一旦成功却是战略性的成功，对三园企业发展有着长远意义。

并非是二选一的命题

那么三园该如何做决策呢？三园决策者在做出决策之前必须回答的问题是：三园应从战略上还是策略上解决利润之困的问题。

案例中我们不难发现，三园决策层并未真正统一以上思想。不同的决策者思考的层面不一样，自然就难以达成统一的决策，这是三园首先应该解决的问题！

利润之困，对于三园而言是现实问题，更是长远问题。三园不但需要进行原有营销模式之下的利润优化，更需要建立新的业务模式战略性地实施利润优化，这将是三园盈利模式的创新。

我们不妨换一个角度看问题，三园可以对两项决策进行准确定位，即：原有业务为公司的核心业务，而新的快餐连锁业务为公司的培育性业务。进行这样的定位，三园决策者进行决策就会变得清晰起来。

对于第一个决策方向，三园容易达成，因为与企业资源现状更加吻合。毫无疑问，虽然提升空间相对有限，但一定存在，如通过产品创新做大规模；通过产品品牌运作提升产品溢价；通过渠道下沉扩大市场占有率——虽然这些都是常规手段，但却是该行业必然遵循的规律。

那么在战略上将快餐连锁业务作为培育性业务，三园存在最大的困惑是：其中的风险是否能够把控。我们先看一个案例：大娘水饺的成功是否能够给三园一些启示呢？大娘水饺以水饺作为其核心产品，快速建立其速食连锁系统，其成功经验显示该业态强劲的生命力。还有一个案例也值得关注：五芳斋以粽子为核心产品，其快餐连锁系统也正悄然建立。回头看看三园，产品线较大娘水饺、五芳斋更宽，实际上更加具备做如此业态创新的可能！

当然，在渠道环节进行如此创新，也将对三园提出全新的挑战，如品牌快餐连锁运营系统模式的建立以及运营实施能力的具备等。跳出营销看盈利模式创新，往往带来业务商业模式的创新。值得注意的是：创新的商业模式和盈利模式，一定能够充分利用业务原有资源，是对原有业务的优化。三园并不是脱离原有速冻食品业务的跨原有行业的业务多元，只要立足于战略视角，这样的决策其实并不难。

附录：

转型中国的企业方略思考

当北京鸟巢鲜红色的夜景灯亮起时，IBM 同时闪耀在它西面的天空中。平安夜使各大商场一派新年气氛，中国人传统的元旦、春节仿佛就在明天。

与欢喜的零售商家相比，正忙着制订 2011 年经营战略计划的中国企业家们，却很少有过新年的心情。2008 年的金融危机已经过去两年多的时间，虽然中国在一路领跑世界经济，但是这次危机给世界所带来的影响却在加剧，它像一个幽灵，或者说更像是一个正在向深度扩散的巨型病毒，在吞噬着一个个国家的经济。先是冰岛破产，后是希腊坍塌，再有比利时经济恶化，接着有可能是西班牙、葡萄牙、英国、德国、法国……

一觉醒来，人们仿佛进入一个未来世界，以往人们熟悉的环境与事物已消失得无影无踪，已经发生或正在发生的事情，使人们不得要领陷入迷茫之中。

特别是 2010 年度中国企业界发生的一系列大事件，更是将本土企业家们推向风口浪尖；迎着凌厉的西伯利亚季风，他们不得不强迫自己几乎冻僵的思维顽强地运转，以便通过以下问题的思考，为自己的企业寻找到未来的决胜之道。

为什么在富士康会发生“跳楼门”？

收购沃尔沃汽车的为什么是吉利？

东星航空为什么“被倒闭”？

杜双华如何“成功”阻击山东钢铁的重组?

国美股东大会为什么抛弃黄光裕?

联想为什么在刚一复苏就高调挑战苹果?

美的为什么会陷进“紫沙门”事件?

蒙牛为什么在“公关门”中零责任?

QQ 大战 360 为什么被伤害的是消费者?

强力调控中万科为什么能提前冲进千亿俱乐部?

震荡的劳资关系

2010 年 1 月 23 日 4 时，在富士康华南培训处的宿舍，年仅 19 岁的马向前停止了呼吸，离开了这个曾经给过他无数幻想的世界。

这是自 2007 年 6 月 18 日侯姓女工在厕所上吊自杀以来，在富士康公司发生的第七起员工死亡事件，并被当时的新闻界描述为“七连跳”。

但是，这仅仅是开始，在随后的四个多月里，又先后发生七起员工跳楼与猝死事件，将富士康公司推到社会舆论的风口浪尖。

富士康之所以发生员工死亡事件，主要原因之一是源于公司的商业模式面临挑战。

该公司的业务模式是极其传统的来料加工模式——进口原料加工成产品再出口。该模式的核心竞争力是规模成本，通过规模效应和生产效率使加工成本最小化。这就造成员工仅仅是生产环节中被压缩成本的一项指标，使员工收益与员工成长被忽视。

当员工成为生产成本被忽视其成长诉求时，富士康的传统管理模式面临新的挑战，特别是当“80 后”与“90 后”员工成为员工队伍的主要成分后，职业化成长、由农民工变为城市人，像城市人一样有尊严的生活，在城市安家落户等诉求，成为这些新生代员工的人生追求目标，而这些恰恰是富士康公司以往管理模式所缺乏的，在员工成长诉求方面出现管理真空。这就造成员工失去工作动力，陷入为增加收入而加班的恶性循环，最终部分心理承受能力较差的员工，丧失了挑战生活的勇气而无奈地选择死亡。

富士康公司所出现的问题，集中反映在两个方面，即加工型制造企业的生存环境发生变化，传统加工业务模式难以为继，企业管理者需要在根据新的竞争环境开展业务模式创新。

另外，在经营环境发生变化后，新的商业模式中，对员工的管理模式也要同时进行创新。如果员工不能获得企业的尊重与关怀，将会失去员工对企业的忠诚——选择死亡就是员工对企业的一种另类背叛形式。

在这次事件后富士康公司领导人郭台铭曾表示，以前企业在拟定薪资结构上，走的是跟随者路线；今后富士康将由“跟随者”转型成为“破坏性的创新者”，未来的员工薪水水平希望可以与国际级的企业媲美，让企业真正成为一个“愿意付得起高工资的领航者”。

另外，富士康在关于涨薪的说明文件中称，“为体现社会公义、体现对广大劳动者的尊重、强化从制造的富士康、科技的富士康迈向创新的富士康的蜕变，以及凝聚基层员工及线组长的向心力，发挥同仁积极创新精神、增强公司长期经营力，集团秉持体恤同仁的基本休息权”。这无疑是他通过对企业以往管理制度反思的结果，但还远远不够。广大员工希望获得的不仅仅是基本休息权，还有学习权、成长权、生活权……无论是富士康还是其他企业，未来必将面临着经营理念与员工管理制度的更大挑战，并通过管理模式创新去建立能够适应新生代员工的管理机制。

如果说富士康公司那些去世的员工能用自己的生命帮助部分企业家们从内心深处建立起对生命的敬畏感，进而推动中国企业在经营理念和商业模式方面实现伟大变革，他们的死将是值得的。

与富士康的员工选择死亡的方式抗争企业不公允制度不同，本田汽车在中国的几家零部件公司员工，则选择了罢工进行有组织的集体抗议，从而先后导致本田汽车的中国生产基地出现三次停产，最终以公司方给员工加薪25%而结束。

至今为止，外界无从获悉这三次停产给本田汽车造成多大损失。但是，企业最终所选择的解决方式可以证明，他们是希望尽快结束停产状态，这从一个侧面反映出员工组织集体罢工的威慑力是强大的。但是，这次罢工属于员工们的自发组织行为，与该企业的工会无关。即使在罢工事件发生后，当地工会组织也未能体恤员工们的罢工诉求，这一有悖于工会组织原则的行为，使广大员工深感失望。

这些事件的背后反映的是在改革开放三十多年后，中国的劳资关系已经进入震荡期，并日益成为影响企业经营的重要风险因素之一。随着“80后”、“90后”等新生代员工逐渐成为企业主要的人力资源组成部分，中国企业需要思考如何实现与员工共同成长？如何实现包容性发展？如何建立共享经营成果的管理机制？如何构建和谐型企业等管理命题，以往传统的管理模式面临巨大挑战。

国际化的谋略

2010年3月28日瑞典哥德堡，中国本土汽车品牌商吉利汽车公司董事长与福特汽车公司首席财务官刘易斯·布思在收购文件上签上自己的名字后热情拥抱在一起，同时向世界宣告，来自中国的吉利汽车控股公司以80亿元人民币的价格，正式收购世界上以安全著称的汽车品牌——沃尔沃汽车的乘用车业务。

沃尔沃汽车是一个具有60多年历史的世界著名汽车品牌，其拥有世界上最先进的汽车安全技术，其中其母公司福特汽车就有50%左右的技术是与沃尔沃共同享有。但是，由于2008年世界金融危机的影响，沃尔沃在2009年全球乘用车销量只有34万辆，亏损高达9.34亿美元。福特汽车基于“一个福特”战略，决定出售这个失血不止的“包袱”。这就为正在寻求国际化发展的中国本土汽车公司创造出一个特殊机会。

问题是为什么收购沃尔沃的不是中国的一汽集团、上海汽车、东风汽车等大型或国有汽车公司，更不是宝马、大众或丰田等跨国的汽车巨头，而是来自中国的一个民营上市公司？

因为那些大型国有汽车公司不仅缺乏跨国经营的能力、缺乏国际化管理的经验、缺乏国际化经理人才，更为重要的是它们可能更缺乏创造一个世界级中国汽车品牌的宏伟梦想。

吉利之所以能够成功收购沃尔沃，是源于李书福的职业梦想——创造一个世界级中国汽车品牌，是因为李书福谋划七年之久的吉利发展战略，是由于吉利公司多年锻造出的一支国际化经理团队。

2003年，在吉利汽车公司获得国家发改委颁发的汽车生产许可证的第二年春天，李书福在公司管理人员会议上宣布了一件几乎令所有参会人员感到吃惊的消息——计划收购沃尔沃，同时预言美国三大汽车公司未来将会破产。

也正是从这一年开始，李书福率领吉利公司踏上艰辛的成长之路，同时通过公司股份制改造，实施香港借壳上市，引进华晨集团前首席财务官尹大庆、前戴姆勒－克莱斯勒集团研发主管赵传福、意大利菲亚特汽车中国公司CEO沈晖、北京奔驰汽车公司常务副总童志远、帮助李书福完成收购伦敦黑色出租车制造商英国锰铜公司股份来自英国BP公司的张芃、拥有丰富跨国公司并购经验的BP公司公共政策关系主管袁小林，进而构建起一支优秀的、超越其他中国汽车企业的国际化经理队伍，再领导这支国际化管理团队在全球范围整合经营资源提升企业的战略竞争力。李书福这一战略模式与他的一位朋友——仰融先生领导华晨集团时构建的商业模式极其相似。

许多欧美企业收购时还会遭到工会力量的阻挠，吉利收购沃尔沃同样面临到这一问题。当李书福在与沃尔沃的工会组织代表谈判时，工会代表向李书福提出一个问题，希望李书福用三个词能够说服他们在收购协议上签字。

面对势力强大的工会组织挑战，李书福微笑地缓慢回答："我想说的3个词就是I love you。我爱你们，我爱沃尔沃这个品牌。运营好沃尔沃品牌以及爱护沃尔沃的员工、保障员工的利益，是吉利的责任和义务！"

李书福的回答不仅深深感动了工会代表，同时也使在场的福特汽车代表感到震撼。无论是工会代表还是福特汽车公司代表，他们均未想到，一个中国企业家竟然具有这种非常符合西方价值观的经营思维和表达方式。这不仅体现出中国企业家非凡的经营魄力，更体现出李书福内在世界价值观之高远博大。正是这一博大的价值观和关爱情怀，支撑着李书福和他的团队历时7年的坚定追求，并赢得对手的尊敬，最终实现收购沃尔沃成就一个世界企业的梦想。

在3月28日哥德堡的签字仪式现场，有一位来自中央政府的重要嘉宾——中华人民共和国工业和信息化部部长李毅中先生。在吉利80亿元的收购资金中，有30亿元来自大庆国资委、10亿元来自上海嘉定区的一家国有投资公司，还有中国银行浙江省分行提供的10亿元专项贷款。这些既表明政府对民营企业收购世界著名品牌行为的肯定，更代表着政府对吉利走向国际市场发展的坚定支持，同时政府也希望通过这一收购案向民营企业传递具有战略性导向信息——鼓励更多的本土民营资本走向海外参与国际市场竞争。

国进民退的博弈

4月9日，武汉市中级人民法院以逃避追缴欠税罪一审判处原东星航空有限公司实际控制人、董事兰世立有期徒刑四年，最终为中国第一家“被破产”的航空公司画上句号。

作为中国成功起航的四家民营航空公司之一东星航空公司的创始人，兰世立拥有与大多数中国本土企业家相似的传奇创业史，

1991年，刚满25岁的兰世立向单位递交了辞职报告，决定凭借自己的270元现金和一辆“长征牌”自行车大干一番事业。

创业之初，兰世立租下了武汉珞珈山饭店一处很小的门面房，作为武汉东星电子技术有限公司的办公室，开始经营计算机维修和耗材，并通过“东星文字处理机”掘到第一桶金。1992年和1995年，兰世立分别涉足酒店和房地产业，并成立东星集团有限公司，使东星获得连续十年的良好发展，成为中南地区旅游市场上有品牌影响力的企业。

正是基于旅游业务战略发展的需要，2005年5月27日，兰世立获批设立东星航空公司，聘请原中国北方航空公司总经理周永前参

与管理公司的经营事务，通过与GECAS合作获得十架空中客车，于2006年5月19日成功首航。

但是东星航空在2007年8月启动的IPO业务，却在2008年遭遇世界金融危机和高油价双重压力而流产。原来的战略投资人高盛、摩根大通在金融海啸中为求自保而放弃与东星的合作，进而将东星航空置于破产边缘。

急于脱离困境的兰世立主动寻找中航集团洽谈合作，双方签订了一系列意向协议文件，在中航向东星航空支付5000万元援助资金后，中航向东星航空派出财务审计组，对东星航空展开资产调查。

正是中航的这次调查结论，却使兰世立感到自己被“暗算”。

中航的调查报告称东星航空已经资不抵债，净资产为负值，并提出以承债方式零成本收购东星航空。这个意见使兰世立感到五雷轰顶，清醒之后他做出一项直接影响了东星航空甚至东星集团命运的重大决定——终止与中航的一切合作。

但是，兰世立这一决定，严重影响到武汉地方政府先前设定的扩大发展武汉航空产业战略布局，这是地方政府难以接受的。先是对兰世立进行监视居住，后通过国家民航总局以安全因素停飞东星航空公司的所有航班，地方政府开始向东星航空施加压力，试图迫使兰世立在合作协议上签字。

这使本来就陷入资金紧张的东星航空更为被动，全国各地的要债人蜂拥而至。在部分主要债权人和民间投资人提出的多个重组东星航空公司方案被地方政府交管部门否决后，在政府有关部门的主导下，东星航空以及关联公司被破产，其名下各项资产公开拍卖，其航空业务资产包括原材料、机供品、航材消耗件、机器设备、车辆等物品在2009年11月30日被中国国际航空股份有限公司以2120万元的底价拍下。

而兰世立被警方以涉嫌经济犯罪起诉后，被地方法院判刑入狱。

“东星”这个被兰世立培育18年的企业品牌，也随着兰世立的入狱而被雪藏，耸立在武汉长江大桥边的“东星塔”同时更换了主人。

在东星航空事件发生前后，受世界原油价格和金融危机影响，中国其他三家民营航空公司由于不堪重负，为求生存纷纷接受国有资本的收编，转换成为地方航空公司。至此，始于2004年的民营资本进入航空业的试验无一例成功。

两个月后，另一名不走运的本土企业家——清华大学EMBA、湖南太子奶集团的前董事长李途纯，在与地方政府出资的高科奶业争夺太子奶集团的控制权中，于6月份被株洲警方以涉嫌经济犯罪拘留。因为引进国际资本，李途纯在2008年11月与国际投行对赌失败，将自己拥有的湖南太子奶集团61.6%公司股权被迫转让给英联、摩根、高盛等三大投行，从而失去辛苦创建的湖南太子奶集团控制权。三大国际投行却由于世界金融危机影响没有拯救太子奶，而是有条件的与当地政府、李途纯达成三方协议，推卸股东责任抛弃了太子奶集团。根据三方协议，太子奶集团由地方政府出资设立的高科奶业公司托管经营，而李途纯将刚刚获得的太子奶61.6%股权抵押给高科奶业公司。由于各种因素影响，太子奶在高科奶业先后投入近1亿元资金、托管经营一年后难以为继，被地方政府委托的破产管理人破产重组。而李途纯也在试图通过多种方式筹资赎回股权的努力失败后，成为民营企业家与地方政府博弈的牺牲品。

与以上两位身陷囹圄的企业家不同，杜双华在经历了一年多“被重组”的磨难后，终于暂时摆脱收购危机，重新回到自己辛辛苦苦创建的日照钢铁集团领导岗位，执掌着这艘上千万吨产能的钢铁巨轮迎风出海。

2008年3月，山东省政府根据国家宏观产业调控政策，将济钢集团、莱钢集团及山东省冶金工业总公司所属企业国有产权划转合并而成的山东钢铁集团挂牌成立，是省属规模最大企业，注册资本100亿元。地方政府希望通过这个平台对山东地区其他钢铁企业进行收购重组，在2010年打造出一家年营业收入仅次于宝钢的大型钢铁集团。作为该地区经营效益最好同时拥有临海专用码头的民营钢铁企业——日照钢铁集团，自然成为山东钢铁主要收购目标。

受世界金融危机影响，国内钢铁价格巨幅下滑，使缺乏政府支持的日照钢铁集团陷入暂时资金困境，山东钢铁借机发起资产重组的战略攻势。为了阻击山东钢铁的收购，或者说是为了客观量化日照钢铁的资产价值，日照钢铁的创始人杜双华于2009年1月将日照钢铁的33%资产卖给一家香港上市公司——开源控股。

但是，这并没有减缓地方政府调整振兴钢铁产业、淘汰落后产能、构建山东半岛蓝色经济区“一区三带”发展格局的步伐。在多种外部环境因素作用下，杜双华在2009年9月7日与山东钢铁集团签订资产重组与合作协议，山钢以现金出资收购日照钢铁67%的股权。

山东钢铁如果完成这一交易，将成为一家年营业收入1672亿元、生产能力2930万吨、排名在宝钢与河北钢铁之后的第三大钢铁企业，并根据发展规划在日照再建设2000万吨精品钢生产基地，使山东钢铁一跃成为具有5000万产能的钢铁巨无霸。

与东星航空、太子奶集团由于经营不善陷进“破产门”不同，日照钢铁公司的盈利能力远远超过山东钢铁集团（山东钢铁2009年上半年亏损12.85亿元）。对照开源控股的股票价格，山东钢铁需要向日照钢铁支付近100亿元RMB的收购款，这对于很差钱的山东钢铁来讲有一定困难。虽然双方在2010年中期达成山钢“一次性买断”日钢净资产，重组期限由2010年4月推迟到2010年11月30日，但是山东钢铁在以后的数月时间里依然难以募集近百亿收购资金，最终双方达成统一口径：山东钢铁“将在‘十二五’期间加速重组日照钢铁”。这就意味着山东钢铁对日照钢铁的重组将被“暂时搁置”，杜双华及日照钢铁终于死里逃生，获得独立发展的空间。

这是2010年度中国企业重组兼并浪潮中罕见的民营企业获胜案例（虽然仅是暂时获胜）。随着民营经济规模的提高，民营企业与国有企业或国有资本之间竞争加剧。在与国有资本的竞争过程中，民营企业属于劣势群体，不可避免地将“被边缘化”。如果希望避免步兰世立的后尘，万科与蒙牛的“国有化”或将是一种新的商业选择。

资本的力量

2010年9月28日19时7分，国美总裁王俊洲等三人匆匆抵达设在香港富豪酒店的股东大会现场。

从各种迹象来看，国美电器董事会主席陈晓好似已成输家；但国美电器股东大会投票结果却令在场媒体大跌眼镜：八项动议，黄光裕只有一项动议——取消一般授权获得通过。

投票结果显示，当晚投票率为81.23%。在投票股东中，同意撤销陈晓职务的占48.11%，否决撤销的占51.89%，大约相差3.7个百分点；否决了撤销孙一丁执行董事职务以及大股东黄光裕提名邹晓春和黄燕虹进入董事会的动议。至此，黄光裕家族提出的五项动议中，四项被否，只有撤销股东大会对董事会的增发20%一般授权被通过，支持率为54.66%，反对者占45.38%。此外，贝恩资本委派的三名董事全部进入国美电器董事会，其中竺稼的支持率为94.76%。

历时4个月又17天的“黄陈之战”，终于以董事会胜出而暂时告一段落。这是一次艰难的胜利，对于陈晓和他的战友们来讲。

由于国美集团创始人、国美电器股份公司董事局黄光裕在2008年11月17日因涉嫌经济犯罪遭北京警方拘留。一夜之间，国美被迫停牌，各个商业银行开始压缩国美的贷款额度，100多亿元的银行授信缩水近10倍；在国际资本市场，国美还有52亿元债务亟待赎回，国美的经营环境发生了剧烈的变化，广大供货商恐慌性上门讨债。

时任国美电器总裁、作为股东的陈晓，他的利益与国美电器休戚相关，一旦国美电器垮了，他在公司的财富将化为泡影。

正是在这极其严峻的背景下，陈晓被董事会临危授命，团结国美其他高层同事开始实施救赎计划——缩短账期稳定供应商、与政府主管部门沟通以求获得支持、关闭部门亏损门店节流、积极寻求机构投资者的支持，在获得贝恩资本以债转股的形式向国美注资15.9亿元人民币后，从根本上摆脱了资金困境。

这次融资，使贝恩资本成为拥有国美电器9.98%股份的第二大股东，同时成为“黄陈之争”的导火索。

根据国美电器与贝恩资本的融资协议，贝恩资本将获得国美电器三名董事席位，但在黄光裕案一审判决前一周、2010年5月11日召开的国美电器年度股东大会上，黄光裕方面投票否决了贝恩资本董事总经理竺稼等三人担任国美电器非执行董事的议案。这使国美电器面临违约责任——根据国美与贝恩资本的融资协议，如果贝恩资本没有获得三名董事席位，将有权力要求国美以1.5倍赎回债务——即需要向贝恩资本支付24亿元，这与国美电器引进资本的战略目的相左。

于是陈晓及其领导的国美电器董事会根据国美公司章程授权董事会可临时委任董事的规定，当晚（5月11日）通过董事会议临时委任被股东大会否决的三位董事人选。这一行为引起已身陷囹圄的黄光裕极度不满。

直到8月4日晚，黄光裕方面在与国美电器董事会多次沟通没有达成一致意见后彻底决裂。通过代理人指责陈晓引进贝恩资本，是醉翁之意不在酒，修补资金链是假，摊薄黄家股权是真，“狼子野心”路人皆知。同时决定提请召开临时股东大会，不惜采取“鱼死网破”的方式，将陈晓驱逐国美董事会。

至此，“黄陈之战”终于爆发，国内外各大媒体争相报道，一时间狂风横卷、泥沙俱下，无论是曾经被黄光裕称赞为最优秀的职业经理人陈晓，还是黄最信任部下、被黄授权可以联名代表他处理公司事务的王俊洲与魏秋立两位高管，均成为国美电器的“叛臣”，而贝恩资本的代表进入国美董事会后，为稳定经理人员稳定公司业务运营主导的管理人员股权激励制度，被黄指责为陈晓在收买人心的重要罪状，多名黄光裕委任的董事被控已成为陈晓联合贝恩资本“去黄”的同盟军。

关于黄光裕指责的陈晓引进贝恩没有与其商量、贝恩资本提出的条件过于苛刻、陈晓有预谋地去黄、还是黄“早有一直在等机会实施的管理人员股权激励方案”等诸多问题，均可能是黄攻击陈晓的借口，其真实目的可能是要通过遥控牢牢控制国美电器，使其成为自己未来翻身的一个资本平台。如果有谁阻碍黄的这一目的，就成为其攻击的对象——无论是曾经的战友陈晓，还是最信任的旧部。

在国美董事会11名董事中，有8名董事是黄光裕认可或者推荐的，另外3名来自贝恩资本。在2008年黄光裕事发之前，这8名董事更多只是扮演执行者的角色，而在陈晓主政后，他们逐渐上升到决策者的位置，这种变化让许多国美电器老员工产生了更深层的思考。

陈晓与黄光裕之间的最大分歧是经营企业观念上的分歧。

遵法度走正道是陈晓多年管理工作培养的职业操守，这与黄光裕的钱权交易行为形成鲜明对比。早在领导永乐电器公司时，陈晓就通过激励机制使永乐电器的主要管理人员享有永乐公司股权，使他们分享到在永乐电器共同创业的成果。而黄光裕及其家族拥有国美电器超过75%股权（上市后），国美上市后三年多时间里，黄光裕通过减持股权获利高达数十亿元，同时坚持国美不推行股权激励制度，这些行为与陈晓的管理思想有着巨大差异。

特别值得指出的是，在这场资本大战中，一直表现非凡自信的是贝恩资本。贝恩相信“除黄光裕之外还有近70%的股东，这个公司治理结构会发挥作用”。国美经营业绩下滑是黄光裕涉案造成的，而贝恩入资后公司已经从根本上扭转形势，公司业绩呈现节节上升的态势，相信以香港投资人为主体的股东会做出理性选择。因为投资者们关注两个事情：“一是黄的干扰会不会影响公司业绩；二是国美股价一直以来存在的‘黄光裕折扣’现象能不能就此终结。当自己的利益和其他股东利益有冲突的时候，黄光裕首先保护自己的利益；你会跟着这样的人走吗?”

陈晓认为，管理团队在国美最艰难的时候团结协作、不离不弃，股权是对他们的回报。而他也希望通过股权激励机制，建立制度化的合作型工作环境，稳定经理人队伍，用现代企业管理制度激励管理层为公司和股东创造更大价值。贝恩资本的加入，使他的这一设想得以实施，进而提升了国美电器的制度化管理水平，强化了公司治理管控能力。因此，当黄光裕向董事会发起挑战时，陈晓与董事会其他成员相信，作为在香港上市的企业，在临时股东大会决定公司命运的时候，机构股东出席率会很高，香港良好的法制环境，会保障广大股东理性投票。

“9. 28”股东大会的投票结果也充分证明陈晓的管理思想和决定是正确的。这场极具戏剧化的商战，使中国企业的公司治理实现了里程碑式的跨越，同时将人们从传统模糊的“董事会”观念中唤醒。

“黄陈之战”，双方角逐的是对国美电器董事会的控制权，黄光裕四项提案被股东大会否决，是因为他的思维依然停留在极其原始的创业阶段，对上市公司的现代管控机制缺乏学习。一家股份公司的董事会是否合格，一项重要的评价标准是他是否具有独立性——独立思考、独立判断、独立决策。假如黄光裕的决定就是董事会的决定，董事会就成为黄家的董事会，而非上市公司董事会。2006年，黄光裕及其家族拥有国美电器75. 6%股权；作为排他性实际控制人，彼时的黄光裕对国美电器的公司章程做了重大修改，授予国美电器董事会以下权力：国美电器董事会可以随时任命董事，而不必受制于股东大会设置的董事人数限制；国美电器董事会可以各种方式增发、回购股份，包括供股、发行可转债、实施对管理层的股权激励，以及回购已发行股份。此时的黄光裕为保障其减持公司股份后，依然是国美电器的实际控制人而修改公司章程，但其未曾料想这次对董事会权力的再设计，使自己一手创立的国美电器“不再听话”。

作为公众公司的董事会，他的决定应该符合所有股东的利益；当所有股东的利益不一致的时候，每个董事要有独立的思考能力，从公司整体利益和整体股东的利益去思考，尽董事责任。如果说黄的旧部在大股东的利益与公司整体利益出现不一致时，他们不是选择了陈晓，而是选择了董事会的独立职责——甘愿冒下课风险而置大股东压力于不顾。这已充分说明国美董事会成员在成长、在进步、在成熟，他们用自己的行动为中国本土企业树立起公司治理的标杆。

民营企业在以往发展过程中，往往一味地强调货币资本；而真正更有价值的资本——人力资本和社会资源资本被忽视，任何社会资源资本均需要通过人力资本去整合经营，能够依靠人力资本和社会资源资本的进步，才会真正形成有价值的现代型企业。

目前中国本土民营企业多数尚停留在原始股东价值阶段，企业数十年创业成果的价值回报，也仅限于公司创始人或原始股东们；

这既是一种制度上的悲哀，也是部分中国企业家思想行为的悲哀，更是一种社会不公现象。在一元股权结构环境下成长起来的中国企业和企业家们，是否会从国美电器的“黄陈之战”中获得启迪、创新性再造公司资本管理结构？

移动互联网时代来临

2010 年 4 月 19 日，联想集团在北京发布了乐 Phone、智能本等一系列移动互联网终端，并宣布其业务从传统 PC 正式进入移动互联网领域，向美国苹果公司提出挑战。甚至联想集团董事局主席柳传志高调表示，“联想将会不顾一切地投入，一定要占住这个市场。”

2009 年 4 月联想集团公布的 2008 ~2009 年度财报显示亏损 2 亿多美元。而在此两个月前，联想集团进行战略重组，调整经营班子，公司创始人之一、联想控股董事会柳传志出任董事长一职，前董事长、少帅杨元庆担任集团 CEO，形成老少搭配的领导团队，带领联想迎战金融危机。

一年之后，“柳杨配”使联想集团财务指标和员工士气呈现双双上升态势，2009 ~2010 财年扭亏为盈（一个多月后的 5 月 27 日联想发布 2009 ~2010 年财报数据显示该年度实现净利润 1.29 亿美元）。

那么联想集团为什么在刚刚走出危机后就急匆匆地发布移动互联网战略，高调挑战世界市值最高的科技企业美国苹果公司？

要解释这一问题，就需要将时间追溯到 2000 年。

2000 年，联想集团一分为二，被柳传志分拆为联想集团和神州数码集团两个企业。分拆后的联想集团在杨元庆的领导下，邀请美国麦肯锡咨询公司为联想设计规划公司未来发展战略。

彼时的麦肯锡为联想集团设计出“技术化、国际化和服务化战略”，根据这一战略联想在 2002 年 4 月收购厦华移动公司的 60% 股权，涉足移动通信行业，并在两个月后向市场推出“联想”手机，布局未来的移动互联网业务。

由于联想 2001 ~2003 年战略计划受挫于多元化，2004 年开始收缩战略回归“PC战略”，大幅度削减非PC业务单元，将PC业务重新确立为联想集团未来的核心业务，并在该年12月以非凡气概收购IBM的PC业务，一跃成为世界第三大PC运营商。

但是，联想并没有剥离联想移动公司，更没有放弃手机业务计划，而是将其作为重要业务进行培育性经营。由于联想收购IBM-PC后，整个公司的业务重点转移到对IBM全球PC业务的整合工作方面，各种资源同时紧紧围绕这一战略任务进行配置，使联想移动业务受到严重影响，导致联想移动公司的发展处于被动态势，甚至在2007年度出现经营性亏损近3000万元RMB，时任联想集团CEO的阿梅里奥提出关闭联想移动业务部门。

鉴于联想未来业务发展的战略需要，经柳传志提议，董事会决定以1亿美元价格将联想移动业务部门出售给联想控股下属的弘毅投资公司及联合投资人。调整后的联想移动公司在资金、人才和经营资源等方面直接获得了联想控股的支持，在产品和技术储备方面进行积累，以等待机会。

2006~2010年，是中国互联网经济发展最快的几年，随着中国电信产业的数次大调整，到2009年已形成中国移动、中国联通和中国电信三大运营商的全系列业务竞争格局。特别是3G业务的开通，使以往以固网为主的互联网迅速向移动互联网领域扩展，进而颠覆了以电脑作为互联网接入设备的传统模式，移动电话成为未来主流的网络终端设备，互联网领域的竞争格局被打破，这为更多的新互联网商业模式创新奠定环境基础，多元化结构的互联网时代降临了，这就是美国苹果公司为什么能够通过iPhone、iPon和苹果商店成就世界最高市值科技公司的奥秘——通过商业模式创新颠覆传统互联网经营模式，改变以往竞争者们熟悉的竞争规则，引领行业超越式发展。

正是在这个大的环境背景之下，离开人们视线两年多的联想移动，在联想控股的庇护之下养精蓄锐，完成了主要技术和产品方面的积累，并在2009年年初联想战略再造时，被柳、杨二人纳入联想集团的新战略计划中，成为联想集团未来新的战略增长点和商业模式创新的秘密武器。

在"柳杨配"完成联想集团战略再造第一阶段任务——实现PC业务年度扭亏后，迅速转入第二个战略阶段——于2009年11月27日，以2亿美元的代价购回联想移动公司，将移动业务与传统PC业务进行战略型融合，并于2010年1月7日在美国拉斯维加斯召开新闻发布会，正式发布联想移动互联网战略——"乐计划"，推出其第一代移动互联网终端产品：智能本Skylight、智能手机乐Phone和全新创意的双模笔记本电脑Ideapad U1，旨在通过对产品、服务、应用和内容的端到端的资源整合，为全球用户带来精彩的移动互联网体验。

无论联想集团的移动互联网战略能否成功，但这一战略构想的设计方向是正确的。问题的关键是，在互联网时代"速度"远比规模更为重要，联想能否赶上甚至超越苹果?

在3G时代，云计算、适时通信、流媒体与海量下载等将推动许多产业发生巨变，诸多传统的商业模式被颠覆，各个产业经济将迎来更多的发展机会，问题是你是否能够快速开展商业模式创新，在新领域建立起新的行业竞争规则。

商业伦理的挑战

由石英、黏土、水云母和赤铁矿等组成的紫砂泥原料，富含铁等多种人体所需微量元素，能活跃分解脂肪的酶素，俗称"富贵土"。有科学研究表明：用紫砂炊具烹饪食物柔美而不腻，能降低胆固醇，可以防止人体摄入过多的铝离子而早衰、老年痴呆症，因此中国历史上自宋代就诞生了紫砂陶。

正是紫砂陶具有的上述特点，近年来，有部分家电企业用紫砂制成炊具——紫砂陶电饭煲，宣传健康养生饮食谋取商业利益，策划出一个惊人的骗局——用普通泥土添加化工原料制成的紫沙锅冒充天然紫砂锅欺骗广大消费者。

CCTV-新闻《每周质量报告》在2010年5月23日播出的《紫

砂黑幕》节目，终于戳穿了这一骗局。

美的电器公司成为这次揭黑风暴中最受关注的企业，被国内各大新闻媒体疯狂免费“宣传”。

首先，美的公司生产的紫砂煲，使用的原料并不是其宣传中的纯正紫砂，而是普通的陶土。

其次，为了让普通陶土做出来的内胆更像紫砂，美的公司的紫砂锅内胆供应商使用含有二氧化锰、氧化镍等有毒成分的化工原料增色。

最后，美的公司对上述产品进行商业包装，打着健康养生概念向消费者宣传推广其价格昂贵、光鲜亮丽的健康紫砂煲。

事件发生后，美的生活电器事业部正式向消费者和媒体表示道歉，并解释为美的紫砂煲是由美的生活电器制造有限公司的子公司美的电炖锅公司生产，该子公司将该产品的内胆宣传为“天然紫砂内胆”，属于不实的宣传。目前已经勒令美的电炖锅公司停产整顿，停止销售，美的电炖锅公司的相关负责人因管理不善已被停职。同时承诺：“按照国家有关规定，在全国商场和售后服务网点，设立退货点，接受消费者的退货。”

但是美的公司的承诺到27日下午“改口”，消费者只有具备原始发票，带上身份证复印件，到原购买点才可以进行退货。这一行为立即遭到广大消费者的抗议。

无论是道歉还是无条件退货，作为中国第二大家电品牌，美的电器在紫砂事件中无疑是冲撞了企业经营道德底线，在产品经营活动中以假冒伪劣产品故意欺骗消费者，违反了国家法规。再不是简单的公开道歉、撤换产品部门负责人、无条件退货（实际上是改为有条件退货）等补救措施，就可以逃避其社会责任的。美的紫砂煲产品的生产销售在美的公司不是一个新上市而是经营多年的系列产品，在其电饭煲产品线中属于利润性产品，每年为美的电饭锅公司贡献着较高比例的利润。这种长线产品的欺诈经营活动存在已久，如果不是这次被曝光，可能还会持续下去，试问美的电器各级经理人员是否应承担责任？

为什么在美的这样的著名品牌公司，还会出现违背其倡导理念“原来生活可以更美的”之行为？

无独有偶，4个月后的9月29日晚，在安徽巢湖市安德利商场，另一著名家电品牌——格力电器的促销员孙军对美的电器的实习生强大伟大打出手，致使大学毕业刚刚工作7天的强大伟被送医院抢救无效死亡。

这又是一起著名品牌企业发生的恶性事件，格力安徽公司和格力总部一直“默声”，既没有看望慰问死者家属，也没有提出承担相应责任，再次表现出企业的冷漠文化。

2010年10月19日，一篇名为《蒙牛集团蓄意破坏我公司的商业信誉》的文章在网络上疯狂转载。这篇出于伊利员工之手的文章，直指夏天圣元奶粉性早熟事件事实上是蒙牛乳业有组织、有策划的利用网络公关攻击伊利QQ星儿童奶等产品的阴谋，却殃及鱼池——受害者成为圣元公司。

这起事件起源于“蒙牛集团液态奶事业部的一个产品经理”安勇，在7月14日与北京博思智奇公关顾问有限公司副总经理肖雪梅等商讨完成了《DHA借势口碑传播》，这份策划方案意在抹黑伊利集团的儿童奶产品QQ星。作为蒙牛的“长期业务单位”，博思智奇在这起事件中当仁不让地充当起枪手，策划与发起了这场“DHA门攻势”，同时也将自己送上法庭。

10月下旬，内蒙古自治区警方就此事件的调查发表了声明：“DHA门”事件的幕后黑手不是蒙牛而是安勇，博思智奇为安勇所雇佣，双方“有组织、有预谋、有目的、有计划，以牟利为目的”，意在损害伊利的商业信誉。而此次事件的受害者伊利集团发表声明称：“经警方缜密侦查，这起利用网络媒体恶意损害伊利集团商业信誉、商品声誉的案件已被侦破，此案涉及蒙牛乳业、北京博思智奇公关顾问有限公司（据公开资料显示，蒙牛乳业总裁助理杨再飞还兼任该公司执行董事兼总经理；其副总经理赵士勇为蒙牛乳业首席顾问）、北京戴斯普瑞网络营销顾问有限公司相关人员。蒙牛乳业儿童奶负责人安勇、北京博思智奇公关顾问有限公司赵宁、郝历平、马野等4人已于近日被检察机关正式批捕，李友平、张明2人网上追逃。”

作为中国第二大乳业品牌企业，蒙牛公司最初的反应是一口否认绝无此事，随后又称此事与蒙牛无关，只是安勇个人出于“私利”，“擅自做了损害兄弟企业的事”，“已被蒙牛集团除名”。

蒙牛公司的前后表现令舆论一片哗然，这难道还是那个曾受人尊敬的著名企业家牛根生创建的企业吗？

什么是品牌？

品牌是有质量保障的产品、优质的服务、安全的消费、有社会道德的行为、令消费者产生信任甚至尊敬。

无论是美的、格力、还是蒙牛，这些著名企业在事件发生后均是将责任推向具体个人，没有一家企业敢于站到前台承担公司责任。这种企业行为既是中国企业经营理念的不成熟、企业制度原始落后的表现，更是企业文化中道德责任的缺失。

美的在紫砂煲事件中损害广大消费者行为，其名牌形象和信誉已经遭受重创；他们在商业上的欺诈行为，失去的除了市场，更有消费者的信任与忠诚，直接导致相当一部分消费者在未来一定时期内会选择美的公司竞争对手的产品或服务。

在那些不诚信的企业身上，经典台词“出来混，总是要还的”一定会变成生活中的现实景象。“商业伦理”已经成为中国企业成长的必修课程，否则在未来的成长道路上一定会付出更为巨大的代价。

2010年1月6日，英国《金融时报》曾刊登一篇文章：《腾讯——中国互联网业的明星》。文章称：“过去一年，腾讯股价上涨215%，至逾150港元，使其超过了中国领先的搜索引擎百度（Baidu）和领先的电子商务公司阿里巴巴（Alibaba），成为中国互联网行业最耀眼的明星……腾讯飞速发展的主要原因，是它有能力利用庞大的客户群赚钱——这是一个困扰Twitter和Facebook等其他互联网公司的问题。”

正是这家拥有6亿多QQ活跃账户的著名互联网企业，2010年11月3日发表一封引发中国互联网世纪大战的告用户信。

亲爱的QQ用户：

当您看到这封信的时候，我们刚刚作出了一个非常艰难的决定。在360公司停止对QQ进行外挂侵犯和恶意诋毁之前，我们决定将在装有360软件的电脑上停止运行QQ软件。我们深知这样会给您造成一定的不便，我们诚恳地向您致歉。

腾讯公司这一行为意味着中国的QQ用户面临着要么选择QQ舍弃360软件，要么选择360软件而被QQ封杀同时失去个人社交信息资源的局面。

利用自己的市场垄断地位绑架用户选择自己，同时打击竞争对手奇虎公司（360软件开发运营商），这可能是腾讯公司的真正目的，其行为却已经违背了这家上市公司的经营理念——“一切以用户价值为依归”，激起众怒，遭到广大QQ用户的强烈谴责。

这使一场自2010年2月源自腾讯公司利用春节竞争对手休假发动新年攻势、强行推广界面及功能酷似360软件的“QQ医生3.2版”的“3Q之战”，在双方攻防搏杀近10个月后达到巅峰。

作为消费者，广大用户并不关心QQ与360之间的恩恩怨怨；6亿多QQ用户们关心的是作为消费者的权益被损害，马化腾和腾讯公司践踏了自己一贯宣扬的商业理念（一切以用户价值为依归），而这种践踏行为并不是一时的冲动。马化腾在致全体员工公开信中称：“经过慎重的研究，公司决定在所有安装了360软件的电脑上停止运行QQ软件……号召全体腾讯人，把‘一切以用户价值为依归’的经营理念切实落实到包括QQ在内的腾讯所有产品和服务上，只有创造并维护了用户价值，才能赢得用户的认可和尊重。”其前后相互矛盾的措辞不知道腾讯公司员工看后会产生怎样的遐想。

虽然广大QQ用户们具有良好的阿Q精神，但也不希望被腾讯如此Q涮：一手高举着“一切以用户价值为依归”大旗，一手高举着“在安装了360软件的电脑上停止运行QQ软件”的屠刀。作为中国最大规模的即时通讯公司，腾讯的上述行为既违反了《反垄断法》，更违反了《消费者权益保护法》。

QQ不是一款简单的即时通讯工具，每一名用户还储存有大量个人社交信息，如联系方式、商业合作伙伴信息等。腾讯在利用其绝对垄断地位，强迫消费者必须使用QQ，同时放弃360软件。另外，根据《消费者权益保护法》规定，商业服务的提供者有义务保持其服务的延续性；腾讯提出不卸载360就停止QQ软件运行的要求显然违反上述法律规定。

自1998年腾讯公司成立，马化腾先生一直在试图依靠QQ软件建立一个商业平台——强制弹窗、强制扫描、强制升级、强制推广。正是这一商业模式使他在十多年时间里聚集6亿多活跃用户，成就一个封闭的QQ帝国。这种商业模式，已开始成为QQ维护自己商业利益的保护工具，却严重制约腾讯公司以及中国互联网行业的创新步伐。

互联网自诞生之日起就创建了一种开放精神——鼓励与推动技术创新、信息资源共享和创新商业模式，这一开放性创新精神促使其在世界各个国家迅猛发展。

遗憾的是，笔者在应邀参加中国经营报2010年11月24日举办的年会上遇到马化腾时，发现他仍然沉浸在用各种技术构建QQ系统平台，试图用技术完善QQ这个封闭帝国以抵御竞争者的蚕食与进攻，并没有通过这次事件反思腾讯公司战略上的缺失，更没有找回互联网的开放精神。如果腾讯未来依然坚持过去封闭的商业模式，将会付出比“3Q之战”更高的成长代价。

自1984年至今，经过20多年的成长，中国企业遭遇到成长理念的瓶颈——企业的社会责任观的树立，这不仅体现在各种税收与慈善捐助方面，更多是体现在企业经营活动行为中——能否担当起企业责任，成为考量中国企业的一项重要指标。

模式巨变

如果说在2010年还有什么商品让广大消费者甘愿彻夜排队抢购的话，那就是美国的“苹果”与中国的“房子”。

被抢购的“苹果”，是美国苹果公司销售的iPon平板电脑——

一款集合了创新精神、先进开发思想、优秀设计理念和领先商业模式于一体的，可以广泛用于生活、学习、工作和娱乐的小型智能化笔记本电脑，这是当今世界创新精神的最佳体现。

而“房子”则是由钢筋水泥构成的最普通的巢穴、黎民百姓希望拥有的安身之所，以便营造一个私有的温馨幸福港湾。

连续13年的商品房化居住政策，将13亿百姓推向商品房市场这条唯一的“华山之路”。而地方政府依附的土地财政、部分官员的权钱交易、开发商的寻租、商业银行的信贷收益、投资客的热炒……使太多的利益群体交织在一起，将中国的房价推向2010年年初的历史高潮，从而引发政府采取各种措施进行调控，并启动政府公住房建设工程——当年开工建设公共住房580万套，使中国住房政策由过去的“商品房一元结构”转型为“政府公共住房+商品房二元结构”。

这一根本性政策变化，无疑将推动房地产市场发生质的变化，对庞大的商品房行业形成抑制，从而改变中国房地产行业竞争格局，推高了各房地产开发企业的经营风险，使开发商们以往买地空置数年实现土地升值后再开发销售的商业模式面临挑战，如何创新成为考量开发商们的核心命题。

当多数开发商们还在预测政府下一轮调控何时出台以及调控手段是什么的时候，个别开发商们已经先知先觉急速挺进，运用更为先进的商业模式攻城略地，缔造着新的辉煌。

万科公司就是这种以创新的商业模式领先发展的标杆企业之一。

2010年12月2日，万科总裁郁亮给全集团两万多名员工发邮件，通告截止到12月2日为止，万科销售顺利达到千亿元，超越美国最大的住宅企业帕尔迪公司（其巅峰时期的2005年度销售收入是145亿美元），成为全球销售额最高的专业住宅公司，提前四年实现万科第三个十年战略目标。

在万科成立20周年的2004年年底，当郁亮带领团队提出万科第三个十年的战略目标是实现销售收入1000亿元RMB时，董事长王石先生的第一个反应是“荒谬，怎么可能”？因为万科公司该年度销售额仅有 90 多亿元。

为实现千亿战略目标，万科从 2005 年开始向制造业学习，将以往传统的建筑工地开发模式逐渐向工厂制造化开发模式转型。

万科的这次商业模式转型显然遭到行业内外的质疑，甚至成为部分同行们茶余饭后的谈资。但是，万科用经营业绩向世人证明自己战略转型的科学性，特别是最近三年的业绩指标。

2008 年全年实现销售收入 479 亿元，2009 年全年实现销售收入 634. 2 亿元，2010 年更是实现销售面积 897. 7 万平方米，销售收入 1081. 6 亿元，同比分别增长 35. 3% 和 70. 5%。

那么，我们需要思考一个非常重要的问题：万科为什么能连续 26 年取得骄人业绩？

创新，不断创新；特别是王石与万科在商业模式方面的持续创新，勇于进行尝试与探索的企业家精神。

例如，他出售万家连锁超市实现去多元化战略；

例如，他那堪称在中国上市公司中最为规范的企业治理结构；

例如，他的职业经理管理机制与苛刻的股权激励制度；

例如，他学习美国帕尔迪公司走住宅专业化战略和物业管理与服务；

例如，他引进华润集团投资万科，从而使万科成为国有资本参股的上市公司；

例如，他运用制造业模式再造房地产开发模式；

例如，他率先在二三线市场的战略布局；

例如，他从 2008 年起开始大规模参与政府主导的公共住房开发项目；

例如，他与中粮、住总、五矿、京投、金隅、朝开等国企的合作；

例如，他面向 55 ~75 岁老人开发的“活跃长者”住宅；

例如，他推出的子女为社区老人准备的、可以提供家政服务和安排做体检的“橡树卡”……

正是由于万科在管理模式和业务模式方面持续创新，才缔造出一家 26 年来持续增长不衰、实现行业一路领先、成为世界上市值最高的房地产企业（2007 年市值就曾高达 3000 亿元）。

突破千亿之后，万科未来十年的战略目标是什么？

王石称："万科过千亿，提醒我的不是快，而是要持续。""我们要借机会整理万科，我们一直在学习日本企业公司……产生出特有的质量文化。"他透露说：未来十年内，按照 20% 的复合增长率计算，万科的销售额将达到 3000 亿元，这是一个最保守的战略预期。而万科总裁郁亮则希望未来十年万科能够在服务方面领跑。

紧随其后的保利地产和绿地集团，他们 2010 年的销售额分别是 660 亿元和 650 亿元，而原来处于第二集团军的恒大集团也在 2010 年实现超预期增长，销售收入超过 500 亿元。

规模优势开始在中国房地产行业出现，"十二五"期间将会诞生出 4～5 家超千亿元的巨型地产开发商，深度影响着行业未来的发展。

如果说持续 26 年的商业模式创新成就了 1000 亿元的万科，那么，在 2010 年实现 150% 增长、一举突破 100 亿元的京东商城，也是借助商业模式创新，在被苏宁、国美等传统零售大佬们近似垄断的市场上生生地撕开一个缺口，实现了战略突破，成为一匹令传统零售巨头们敬畏的"黑马"。

与国美、苏宁们不同，刘强东在 2005 年创建京东商城时，就为京东设立一个非凡的伟大目标——成为网上沃尔玛，他的理论是：未来地球上只有一家商店——网店，只是他最初经营 3C 产品的业务模式迷惑了那些零售巨头们。待京东 2010 年进入百货领域并实现 102 亿元营业收入时，才引起巨头们的恐慌。因为从成立到突破 100 亿元销售额，京东用了 6 年时间，而传统零售企业国美电器却用了 15 年。

根据京东的成长惯性和刘强东的战略规划，如果不出现意外，2011 年京东将实现 200 亿元销售目标。如果我们对 5 年后零售市场做一个市场展望的话，也许未来领跑零售行业的将不再是目前的行业巨头们，因为刘强东的战略预期是 1000 亿元，创新使刘强东产生高度的战略性自信。

虽然上海世博会在 2010 年年末隆重闭幕，但它为中国甚至人类留下的最重要遗产就是创新精神。

国家“十二五”发展规划中指出：坚持中国经济结构调整，实现中国经济模式转型，加快建设创新型国家；坚持扩大内需战略，将“世界制造”变为“世界市场”；加快实施“走出去”战略，引导各类所有制企业有序到境外投资合作，积极参与全球经济治理和区域合作，实现包容性增长；坚定不移地走共同富裕道路，使发展成果惠及全体人民，促进社会公平正义，走可持续发展之路。

这说明在未来五年甚至更长时间内，中国经济发展模式将发生根本性改变。在2010年9月中国经济规模超越日本成为世界第二大经济国家后，中国经济发展将面临来自世界各国的压力和挑战，中国本土企业也面临着各国企业同样的挑战。

转型是必由之路，变革是未来之道，创新是推动发展的核心。

虽然世界经济仍在寒流中颤抖，虽然中国经济仍然高悬着通胀预期，虽然华北与黄淮地区已面临着50年一遇的大旱，但春天依然在一步步的迫近。“十二五”期间，中国本土企业需要在商业伦理、经营视野、商业模式等方面以崭新的创新精神迎接更艰巨的挑战，这需要企业家们培养建立一种新的战略思维。

最后，借用世界最伟大的创新型企业家、美国苹果公司董事长史蒂夫·乔布斯的格言与大家共勉：

经营企业不为盈利，是为改变世界。

李 刚

2010年12月25日于北京

后 记

在震荡激变的环境中涅槃

从栏目策划到第一期情景案例的刊登，历时6个月。从该书立项到完成编写工作，历时10个月，并计划于2011年4月份出版发行，将《公司抉择——领导者面临困惑如何决策》作为清华百年校庆的献礼作品。

如同中国经济目前的多变态势一样，由于一些特殊因素影响，出版计划被延至8月底，只能向2011年教师节献礼。

继2010年中国西南地区大旱之后，2011年长江流域特别是长江中下游地区也迎来百年大旱，原本是鱼米之乡的湖北、江苏、江西、湖南等地出现湖泊变草原的惊世奇观，连国家珍稀保护动物中华鲟都面临着生存之忧。当旱区人民正全力抗旱保农之际，天公却突然转身，连降暴雨使该地区成为一片泽国。

为参加在北京大学举行的“知识型企业管理研究会议”，笔者乘坐6月10日由重庆到北京的航班返京，但是由于北京地区天气原因航班被延迟6小时之久，到达北京已是次日凌晨。在首都机场获悉当晚被延误的航班多达170架次。

到达住所处理工作邮件后，浏览一下新闻，获悉国美电器刚刚在香港召开股东大会，选举出新的董事会，董事人数由原来的13人减至11人，其中，与2010年“黄陈之战”有关的国美电器公司总裁王俊洲、副总裁魏秋立退出董事会，同时退出董事会的还有国美电器创始人黄光裕的胞妹黄燕虹，黄光裕的代理人张大中、邹晓春获得连任。另外，董事会还获得增发或回购股权的授权，这预示着深陷14年刑罚的大股东黄光裕重新获得了对国美电器的控制权。2010年那场影响着中国企业治理进化的“黄陈之战”，以黄光裕完胜而告终。

联想到在美国上市的中国公司由于治理结构造成的诚信危机，中国企业规范治理机制已成为决定其未来发展的重大瓶颈。

实施五个月的房产调控政策，仍然面临着许多不确定性，各方利益集团都在坚守着自己的防线，即使开工率不到30%的1000万套社会保障房任务，住建部仍在指示各地方政府要在11月份完成开工指标，并被纳入地方干部的年度考核中。

为配合房地产调控，连续五次上调银行准备金率，使高达近1.9万亿元人民币的资金被锁定，各个银行信贷额度萎缩，已经开始伤及实体经济，使本已处于结构调整艰难环境下的中国本土企业更加步履蹒跚。

上述现象充分证明，中国经济已经进入艰难的结构化调整期，作为中国经济重要的组成部分，中国本土企业未来面临着更多的不确定性，业务经营活动将充满变数。

在6月12日召开的"知识型企业管理研究"会议上，到会的研究人员讨论热烈，与会人员认为中国企业要想实现创建世界级企业的伟大梦想，需要在经营理念方面进行再造，抛弃传统思想，重建经营文化，培育起"崇尚知识、敬畏法律、全球视野、职业管理"的企业准则。

《公司抉择——领导者面临困惑如何决策》一书，既是希望通过情景化的企业管理环境描述，给中国本土企业管理人员构建一个熟悉的经营环境，使他们能够开展独立思考，同时也借鉴管理评论专家的观点，拓宽经营视野，提升领导决策能力，在震荡激变的环境中实现凤凰涅槃，再造伟大梦想。

李 刚

2011年6月13日书于飞往长江之滨的航班上

中国公共经济管理研究院

CHINA PUBLIC ECONOMIC RESEARCH INSTITUTE

中国公共经济管理研究院是专业的公共与经济管理研究智库机构，立足中国，为在中、外各国的地方政府提供公共管理、区域经济规划研究，为中、外企业提供政府管控政策研究、产业发展研究、发展战略研究等专业服务，采取委托式研究与合作式研究等方式，促进中、外经济交流与合作，推动中外地区性经济科学持续发展。

Http：http：//www. chinapem. org
E-mail：bd811@126. com